beck **I**sche
reihe

b^{sr}

Die anhaltende Debatte um die NS-Vergangenheit deutscher Unternehmen und um die Entschädigung ehemaliger Zwangsarbeiter ist nicht zuletzt eine Herausforderung für die Geschichtswissenschaft und die Justiz in Deutschland. Aber auch im Ausland – und zwar keineswegs nur im Blick auf den Zweiten Weltkrieg – sind Historiker und Richter in wachsendem Maße mit der Forderung konfrontiert, politisches Unrecht aufzuklären, es so weit wie möglich „wiedergutzumachen". Anhand einer Fülle von Beispielen erörtern ausgewiesene Experten in diesem Band, welche Möglichkeiten dafür bestehen, was die spezifischen Probleme sind – und wo die Grenzen dieser Suche nach historischer Gerechtigkeit liegen.

Die Herausgeber
Norbert Frei, Dr. phil., geb. 1955, ist Professor für Neuere und Neueste Geschichte an der Ruhr-Universität Bochum.
Dirk van Laak, Dr. phil., geb. 1961, ist Wissenschaftlicher Assistent am Historischen Institut der Friedrich-Schiller-Universität Jena.
Michael Stolleis, Dr. phil., geb. 1941, ist Professor für Öffentliches Recht, Neuere Rechtsgeschichte und Kirchenrecht an der Johann-Wolfgang-Goethe-Universität Frankfurt am Main und Direktor am Max-Planck-Institut für Europäische Rechtsgeschichte.

Geschichte vor Gericht

Historiker, Richter und die Suche
nach Gerechtigkeit

Herausgegeben von
Norbert Frei, Dirk van Laak
und Michael Stolleis

Verlag C.H. Beck

Die Deutsche Bibliothek – CIP-Einheitsaufnahme

Norbert Frei:
Geschichte vor Gericht / hrsg. von Norbert Frei ...
– Orig.-Ausg. – München: Beck, 2000
  (Beck'sche Reihe ; 1355)
  ISBN 3-406-42155-5

Originalausgabe
ISBN 3 406 42155 5

Umschlagentwurf: +malsy, Bremen
© C. H. Beck'sche Verlagsbuchhandlung (Oscar Beck), München 2000
Gesamtherstellung: C. H. Beck'sche Buchdruckerei Nördlingen
Printed in Germany

Inhalt

Norbert Frei

Einleitung

Die Frage, was Historiker und Richter verbindet und was sie unterscheiden sollte, ist mindestens so alt wie die Geschichte beider Professionen, vermutlich älter. Die historische und juridische Praxis des 20. Jahrhunderts allerdings hat diese Frage zugespitzt: zuerst in der Zwischenkriegszeit, als es für die Deutschen um die Zuweisung beziehungsweise um die Abwehr der Schuld am Ersten Weltkrieg ging, namentlich dann aber in dem Bemühen um „Bewältigung" und „Wiedergutmachung" der Verbrechenserfahrungen des Zweiten Weltkrieges, das im Prozeß von Nürnberg seinen politisch und symbolisch bedeutsamen Auftakt nahm.

Seitdem hat es an der Verknüpfung von Justiz und Zeitgeschichte zwar immer wieder auch Kritik gegeben, insgesamt aber scheint ihr Zusammenwirken heute fester etabliert zu sein denn je. Gerade das letzte Jahrzehnt des 20. Jahrhunderts, eines Jahrhunderts singulärer politischer Gewalt und Destruktivität, war gekennzeichnet durch eine Vielzahl von Versuchen und Forderungen, historisch-politischem Unrecht mit den Erkenntnismöglichkeiten des Historikers und den Sanktionsmitteln des Richters zu begegnen.

Solche Bemühungen beziehen sich – nicht mehr nur, aber nach wie vor in besonderer Weise – auf Geschehnisse in einem von Deutschland beherrschten Europa, die länger als fünfzig Jahre zurückliegen. Die gegenwärtig zu verspürende Dringlichkeit dieser Bemühungen hängt zusammen mit jenem Abschied von der Zeitgenossenschaft des Nationalsozialismus, dessen Zeugen wir nunmehr werden: Mit Blick auf diesen Abschied melden sich die letzten Überlebenden von Holocaust, Zwangsarbeit und Verfolgung noch einmal zu Wort, und sie verlangen, was nicht wenigen von ihnen, auch wenn sie sich politisch-moralisch ins Recht gesetzt fühlen durften, bis heute vorenthalten blieb, nämlich die Aufdeckung des an ihnen konkret begangenen Unrechts – und materielle Gerechtigkeit.

Das Bemerkenswerte ist, daß diesen Forderungen inzwischen auf ganz unterschiedlichen Ebenen vielfach mit Respekt begegnet wird. Sie finden nicht nur vor Gericht Gehör und in großen Teilen der Öffentlichkeit Anerkennung; auch außergerichtlich stoßen sie nicht länger nur auf dilatorisches Taktieren, sondern auch auf Bereitschaft, ihnen zu entsprechen. Das gilt, wie immer man das jeweilige Vorgehen im einzelnen bewerten will, für ein ganzes Land wie die Schweiz, das gilt für international operierende Banken und Versicherungskonzerne, das gilt aber auch für vergleichsweise kleine Unternehmen, die seinerzeit Zwangsarbeiter beschäftigt, Raubgold eingeschmolzen oder sich an jüdischem Eigentum bereichert haben. Manches spricht dafür, daß dieses verändertes Verhalten mit einem mittlerweile auch mental vollzogenen Generationenwechsel zusammenhängt, genauer gesagt: mit dem Autoritätsverfall der über die Zäsur von 1945 auf ihren Posten gebliebenen oder in diese zurückgekehrten Verantwortlichen und Täter.

Doch nicht nur bezogen auf das Unrecht des Nationalsozialismus und des Zweiten Weltkriegs ist ein Wandel zu beobachten. Inzwischen werden wir auch Zeugen von Anstrengungen, sehr viel kürzer zurückliegenden Fällen von Regierungskriminalität, Kriegsverbrechen und *crimes against humanity* mit den Mitteln einer zeitgeschichtlich informierten Gerichtsbarkeit beizukommen.

Mehr als ein halbes Jahrhundert „nach Nürnberg" scheint es, als besinne sich die Welt auf die dort so hoffnungsvoll verkündeten, im Kalten Krieg dann aber rasch vergessenen Prinzipien einer konsequenten völkerrechtlichen Ahndung von Kriegs- und Menschheitsverbrechen. Vielleicht war das Haager Jugoslawien-Tribunal, dem im Juli 1998 in Rom eine von über 100 Staaten geschlossene Vereinbarung über die Errichtung eines Internationalen Gerichtshofs folgte, tatsächlich ein neuer Anfang. Aber auch der Krieg, den die Nato im Frühjahr 1999 zum Schutz der Kosovo-Albaner gegen Serbien führte, bezog seine Legitimation nicht zuletzt aus diesen erneuerten Erwartungen in das Völkerrecht.

Parallel dazu mehren sich seit dem Ende der bipolaren Welt die innerstaatlichen Versuche, Regime-, Kriegs- und Genozidverbrechen vermittels besonderer justizförmiger Einrichtungen und Wahrheitskommissionen beizukommen: so vor allem in Südafrika, in Ruanda und in Argentinien, in gewisser Weise aber auch im Osten Deutschlands. Denn die 1990 eingerichtete Gauck-Behörde war nicht nur der kritische Reflex auf die im kollektiven Gedächtnis der Deutschen zwar umstrittene, aber höchst präsente Erfahrung ihrer ersten „Vergangenheitsbewältigung"; sondern sie war der – in dieser Form in keinem anderen der postkommunistischen Staaten unternommene – Versuch, den Opfern einer spezifischen Überwachungskriminalität durch Aktenöffnung zu Klarheit zu verhelfen und Gerechtigkeit zu verschaffen.

Bei vielen dieser Bemühungen, vergangenes, aber noch durch Zeitgenossenschaft präsentes politisches Unrecht aufzuklären und es (wo möglich bzw. so weit wie möglich) wiedergutzumachen, spielen Historiker eine wichtige Rolle: Sie bilden Expertenkommissionen, erstellen zeitgeschichtliche Gutachten, treten als Sachverständige vor die Gerichte und bedienen die Medien.

Das alles ist Anlaß genug, die Rolle der Geschichtswissenschaft bei der Suche nach Wahrheit und Gerechtigkeit selbstkritisch zu befragen, zumal die Zweifel an der Angemessenheit solcher Einflußnahme, die faktisch natürlich stets auch Parteinahme ist, immer wieder formuliert werden.

Aber das Problem stellt sich auch in umgekehrter Richtung: Wie steht es mit den Richtern, die sich nicht nur des Sachverstands gutachtender Historiker bedienen, sondern ihrerseits auf historische Methoden und Argumentationsweisen zurückgreifen – werden sie ihrer Aufgabe dadurch gerecht? Oder bedeutet Historisierung nachgerade das Gegenteil von Rechtsprechung? Impliziert historisches Verstehen nicht das Ende juristischer Urteilsfähigkeit? Und wie verhielt es sich damit angesichts der außerordentlich hohen personellen Kontinuität zur Justiz der NS-Zeit, die die Judikative der Bundesrepublik – anders als die gleichfalls belastete, aber erst in jüngster Zeit näher beleuchtete Historikerschaft – seit Ende der fünfziger Jahre immerhin in erhebliche Bedrängnis brachte?

Die Beiträge dieses Bandes, die zu Teilen auf einer Sektion des Frankfurter Historikertages 1998 beruhen („Der Historiker als Richter – der Richter als Historiker"), gehen den skizzierten Problemen auf verschiedenen Wegen nach. Vielleicht ist es dabei ein besonderer Reiz, daß neben grundsätzlichen Erörterungen auch erfahrungsgesättigte Berichte aus der Tätigkeit historischer Expertenkommissionen aufgenommen werden konnten (entsprechende Hinweise finden sich im Verzeichnis der Mitarbeiter am

Ende des Buches). Andere Beiträge setzen auf die Erklärungskraft historischer Fallstudien. Deren Schwerpunkt liegt auf der Nachgeschichte des Nationalsozialismus in Deutschland, Frankreich und der Schweiz. Ein Blick auf das Selbstverständnis der Geschichtswissenschaft im postsozialistischen Rußland sucht diese Perspektive gleichsam kontrapunktisch zu ergänzen.

Dirk van Laak

Widerstand gegen die Geschichtsgewalt

Zur Kritik an der „Vergangenheitsbewältigung"

Es ist ein ebenso hartnäckiger wie umstrittener Topos der Geschichtsschreibung, daß der Historiker zugleich ein Richter über
die Vergangenheit sei. Tatsächlich sind die Methoden und Verfahren in Rechts-, Politik- und Geschichtswissenschaft in vielerlei
Hinsicht deckungsgleich. „Wahrheit", „Legitimität" und „Gerechtigkeit" sind in allen drei Bereichen vergleichbar idealisierte
Zielvorgaben. Gerade die Zeitgeschichte steht sowohl der Politik
als auch der Justiz sehr nahe. Gemeinhin wird von ihr erwartet,
daß sie politisch unbeteiligt und objektiv klärt, wie es eigentlich
gewesen ist. Ihre Ergebnisse wirken jedoch unvermeidlich in
politische Zusammenhänge zurück. Und auch für die Klärung
rechtlicher Fragen sind ihre Ergebnisse immer wichtiger geworden.

Nach einer Phase der vergangenheitspolitischen Abwicklung
des „Dritten Reiches" hat sich in der Bundesrepublik seit den
späten fünfziger Jahren mit der „Vergangenheits*bewältigung*" ein
Phänomen etabliert, das gleichsam eine Schnittmenge aus den drei
Bereichen bildet. Sie ist zu einem festen Bestandteil der politischen Kultur in Westdeutschland geworden und hat sich seit 1989
auch nach Ostdeutschland erweitert. Ihre Ziele sind ihrer Natur
nach ebenfalls idealistisch: Sie soll dazu beitragen, das moralische
Bewußtsein zu schärfen, dem „Urteilsvermögen" über gegenwärtige Entwicklungen historisch begründbare Maßstäbe an die Hand
zu geben und an Werte wie den Schutz von Freiheit und Unabhängigkeit zu erinnern.

Trotz dieser hehren Absichten ist in den problematischen Über-
schneidungsbereichen der Disziplinen die Gefahr der Instrumentalisierung erfahrungsgemäß dennoch allgegenwärtig. Man denke
nur an die Anwendung von Gesetzen gegen die Leugnung historischer Tatsachen oder an Fälle „politischer Justiz". Und natürlich
wird mit der Vergangenheit immer auch „Politik gemacht". Eine
Reihe von gesellschaftlichen Streitfragen ist geradezu fortlaufend

einer Neubewertung durch Recht, Politik und Geschichte ausgesetzt.

Eine Klärung des Verhältnisses zwischen den drei Bereichen scheint unerläßlich zu sein. Sollen sich Recht, Politik und Geschichte gegenseitig ergänzen oder kontrollieren? Ist eine Art von Gewaltenteilung zwischen ihnen denkbar? Wo gibt es sinnvolle Grenzverläufe in der jeweiligen Verantwortlichkeit? Und wie kann sich die Zeitgeschichte vor einem Mißbrauch ihrer Erkenntnisse schützen, ohne sich dem Recht des Historikers entziehen zu müssen, seinerseits Partei zu ergreifen? Das sind „große" Fragen, die hier natürlich allenfalls angerissen und nur über eine kurze historische Strecke hinweg verfolgt werden können. Dabei soll deutlich werden, daß sich um die Wende von den fünfziger zu den unruhigen sechziger Jahren diese Fragen in der Bundesrepublik verstärkt stellten und schließlich untereinander zu neuen Konstellationen führten. Am Beispiel eines Juristen, der sich fortgesetzt gegen die Einmischung der Geschichte in sein Arbeitsfeld zu verwahren versuchte, soll zugleich ein nachhaltiger Wandel in der politischen Kultur der Bundesrepublik sichtbar werden.

I.

In einer Marginalie der *Neuen Juristischen Wochenschrift* des Jahrgangs 1965 glaubte der Heidelberger Staats- und Verwaltungsrechtler *Ernst Forsthoff* auf die „ganze Tragweite" einer Gefahr hinweisen zu müssen, die sich aus einem „forensischen Historismus" ergebe. Die Gutachten von Angehörigen des *Instituts für Zeitgeschichte* im Frankfurter Auschwitz-Prozeß ließen ihn davor warnen, daß Erkenntnisse der Wissenschaft in eine mit ihr unvereinbare Logik gerieten. Die Aussagen der Historiker würden beim Wort genommen, statt sich als Beitrag des kritischen Willens zur Wahrheit zu verstehen. Wenn das Frankfurter Beispiel Schule mache, so fügte Forsthoff hinzu, dann werde man von einer Aufhebung der Zeitgeschichte als historischer Wissenschaft sprechen müssen.[1]

Die „ganze Tragweite" des Forsthoffschen Einwurfs ist heute nicht mehr unmittelbar zu erkennen. Denn in der Rückschau auf den Auschwitz-Prozeß erscheinen uns die damaligen Gutachten in ihrer sachlichen Kompetenz nicht nur über jede Kritik erhaben. Sie werden auch kaum als *Aufhebung*, sondern vielmehr als ein erster *Höhepunkt* der westdeutschen Zeitgeschichtsforschung erinnert. Dennoch sind die Bemerkungen Forsthoffs für die Bestimmung des Verhältnisses von Recht, Politik und Zeitgeschichte von aufschlußreicher Bedeutung. Für den Juristen stand nicht allein in Frage, ob der Historiker als Richter tauge, sondern auch, ob sich Richter als Historiker betätigen sollten. Die Standpunkte Forsthoffs verweisen auf Verschiebungen im Umgang mit der jüngeren deutschen Vergangenheit, die bis heute anhalten. Sie erstrecken sich auf mindestens fünf Bereiche:

1. Seit dem Ende der fünfziger Jahre gingen die zuvor in der *Gesamten Staatswissenschaft* noch stark aufeinander bezogenen Rechts-, Politik- und Geschichtswissenschaften inhaltlich und institutionell zunehmend eigene Wege. Diese Trennung wird bis heute von Diskussionen um die Abgrenzung von Zuständigkeitsbereichen begleitet.

2. Im Bereich der Aufarbeitung der Vergangenheit ist dabei eine ungeklärte Schnittmenge entstanden, in der sich Recht, Politik und Geschichte mit ihrer je unterschiedlichen Logik und Methodik überkreuzen. In der Bundesrepublik hat sich dieser Komplex unter der Chiffre „Vergangenheitsbewältigung" als ein fester Bestandteil der politischen Kultur etabliert.

3. Dieser Prozeß war von einer ebenso grundsätzlichen Umorientierung im Bereich des kollektiven Gedächtnisses begleitet. Die Hegemonie einer älteren Anschauung, nach der staatlichen Umbrüchen eine Art heilsames *Vergessen* folgen solle, wurde nach und nach von einer Auffassung abgelöst, nach der zivilisatorische Brüche, wie sie die jüngere deutsche Vergangenheit schmerzhaft demonstriert hatte, der ständigen *Erinnerung* bedürfen.

4. Die Kritik an der „Vergangenheitsbewältigung" verwies von Beginn an über sich hinaus auf ein gewandeltes Verständnis der Aufgabenverteilung zwischen Staat und Gesellschaft und damit auf ein gewandeltes Demokratieverständnis.

5. Diese Vorgänge beschränken sich heute längst nicht mehr nur auf Deutschland. Aber sie sind hierzulande besonders früh und besonders scharf diskutiert worden.

II.

Für eine Bestimmung des Verhältnisses zwischen Recht und Geschichte bedarf es einer kurzen Ausholbewegung: Spätestens seit den Gesetzen des *Hammurabi* hat historische Überlieferung immer auch der Fixierung von Rechtstiteln gedient. *Recht* beruhte meist auf *Gewohnheit*, bediente sich also ebenso der geschichtlichen Autorität wie einer nicht lediglich religiös abgeleiteten politischen Legitimität. Die Vorstellungswelt des Christentums wiederum sah vor, daß es am Ende der Zeiten ein *Weltgericht* geben werde.

Dieser Zusammenhang wird für moderne Historiker erst im frühen 19. Jahrhundert relevant. Hier bildet sich zum einen, vornehmlich bei *Schiller* und *Hegel*, die Vorstellung heraus, die Weltgeschichte sitze bereits innerweltlich über der Menschen Tun zu Gericht, indem sie nämlich die Geschichte der Sieger überliefere, die der Besiegten aber nicht.[2] *Leopold von Ranke* hat sich gegen diese eschatologische Denkfigur verwahrt und dem Historiker das Amt des Richters über die Vergangenheit abgesprochen, über die Quellenkritik zugleich aber die Tätigkeit beider Bereiche methodisch nähergerückt.[3] Die vermeintliche Objektivität des klassischen Historismus ist von engagierten Vertretern der Zunft, etwa Rankes Lehrstuhl-Nachfolger *Heinrich von Treitschke*, jedoch immer wieder durch die Ansicht relativiert worden, daß sich die Historiker keinesfalls oberhalb von Recht, Moral und Parteilichkeit befänden. So sahen sie es grundsätzlich gerechtfertigt, ihrer temperamentvollen Neigung zu kräftigen Wertungen auch als Historiker nachzugeben und eine *politische*, wenn nicht gar *nationalpädagogische* Geschichtsschreibung zu verfolgen. Für sie bedeutete der „verstehende", im Anspruch wertfreie Zugriff Rankes eine entpolitisierte Kapitulation vor der Geschichte, der sie einen ausgesprochenen Willen zum Urteil entgegensetzten.

Die Problematik einer Geschichte *vor* Gericht und der Geschichte *als* Gericht ist in der historischen Wissenschaft seit dem 19. Jahrhundert wieder und wieder erörtert worden und hat dabei ihre methodischen Orientierungen mitdefiniert. So haben etwa kritische Analysen von Zeugenaussagen und der modernen Möglichkeiten zur Desinformation, Fälschung und Propaganda zu einem sehr viel differenzierteren Verständnis von „Wahrheit" und

„Gerechtigkeit" geführt und dazu beigetragen, auch in der historischen Forschung psychologische und mentalitätsgeschichtliche Ansätze zu etablieren.[4]

Trotz der notorischen Berufung vieler Historiker auf die Rolle eines unbeteiligten, sich auf überprüfbare Sach- oder Zeugenaussagen beschränkenden *Ermittlers* ist die Geschichte politisch nie zuvor derart stark instrumentalisiert worden wie in der Zwischenkriegszeit. Mit ihrer Hilfe wurden Traditionen erfunden, Rechtstitel gestützt oder wurde beides verworfen. Besonders prägend war etwa das Empfinden vieler Deutscher, daß ihre historische Schuld am Ausbruch des Ersten Weltkrieges im Versailler Vertrag völkerrechtlich kodifiziert worden sei. Gegen diese Einmischung in ihr Metier ist ein Großteil der deutschen Historiker fortan Sturm gelaufen und hat dabei weder vor Legendenbildung noch vor Falschaussagen zurückgescheut.[5] Es sind aber nicht nur die in Versailles zum Ausdruck kommenden Wandlungen des modernen Völkerrechts gewesen, welche die Klärung der innerweltlichen Zuständigkeit für Wahrheit, Gerechtigkeit und Legitimität zunehmend erschwerten.

III.

Auch nach dem Zweiten Weltkrieg ist von den Alliierten über die deutsche Politik zu Gericht gesessen worden. Mit den Nürnberger Prozessen sollte die Handlungsautonomie der Nationalstaaten durch international gültige Menschenrechte beispielhaft eingeschränkt werden. Zusammen mit der Entnazifizierung sollte aber auch *Geschichte* bewältigt, sollte Schuld ermittelt und über Sühne und Strafe Gerechtigkeit wiederhergestellt werden. Wirklich neu daran war, daß hierbei streng rechtsstaatlich verfahren werden sollte, die Justiz sich also aus politischen Gründen in ihren Kompetenzen wiederum selbst beschränkte.[6] Die Nürnberger Verfahren hätten auch bereits wichtige Impulse für die historische Forschung geben können. Die Quellenbestände sind aber zunächst kaum wirklich genutzt worden.

Bis heute vermag zu erstaunen, wie bald nach den Prozessen sich unter den Deutschen eine Stimmung festigte, die einer weiteren „Aufarbeitung" der Vergangenheit immer negativer gegen-

über stand. Dies war wohl auch der verbreiteten Erwartung zuzu-
schreiben, daß nach geschichtlichen Zäsuren, besonders nach ver-
lorenen Kriegen, auf eine Phase berechtigter Abrechnung schließlich eine *Amnestie* folgen müsse. Diese müsse sich, wenn schon
nicht auf geschichtliches Vergessen, so doch auf die weitere Strafverfolgung beziehen und ein „Recht auf politischen Irrtum" (so
Eugen Kogon schon 1947) einräumen. Die „Vergangenheitspolitik" der fünfziger Jahre versuchte dieser Einstellung möglichst
weitgehend zu entsprechen.[7]

Auch Ernst Forsthoff vertrat diese Position, zusammen mit einem Großteil der deutschen Juristen, die glaubten, sich dabei auf
das klassische Völkerrecht berufen zu können. Doch Forsthoff
sollte noch heftiger als andere Staatsrechtler für die Wahrung der
staatlichen Souveränitätsrechte eintreten. Einer sozialstaatlichen
Auslegung des Grundgesetzes, die im Staat eher den Moderator
zwischen den Ansprüchen partikularer Interessen sah, widersetzte
er sich ebenso wie den ständigen Hinweisen auf die belastenden
Elemente der deutschen Vergangenheit. Der Geschichtsgewalt
setzte er deshalb zugunsten der Staatsgewalt offenen Widerstand
entgegen.

IV.

In der Debatte um die Legitimität des *Widerstands* gegen Hitler
prallten seit den frühen fünfziger Jahren prinzipiell unterschiedliche Sichtweisen auf die Funktion der jüngeren Geschichte aufeinander. Aus staatsrechtlicher Sicht wurde zwar nach einigem
Zögern im Grundsatz ein Recht zum Widerstand gegen die
Staatsgewalt eingeräumt. Unter einer politisch-pädagogischen
Perspektive wurde sogar die Vorbildfunktion des bürgerlichen
Widerstands für die Bonner Republik unterstrichen. Die Geschichtswissenschaft allerdings mußte die eingeschränkten Erfolgs-
chancen des 20. Juli konstatieren und sie gegen den Widerstand
linker Widerstandsgruppen gewichten. Dieser wurde zur gleichen
Zeit in der DDR verabsolutiert und zur Traditionslinie eines an-
deren, antifaschistischen Deutschlands ausgebaut.

Ernst Forsthoff gehörte zur Mehrheit westdeutscher Juristen,
die nach 1949 den Fortbestand deutscher Staatlichkeit für die

Bundesrepublik reklamierte. Im „totalen Staat" hatte er einmal die Überwindung innenpolitischer Antagonismen zugunsten einer leistungsstarken Verwaltung gesehen, deren Daseinsvorsorge von Beamten reguliert wurde.[8] Auch nach 1945 sollte es für ihn das Berufsbeamtentum sein, welches über alle geschichtlichen Brüche hinweg die Kontinuität der Staatlichkeit wahrte. Das Schicksal der entnazifizierten Beamten und die Frage ihrer Wiederverwendung ist von einer Mehrheit der konservativen Juristen sogar zu einem entscheidenden Prüfstein für die Tauglichkeit des Grundgesetzes insgesamt stilisiert worden und dies mit erstaunlichem Erfolg: Bis zum Ende der fünfziger Jahre wurde hier ebenso wie im Bereich der sogenannten „Kriegsverurteilten" faktisch eine nahezu voll-ständige Amnestie vollzogen. Noch bemerkenswerter war, daß dieser Vorgang offenbar von einer überwältigenden Mehrheit der Westdeutschen begrüßt, ja gefordert worden war.[9]

Wenn in den fünfziger Jahren über die jüngere Geschichte ge-sprochen wurde, blieb die historische Forschung meist noch im Hintergrund. Das *Institut für Zeitgeschichte* etwa wurde zunächst noch davon absorbiert, gegen die gröbsten Verfälscher und Ver-harmloser der historischen Wahrheit einzuschreiten und die Grundlagen für eine sachgemäße Erforschung des „Dritten Rei-ches" zu legen.[10] Ernst Forsthoff jedoch hatte frühzeitig die Gefah-ren gesehen, die einer souveränen Staatlichkeit von der Geschichte her drohten. Seiner Ansicht nach war schon die Einrichtung des *Bundesverfassungsgerichts* im Jahr 1951 eine tendenziell verhäng-nisvolle Vermischung von Definitions-Kompetenzen über das, was des Staates sei. Denn hier würden historische und politische *Werturteile* gefällt, derer sich die Juristen grundsätzlich zu enthal-ten hätten.

Seine Befürchtungen schienen 1953 durch ein aufsehenerregen-des Urteil bestätigt zu werden. Das Verfassungsgericht bejahte darin das Erlöschen der Beamtenverhältnisse zum 8. Mai 1945 und begründete dies mit dem Argument, daß der Staat und die NSDAP so stark verwoben gewesen seien, daß ihre Tyrannei von den Alliierten nur durch die Zerstörung der staatsrechtlichen Or-ganisation habe beendet werden können. Forsthoff kritisierte, das Urteil des Gerichts sei nicht einer juristischen *Norm*, sondern ei-ner *Deutung der Geschichte* geschuldet. Und er fügte bitter hinzu, es scheine das Schicksal des Beamtentums zu sein, daß „es in Zeiten politischer Umwälzungen von dem Staat, dem es dient, keinen oder nur begrenzten Schutz erfährt, während jeder andere unter allen politischen Systemen vorwurfslos seinen Geschäften nachgehen" könne. Er gestand aber – mit einer äußerst frühen Prägung des Begriffs[11] – ein, daß „die *Bewältigung* dieses Erbes *der jüngsten Vergangenheit* dem Gericht kaum Mögliches" zugemutet habe.[12]

Das Urteil des Verfassungsgerichts blieb für die Beamten und das Institut des Berufsbeamtentums freilich ohne größere Folgen. Denn noch schien die Forsthoffsche Vorstellung zu überwiegen, nach der es im Gegenzug zum Gehorsam seiner Diener der *Staat* sei, der Schutz gewähre und Sicherheit gebe, nicht das *Recht*. Wir sehen heute im Rückblick auf die Adenauerzeit, daß die Reintegration der belasteten Beamten ganz überwiegend diesem Modell folgte: Man bekam eine „zweite Chance" und wurde vor weiterer Verfolgung geschützt, wenn man erkennen ließ, daß man dem neuen Staat gegenüber loyal sein würde.[13]

Das schloß eine individuelle Schuld- und Motivfeststellung weitgehend aus – ein Umstand, der den fünfziger Jahren das Gepräge der *Schweigsamkeit* verliehen hat, obwohl zugleich unablässig über die Vergangenheit geredet wurde und es darüber hinaus eindrucksvolle Bemühungen gab, der Geschehnisse des „Dritten Reiches" zu gedenken und Wiedergutmachung zu leisten. Die Öffentlichkeit schien aber mit Forsthoff darin übereinzustimmen, daß eine kollektive Gewissenserforschung, gerade auch mit *psychologischen* Mitteln, der Orientierung auf die Zukunft Deutschlands nicht zuträglich wäre. Um 1960 herum sollte sich dies ändern: Mit einem Mal war wieder allenthalben von der Notwendigkeit einer „Bewältigung" der deutschen Vergangenheit die Rede.

V.

Als *Theodor W. Adorno* 1959 in einem Vortrag fragte, was „Aufarbeitung der Vergangenheit" nun eigentlich bedeuten könne, war dieser Wandel bereits in vollem Gange.[14] Er kam freilich nicht von der *Geschichtswissenschaft* her. Die philosophierte während dieser Jahre noch recht tiefsinnig über den „Verlust der Geschichte" und die „Ermüdung und Bedrohung des geschichtlichen Sinnes".[15] Er wurde vielmehr angestoßen durch die Justiz, die Politikwissenschaft und die zeitgenössischen Ereignisse. Für die Geschichtswissenschaft, vor allem die Zeitgeschichte, sollte er aber langfristig die nachhaltigsten Folgen haben.

Die *juristische Aufarbeitung* der deutschen Vergangenheit war seit dem Ulmer Einsatzgruppenprozeß 1958 wieder aufgenommen worden und hatte sich in der Gründung der „Zentralen Stelle der Landesjustizverwaltungen zur Aufklärung von NS-Verbrechen" in Ludwigsburg niedergeschlagen.[16] Damit begann eine zweite Welle von NS-Prozessen, die mit dem Auschwitz-Prozeß von 1963 bis 1965 ihren ersten Höhepunkt erreichen sollte.

In der *Politikwissenschaft* vollzog sich um 1960 herum auf breiter Front ein Generationenwechsel. Die nachrückenden Wissenschaftler – hier sei auf Schriften der jungen *Wilhelm Hennis, Dolf Sternberger, Hans Maier, Christian von Krockow* oder *Martin Greiffenhagen* verwiesen – setzten sich ausdrücklich von einer älteren deutschen Staatsanschauung ab. Mit Verweis auf die jüngere Geschichte wollten sie die Pluralität der Interessen, aber auch die Orientierung an ethischen Werten wie *Frieden, Tugend* und *Maß* wieder stärker zur Geltung bringen. Ihr Verständnis von Demokratiewissenschaft stellten sie einer „Staatsideologie" gegenüber, mit der sie namentlich Ernst Forsthoff identifizierten.[17]

Politikwissenschaftler wie *Karl Dietrich Bracher* oder *Kurt Sontheimer* gaben zudem der wissenschaftlichen Erforschung der deutschen Vergangenheit wesentliche Impulse, stießen damit bei älteren Historikern aber durchaus auf Vorbehalte.[18] Mit der Kontroverse um die Thesen des Historikers *Fritz Fischer* über die deutsche Mitschuld am Ausbruch des Ersten Weltkriegs brach dann ab 1961 auch bei den Historikern die Debatte darüber auf, ob „Staatskunst und Kriegshandwerk" (so das in jenen Jahren entstandene Spätwerk *Gerhard Ritters*) wirklich als unhinterfragbare Größen der Geschichte zu gelten haben. Daß Kontinuitäten bei staatstragenden Eliten auch verhängnisvoll sein können und ein Staat, der die Grundwerte verabschiedet, insgesamt zu einem „Unrechtsstaat" werden kann, wurde von jüngeren Forschern mit jeder neuen Untersuchung zum „Dritten Reich" belegt. Die für die NS-Prozesse wichtige Klärung der *Strukturen* des NS-Staats sollte für die Erklärungsansätze der Zeitgeschichtsforschung auch weiterhin prägend werden.

Bedenkliche *Kontinuitäten* wurden Ende 1959 auch für die Gegenwart sichtbar, als das Verdrängte und Verschwiegene in Gestalt von Hakenkreuzschmierereien auf jüdischen Friedhöfen, aber auch in Gestalt der Eichmann-Entführung mit anschließendem Prozeß wiederzukehren schien.[19] Diese Vorgänge waren der Bundesrepublik zunächst vor allem im Blick auf das Ausland unangenehm. Sie reagierte darauf mit der Einrichtung neuer Lehrstühle für Zeitgeschichte, mit der Änderung von Schul-Lehrplänen und einer Ausweitung der politischen Bildung. Dies alles ging einher und ergänzte sich mit einem generellen Bedeutungszuwachs der Massenmedien, aber auch mit einem grundlegenden Strukturwandel der kritischen Öffentlichkeit, als deren Testfall 1962 die „Spiegel-Affäre" wahrgenommen wurde.

Adorno hatte schon 1959 festgestellt, daß es auch für Gesellschaften eines *Erinnerns*, *Wiederholens* und *Durcharbeitens* bedürfe, wenn sie sich von Symptomen der Verdrängung befreien wolle – ganz ähnlich wie das psychisch kranke Individuum mit Hilfe des Psychoanalytikers zu den Ursachen seiner Deformation zurückkehren, sie erneut durchleben und sich so schließlich von ihr befreien könne.

Ein schärferer Gegensatz zu den Auffassungen Ernst Forsthoffs war kaum denkbar. Hatte der 1955 besorgt nachgefragt, ob der Staat noch Autorität habe, zog man hier statt dessen gegen die „autoritäre Persönlichkeit" zu Felde.[20] Kritik an dieser psychologisierenden Deutung wurde denn auch unmittelbar geäußert: Der Hamburger Sozialpsychologe *Peter R. Hofstätter* etwa hielt die Aufgabe einer „Bewältigung der Vergangenheit" prinzipiell für unlösbar.[21] Der Publizist *Armin Mohler* sah in der verstärkten Hinwendung zur belastenden Vergangenheit eine deutsche „Angst" vor der Macht fortwirken und der Sozialanthropologe *Arnold Gehlen* das Wühlen von freischwebenden Intellektuellen, die mit einer hysterischen Art von „Hypermoral" die Fundamente der gesellschaftlichen Institutionen zu untergraben versuchten.[22]

Für Forsthoff selbst stellte die Vergangenheitsbewältigung eine Rückkehr in die Zeiten der konfessionellen Bürgerkriege dar, in denen das religiöse Bekenntnis für Status und Schicksal des ein-

zelnen ausschlaggebend gewesen sei. Bevor die Juristen den welt-
anschaulich neutralen Staat der Neuzeit geschaffen hätten, wären
die jeweiligen Gegner mit missionarischem Eifer verfolgt und
verurteilt worden. Sein eigenes Schicksal schien diese Geschichts-
deutung tatsächlich zu bestätigen: Seit Forsthoff 1960 eine Berufung als Präsident des Verfassungsgerichts der Republik Zypern
erhielt – und bis zu seinem Tode 1974 –, sollte die Kritik an seiner
Person und ihrer Vergangenheit nicht mehr verstummen.[23]

VI.

Wer in dem von Adorno vorgestellten Modell die Rolle des gesellschaftlichen Psychoanalytikers spielen sollte, darüber gab es in
den folgenden Jahren unterschiedliche Auffassungen. Zunächst
sah es danach aus, als könnten die *Juristen* diese Aufgabe erfüllen:
In den NS-Prozessen wurde viel Material zutage gefördert, bei
dem sich die deutsche Gesellschaft wie in einem schmerzhaften
Brennspiegel wiederfand und dabei auch die später vielberufene
„Banalität" der Täter entdeckte.[24] Die juristische Aufarbeitung
vermochte aber kaum einmal das Gefühl nachträglicher Gerechtigkeit zu erzeugen.[25] Wenn überhaupt nach langwierigen Verfahren Urteile gefällt wurden, kam es zu Strafbemessungen, die oft
genug als eine „Verhöhnung der Opfer" empfunden wurden. Gesellschaftliche Ursachen blieben in den Verfahren weitgehend
ausgeblendet. Und schließlich waren Richter und Staatsanwälte
inzwischen in Verdacht geraten, selbst einmal „furchtbare Juristen" gewesen zu sein – eine Vermutung, der sich dann unter anderem die „juristische Zeitgeschichte" widmen sollte.[26]
    Seit den späteren sechziger Jahren – und schon in Reaktion dar-
auf – schien es dagegen eine sich immer kritischer gebende *Politikwissenschaft* zu sein, die unerbittlich die Kontinuitäten der
deutschen Gesellschaft, vor allem in ihren Personen und Institutionen, offenlegte, aber eben in ganz anderer Weise, als dies die
Staatsrechtslehre für die Beamten einmal behauptet hatte. Ihre
vermeintlichen *Lehren aus der Vergangenheit* blieben jedoch oft
einseitig an den gesellschaftlichen Strukturen orientiert. Die kritische Politikwissenschaft neigte zu reinen Antithesen; die schema-
tische Bilderwelt eines oft naiven Antifaschismus brauchte man

als Individuum nicht an sich heranzulassen. Schon erst recht wurde nicht in der Weise „getrauert", wie dies das Ehepaar *Mitscherlich* in Erweiterung von Adornos Programm erwartet haben mag.[27]

VII.

Seit den späten siebziger Jahren nun haben im Bereich der sogenannten Vergangenheitsbewältigung die *Historiker* eine hegemoniale Stellung errungen. Sie gelten heute – auch nach 1989 – als Verwalter des *kollektiven Gedächtnisses* und als Agenten einer heilsamen *Erinnerung* an die jüngste Vergangenheit. Dabei werden sie nicht nur davon getragen, daß sich juristische und politische „Bewältigungen" schon allein der zeitlichen Distanz wegen nahezu ausgewachsen haben. Sie profitieren auch von einem kulturellen Wandel, in dem das *Vergessen* nach und nach das Stigma des Pathologischen erhalten hat, das Aussprechen von historischer *Wahrheit* aber als wesentliche Voraussetzung von Vergebung und sozialem Frieden gilt.[28] Und dieses emphatische Verständnis von Wahrheit, in das Vorstellungen von Gerechtigkeit und Legitimität eingegangen sind, ist längst kein spezifisch deutsches Phänomen mehr. Davon zeugen die Historikerkommissionen und Wahrheitskomitees in der Schweiz, in Südafrika, in Schweden oder in Argentinien. Inzwischen geht geradezu eine Welle regierungsamtlicher Entschuldigungen bei den Opfern von Genoziden und anderen Gewalttaten um die Welt – ein Vorgang, der für die Räson der meisten Staaten vor einigen Jahrzehnten sicher noch undenkbar gewesen wäre.

Durch diese enorm gesteigerte Bedeutungszuschreibung bekommt das Selbstverständnis der Historiker freilich zentrales Gewicht: Sollen sie sich als *Aufklärer* verstehen, als *Lehrmeister des Lebens*? Sollen sie über die Erinnerung oder das Vergessenwerden *richten*? Soll die Zunft der Historiker *Urteile der Geschichte* fällen, indem sie – gegebenenfalls arbeitsteilig als Staatsanwälte, Verteidiger und Richter – über historische *Gerechtigkeit* befindet? Diese Verständnisse scheinen letztlich nur möglich, wenn sie auf geschichtsphilosophischen Fundamenten ruhen. Deren Beständigkeit kann aber nach den Erfahrungen gerade des ablaufenden Jahrhunderts füglich bezweifelt werden.

Schon aus erkenntnistheoretischen Gründen also muß der Anspruch der Historiker begrenzt bleiben. Steht namentlich die *Zeitgeschichte* demgegenüber nicht vielmehr in der Pflicht, historisches Wissen als kritisches Korrektiv gegen immer schon vorgegebene Wertungen des Vergangenen zu nutzen? Denn mit Geschichte, gerade auch der jüngst vergangenen, wird mehr denn je *Politik* gemacht. Dabei leidet dieses Teilfach hierzulande noch immer unter dem Verdacht, daß es die Vergangenheitsbewältigung zu einer Daueraufgabe gemacht und das „Dritte Reich" gleichsam zum Normalzustand der deutschen Geschichte erklärt habe.[29] In allen Historikerstreits seit den Auseinandersetzungen über die Ursachen des *Reichstagsbrands* wurde immer wieder nahegelegt, die Zeitgeschichte streue oder begrenze ihre Erkenntnisse nach politischen und pädagogischen Vorgaben. Dabei errichte sie Diskussionstabus und spiele recht einseitig entweder den Staatsanwalt oder den Verteidiger und ziehe die Vergangenheit dabei vor ein Tribunal.[30]

Man kann diesem Vorwurf nur entgehen, wenn man die Voraussetzungen seiner Wertungen, vornehmlich aber sein Verständnis von der Reichweite des Historikers, offenlegt. Dabei muß man sich bewußt bleiben, daß Politik und Recht in der gleichen Materie mit einer jeweils unterschiedlichen Logik operieren. Auch sollte man nicht der Versuchung erliegen, staatsbürgerlich natürlich legitime Wertungen und Stellungnahmen mit der Autorität der Wissenschaft zu umkleiden, so wie dies in der nationalpolitischen Geschichtsschreibung eines Treitschke noch möglich schien. Geschichte hat sich für erschöpfende Erklärungen des Weltlaufs und namentlich für Prognosen in die Zukunft noch nie besonders gut geeignet. Zeitgeschichte hat zwar die wichtige Aufgabe, eine Brücke von der Geschichte zur Gegenwart zu schlagen. Sie wird aber trotz aller Historisierung dabei immer auch an Grenzen des Verstehens stoßen.[31]

Auch die quasi-religiöse Identifikation von *Erinnerung* und *Erlösung* ist nicht ohne Gefahren. Der Pariser Historiker *Henry Rousso* hat sich jüngst geweigert, im Prozeß gegen *Maurice Papon* als Gutachter auszusagen, dies aber gänzlich anders begründet als seinerzeit Ernst Forsthoff. Rousso kritisierte einen „obsessiven Hang zur zeitgeschichtlichen Aufklärung", der zunehmend in Konkurrenz zum historisch investigativen Journalismus gerate.

Der Kitsch des Gedächtnisses habe den Effekt einer Moralisierung der Historie. Dabei gehe Geschichte doch auf befreiende Erkenntnis aus, nicht auf emotional bindende Identifikation. Das Erinnerungsgebot sei zu einer intellektuellen Zwangshandlung verkommen und versuche nicht nur, einem diffusen Sinnverlangen nachzukommen, sondern auch handfesten ökonomischen Interessen.[32]

VIII.

Es mag sein, daß Forsthoff dies schon 1965 hatte kommen sehen. Sicher hatte er nicht unrecht, wenn er davor warnte, die Zeitgeschichte könne zu einer angewandten Wissenschaft werden, die mit ihrer Autorität politisch-moralische Legitimation verleiht. Denn in der Tat gibt es so etwas wie „Geschichtsgewalt“. Sie stützt sich auf die Unwillkürlichkeit der Erinnerung, aber auch auf ein moralisches Erinnerungs*gebot*. Sie leitet sich darüber hinaus von der Autorität des Historikers als *Autor* her. Denn bei der Geschichtsschreibung besitzt er die für Wissenschaftler seltene Vollmacht, seine indirekten Erkenntnisse nach den Regeln der Wahrscheinlichkeit zu „Geschichten“ auszuformulieren. Darin dürfen die Lücken des Belegbaren durch *mögliche* Wahrheiten so ausgekleidet werden, daß eine überzeugende Erzählung daraus wird. Diese Möglichkeit hat er auch dem *Richter* voraus. Der Untersuchungsrichter wiederum ist für Historiker von seiner Haltung im forensischen Verfahren der Beweisfindung her immer ein Vorbild gewesen.[33]

Wie mit jeder Macht aber werden auch die Historiker mit der Geschichtsgewalt reflektiert und selbstkritisch haushalten müssen. Trotz der ihnen heute entgegengebrachten Aufmerksamkeit sollten sie ihr einzigartiges Privileg zur Synthesebildung nutzen, um auch die zweckfreien, differenzierenden und ambivalenten Wahrheiten zu äußern, für die ein Richter – und ein Politiker – nur selten eine Verwendung, geschweige denn ein Publikum besitzt.[34] Obwohl sie zunehmend auf Fragen der Mitverantwortung und Schuld angesprochen wird, ermöglicht die Geschichte aus sich selbst heraus keine abschließenden Urteile. Vergegenwärtigt man sich die jüngsten Debatten um die Verwicklung von Historikern im „Dritten Reich", wird man vielmehr in ernüchternder Weise daran erinnert, daß nicht nur Justitia, sondern auch Klio immer wieder dazu neigt, ein oder gar beide Augen zuzudrücken. Muß man aber deshalb gleich zur Gänze den Gedanken verabschieden, daß es zur Schärfung des Urteils*vermögens* – vorausgesetzt, der Blick ist kritisch geweitet – kaum eine bessere Schule gibt als die Geschichte?

Anmerkungen

1 Ernst Forsthoff: Der Zeithistoriker als gerichtlicher Sachverständiger, in: Neue Juristische Wochenschrift, 18, 1965, S. 574 f. Dazu Adolf Laufs: Zeitgeschichte und Rechtspflege – eine Erwiderung, in: Neue Juristische Wochenschrift, 18, 1965, S. 1521. Vgl. auch Horst Firsching: Am Ausgang der Epoche der Staatlichkeit? Ernst Forsthoffs Sicht der Bundesrepublik Deutschland als paradigmatischer Staat der Industriegesellschaft, in: Andreas Göbel/Dirk van Laak/Ingeborg Villinger (Hg.): Metamorphosen des Politischen. Grundfragen politischer Einheitsbildung seit den 20er Jahren, Berlin 1995, S. 203–218.

2 Vgl. Klaus Vondung: Geschichte als Weltgericht. Genesis und Degradation einer Symbolik, in: ders. (Hg.): Kriegserlebnis. Der Erste Weltkrieg in der literarischen Gestaltung und symbolischen Deutung der Nationen, Göttingen 1980, S. 62–84, sowie Karl Löwith: Weltgeschichte und Heilsgeschehen, Stuttgart 1953.

3 Leopold von Ranke: Geschichte der romanischen und germanischen Völker von 1494 bis 1514. Vorrede zur ersten Ausgabe (Oktober 1824), 3. Aufl. Leipzig 1885, S. VII. Vgl. auch ders.: Ueber die Verwandtschaft und den Unterschied der Historie und der Politik. Eine Rede zum Antritt der ordentlichen Professur an der Universität zu Berlin im Jahre 1836, in: ders.: Abhandlungen und Versuche. Erste Sammlung, 2. Aufl. Berlin 1877, S. 280–293.

4 Vgl. Reinhart Koselleck: Geschichte, Recht und Gerechtigkeit, in: Akten des 26. Deutschen Rechtshistorikertages, hg. von Dieter Simon, Frankfurt/M. 1987, S. 129–149. Carlo Ginzburg: Der Richter und der Historiker. Überlegungen zum Fall Sofri, Berlin 1991. Ulrich Raulff: Ein Historiker im 20. Jahrhundert: Marc Bloch, Frankfurt/Main 1995, bes. S. 181–267.

5 Vgl. Bernd Faulenbach: Ideologie des deutschen Weges. Die deutsche Geschichte in der Historiographie zwischen Kaiserreich und Nationalsozialismus, München 1980. Peter Schöttler (Hg.): Geschichtsschreibung als Legitimationswissenschaft 1918–1945, Frankfurt/Main 1997.

6 Peter Steinbach: Robert M.W. Kempner und die Rechtsstaatlichkeit in NS-Verfahren, in: Recht und Politik, 23, 1987, S. 136–143.

7 Norbert Frei: Vergangenheitspolitik. Die Anfänge der Bundesrepublik und die NS-Vergangenheit, München 1996.

8 Ernst Forsthoff: Der totale Staat, Hamburg 1933. Ders.: Die Verwaltung als Leistungsträger, Stuttgart/Berlin 1938.

9 Ulrich Brochhagen: Nach Nürnberg. Vergangenheitsbewältigung und Westintegration in der Ära Adenauer, Hamburg 1994. Jeffrey Herf: Zweierlei Erinnerung. Die NS-Vergangenheit im geteilten Deutschland, Berlin 1998.

10 Eine erste Übersicht und überaus positive Bilanz der Arbeit des Instituts schon bei Robert Kohl: Zeitgeschichte and the New German Conservatism, in: Journal of Central European Affairs, 20, 1960, S. 131–157. Über den juristischen Vorlauf der (west-)deutschen Zeitgeschichte anerkennend Martin Broszat: Juristische und zeitgeschichtliche Bewältigung der Vergangenheit, in: ders.: Nach Hitler – der schwierige Umgang mit unserer Geschichte, hg. von Hermann Graml/Klaus-Dietmar Henke, 2. Aufl. München 1987, S. 42–49.

11 Grete Klingenstein: Über Herkunft und Verwendung des Wortes „Vergangenheitsbewältigung", in: Geschichte und Gegenwart, 1988, S. 301–312. Klingenstein führt den Begriff auf Theodor Heuss und Tagungen kirchlicher Akademien seit 1955 zurück.

12 Ernst Forsthoff: Das Bundesverfassungsgericht und das Berufsbeamtentum, in: Deutsches Verwaltungsblatt, Heft 3 vom 1. Februar 1954, S. 69–72, hier S. 72 [Hervorhebung von mir, D. v. L.]. Vgl. auch Frei (wie Anm. 7), S. 94 f. über Hermann Weinkauff, der dem Gericht ebenfalls vorwarf, ein „geschichtliches Werturteil" abgegeben zu haben (vgl. dazu auch den Beitrag von Jörg Requate in diesem Band). Grundsätzlicher in: Ernst Forsthoff: Die Umbildung des Verfassungsgesetzes, in: Festschrift für Carl Schmitt zum 70. Geburtstag, hg. von Hans Barion/Ernst Forsthoff/Werner Weber, Berlin 1959, S. 35–62 (darin eine Kritik an „drittklassigen Philosophemen" bei der wertphilosophischen Begründung von Urteilen des BVG). Zum Gesamten Alexander Blankenagel: Verfassungsgerichtliche Vergangenheitsbewältigung, in: Zeitschrift für Neuere Rechtsgeschichte, 13, 1991, S. 67–82.

13 Ulrich Herbert/Olaf Groehler: Zweierlei Bewältigung. Vier Beiträge über den Umgang mit der NS-Vergangenheit in den beiden deutschen Staaten, Hamburg 1992. Axel Schildt: NS-Eliten in der Bundesrepublik Deutschland, in: Geschichte, Politik und ihre Didaktik, 24, 1996, S. 20–32. Zur Kontinuität der deutschen Beamtenschaft vgl. Michael Ruck: Korpsgeist und Staatsbewußtsein. Beamte im deutschen Südwesten 1928 bis 1972, München 1996.

14 Theodor W. Adorno: Was bedeutet: Aufarbeitung der Vergangenheit?, in: ders.: Eingriffe. Neun kritische Modelle, 2. Aufl. Frankfurt/M. 1971, S. 125–146.

15 Vgl. Hermann Heimpel: Kapitulation vor der Geschichte? Gedanken zur Zeit, Göttingen 1956; Reinhard Wittram: Das Interesse an der Geschichte, Göttingen 1958; Alfred Heuß: Verlust der Geschichte, Göttingen 1959, die auch an die Notwendigkeit der Zeitgeschichte erinnerten.

16 Willi Dreßen: Die Zentrale Stelle der Landesjustizverwaltungen zur Aufklärung von NS-Verbrechen in Ludwigsburg, in: Dachauer Hefte, 6, 1990, S. 85–93.

17 Vgl. Wilhelm Hennis: Zum Problem der deutschen Staatsanschauung, in: Vierteljahrshefte für Zeitgeschichte, 7, 1959, S. 1–23; Dolf Sternberger: Be-

griff des Politischen, Frankfurt/Main 1961; Hans Maier: Zur Lage der politischen Wissenschaft in Deutschland, in: Vierteljahrshefte für Zeitgeschichte, 10, 1962, S. 225–249; Kurt Sontheimer: Politische Wissenschaft und Staatsrechtslehre, Freiburg 1963; Martin Greiffenhagen: Staatsgesinnung oder rechtsstaatliches Bewußtsein?, in: Gewerkschaftliche Monatshefte, 15, 1964, S. 705–713; Christian Graf von Krockow: Staatsideologie oder demokratisches Bewußtsein, in: Politische Vierteljahrsschrift, 6, 1965, S. 118–131. Die Front gegen Forsthoff später noch einmal in Kurt Sontheimers Rezension von dessen Buch „Der Staat der Industriegesellschaft“, in: Frankfurter Allgemeine Zeitung vom 24. August 1971, S. 10.

18 Vgl. etwa Werner Conzes Rezension von Karl Dietrich Bracher: Die Auflösung der Weimarer Republik, in: Historische Zeitschrift, 187, 1957, S. 378–382, der das Werk für nicht „ausgereift“ hielt. Dazu auch Hans Mommsen: Zum Verhältnis von Politischer Wissenschaft und Geschichtswissenschaft in Deutschland, in: Vierteljahrshefte für Zeitgeschichte, 10, 1962, S. 341–372. Anselm Doering-Manteuffel: Deutsche Zeitgeschichte nach 1945, in: Vierteljahrshefte für Zeitgeschichte, 41, 1993, S. 1–29, verweist S. 3 außerdem auf Theodor Eschenburg, Arnold Bergsträsser und Ernst Fraenkel (dessen Verhältnis zu Forsthoff eine eigene Untersuchung wert wäre).

19 Eine an Forsthoff gemahnende Deutung dieser Vorgänge bei Manfred Kittel: Peripetie der Vergangenheitsbewältigung. Die Hakenkreuzschmierereien 1959/60 und das bundesdeutsche Verhältnis zum Nationalsozialismus, in: Historisch-Politische Mitteilungen. Archiv für christlich-demokratische Politik, 1, 1994, S. 49–67.

20 Ernst Forsthoff: Hat der Staat noch Autorität?, in: Christ und Welt, 8, Nr. 46 vom 17. November 1955.

21 Peter R. Hofstätter: Bewältigte Vergangenheit? in: Die Zeit, Nr. 24 vom 14. Juni 1963. Darin konstatierte er, die Aufgabe sei prinzipiell unlösbar, es gebe „auf der ganzen Welt kein Volk, das seine Vergangenheit je bewältigt hätte“. Dies verband er mit einem Appell für die Amnestie. Noch prononcierter gegen die Zeitgeschichte ders.: Was verspricht man sich vom Schulfach Zeitgeschichte?, in: Die Zeit, Nr. 25 vom 21. Juni 1963.

22 Armin Mohler: Vergangenheitsbewältigung. Von der Läuterung zur Manipulation, Stuttgart 1968. Arnold Gehlen: Moral und Hypermoral, Frankfurt/Main 1969; ähnlich später Helmut Schelsky und die soziologische „Schule“ der Intellektuellen-Schelte. Vgl. auch zusammenfassend aus der Sicht eines Juristen Helmut Quaritsch: Theorie der Vergangenheitsbewältigung, in: Der Staat, 31, 1992, S. 519–551.

23 Forsthoff stellte sich den Vorwürfen mit einer Mischung aus Stolz und Einsicht, vgl. seine Stellungnahme in: Braune Universität. Deutsche Hochschullehrer gestern und heute. Dokumentation mit Stellungnahmen, hg. von Rolf Seeliger, Heft 6, München 1968, S. 21–26, in der er sich auf einen Aphorismus Ernst Jüngers berief: „Wer sich selbst interpretiert, geht unter sein Niveau.“ (ebd., S. 26).

24 Vgl. Justiz und NS-Verbrechen. Sammlung deutscher Strafurteile wegen nationalsozialistischer Tötungsverbrechen 1945–1966, 22. Bde., Amsterdam 1968 (jetzt fortgesetzt 1967–1999, München 1999 ff.).

25 Erste Versuche in Karl Forster (Hg.): Möglichkeiten und Grenzen für die Bewältigung historischer und politischer Schuld in Strafprozessen, Würzburg 1962.

26 Das Thema „NS-Juristen" war vom Regisseur Wolfgang Staudte schon 1959 im Film „Rosen für den Staatsanwalt" aufgegriffen worden. 1964 hatte Theodor Maunz aufgrund wiederholter Anwürfe sein Amt als Kultusminister Bayerns aufgeben müssen; der Aufsatz von Konrad Redeker: Bewältigung der Vergangenheit als Aufgabe der Justiz, in: Neue Juristische Wochenschrift, 17, 1964, S. 1097–1100, war dann für manche Juristen der Auftakt zu einer kritischen Hinwendung zur eigenen Geschichte, die schon 1966 zum Thema des Essener Juristentags wurde; vorläufige Bilanzen später bei Ingo Müller: Furchtbare Juristen. Die unbewältigte Vergangenheit unserer Justiz, München 1987 sowie Bernd Rüthers: Entartetes Recht. Rechtslehren und Kronjuristen im Dritten Reich, München 1988.

27 Alexander und Margarete Mitscherlich: Die Unfähigkeit zu trauern, München 1967.

28 Gary Smith/Avishai Margalit (Hg.): Amnestie oder Die Politik der Erinnerung in der Demokratie, Frankfurt/Main 1997.

29 Friedrich Tenbruck: Zeitgeschichte als Vergangenheitsbewältigung?, in: Weltbürgerkrieg der Ideologien. Antworten an Ernst Nolte, hg. von Thomas Nipperdey, Anselm Doering-Manteuffel und Hans-Ulrich Thamer, Frankfurt am Main/Berlin 1993, S. 482–495. Die „Geburt der westdeutschen Zeitgeschichte aus dem Geist der Vergangenheitsbewältigung" konzediert in seiner erhellenden Übersicht Hans Günter Hockerts: Zeitgeschichte in Deutschland. Begriff, Methoden, Themenfelder, in: Aus Politik und Zeitgeschichte, 29–30, vom 16. Juli 1993, S. 3–19, hier S. 14.

30 Rainer Zitelmann: „Gerechtigkeit" als Anliegen des Historikers. Zum Selbstverständnis Ernst Noltes, in: Weltbürgerkrieg der Ideologien (wie Anm. 29), S. 513–525. Vgl. auch Uwe Backes/Eckhard Jesse/Rainer Zitelmann (Hg.): Die Schatten der Vergangenheit. Impulse zur Historisierung des Nationalsozialismus, Frankfurt am Main/Berlin 1992, S. 29 ff. Hermann Hiery: Der Historiker als Richter. Eine Polemik, in: Universität und Bildung. Festschrift Laetitia Boehm zum 60. Geburtstag, hg. von Winfried Müller, Wolfgang J. Smolka und Helmut Zedelmaier, München 1991, S. 535–538.

31 Vgl. Hanno Loewy (Hg.): Holocaust: Die Grenzen des Verstehens. Eine Debatte über die Besetzung der Geschichte, Reinbek 1992.

32 Ulrich Raulff: Marktwert der Erinnerung, in: Frankfurter Allgemeine Zeitung, Nr. 103 vom 5. Mai 1998, S. 41, vgl. auch den Beitrag von Rousso in diesem Band.

33 „Die Strenge der Gerichtsverfahren bietet einen Maßstab für die Rationalität, deren wir bedürfen." So Hans Buchheim in der Einleitung zu: Anatomie des SS-Staates, Bd. 1, München 1967, S. 11.

34 Vgl. aber die inzwischen weltweit erfolgreiche Erzählung des Rechtshistorikers Bernhard Schlink: Der Vorleser (1995), in der die hier geschilderte Problematik biographisch gespiegelt wird.

Irmtrud Wojak

Die Verschmelzung von Geschichte und Kriminologie

Historische Gutachten im ersten Frankfurter Auschwitz-Prozeß

Zur Vorbereitung des ersten Frankfurter Auschwitz-Prozesses, der im Dezember 1963 eröffnet wurde, entstanden auf Initiative des Hessischen Generalstaatsanwalts Fritz Bauer sieben zeithistorische Sachverständigengutachten.[1] Sie lagen bereits zum Zeitpunkt der Abfassung der Anklageschrift vor. Helmut Krausnick, Martin Broszat und Hans Buchheim erstellten am Institut für Zeitgeschichte vier der Expertisen, die bis heute Standardwerke der historischen Forschung geblieben sind und 1965 unter dem Titel *Anatomie des SS-Staats* veröffentlicht wurden.[2] Erst seit Anfang der achtziger Jahre wandte sich die Forschung wieder der Geschichte der Konzentrationslager und dem Schicksal der Opfer des NS-Systems zu.[3]

Bauers Initiative war es auch zu verdanken, daß Hans Buchheim das erste Gutachten über *Die Organisation von SS und Polizei unter nationalsozialistischer Herrschaft* am 8. Februar 1964 dem Gericht vortragen konnte.[4] Der Hessische Generalstaatsanwalt bat den Historiker zum 16. Verhandlungstag nach Frankfurt: Als „präsentes Beweismittel", erklärte Buchheim später in einem Interview, seien die Richter danach gezwungen gewesen, ihn als Zeugen zur Verlesung des Gutachtens vor das Gericht zu laden.[5] Im Haus „Gallus", wohin das Gericht inzwischen umgezogen war, trug er am 2. Juli 1964 das zweite Gutachten vor, welches *Das Problem des Befehlsnotstands bei den von dem nationalsozialistischen Regime befohlenen Verbrechen aus historischer Sicht* behandelte.[6]

Detaillierter als je bei den vorausgegangenen Verfahren in der Bundesrepublik Deutschland wurde im Auschwitz-Prozeß das Gesamtgeschehen der „Endlösung" anhand historischer Gutachten dargelegt. Zugleich schilderten die Zeugen erstmals vor einer breiten Öffentlichkeit die an den Häftlingen begangenen Grausamkeiten und den genauen Vollzug der Vernichtung. Etwa

20 000 Zuschauer, darunter viele Schulklassen, besuchten den Prozeß. Diese vom Hessischen Generalstaatsanwalt hervorgehobene, ausgeprägte Anteilnahme der Bevölkerung am Auschwitz-Prozeß schlug sich auch in der Presse nieder: „Führerbefehle waren nicht rechtsverbindlich", „Sie wußten, daß sie Unrecht taten. Gutachter: Kein Befehlsnotstand für KZ-Bewacher", „Historiker bejaht Mitschuld der SS an Verbrechen", verkündeten die Frankfurter Zeitungen nach Verlesung des Gutachtens über den „Befehlsnotstand."[7]

Die psychologischen Abwehrreaktionen gegenüber den KZ- und Einsatzgruppenprozessen, die während des Prozesses hervortraten, hingen mit der detaillierten Rekonstruktion des Handelns der Täter zusammen, die zugleich die Frage der Schuld oder Mitschuld der ganzen Gesellschaft aufwarf. Die schon eingeübte Kritik – die sich in Drohbriefen an die Frankfurter Staatsanwaltschaft äußerte, so daß das Haus „Gallus" schließlich vor jedem Prozeßtag auf versteckte Sprengkörper untersucht werden mußte – galt einem Prozeß, in dem keine „Schreibtischtäter" angeklagt wurden, sondern die unmittelbaren Vollstrecker der Vernichtung. Die Stoßrichtung der öffentlichen Kritik traf den Kern der juristischen Problematik des Auschwitz-Prozesses. Bauer faßte sie in die Worte: „Sind diejenigen, die in Auschwitz waren, dabei gewesen, weil sie selber Nazis waren oder nicht? [...] Es gab ja in Deutschland nicht nur den Nazi Hitler und nicht nur den Nazi Himmler."[8] Als die richterlichen Instrumentarien, die bei der Urteilsfindung als „Einfallstore für außerrechtliche, durch das politisch-soziale Umfeld beeinflußte Denkmuster" gelten konnten, waren die Entscheidungen der Gerichte über Gehilfenschaft anstelle von Täterschaft und eine Strafzumessung, die eine ungleiche, mildere Behandlung der NS-Täter bedeutete, gerade in der Vorphase des Auschwitz-Prozesses zunehmend öffentlich kritisiert worden.[9]

Tatsächlich bereiteten die arbeitsteilige Organisation der Morde und die vom Staat befohlenen Verbrechen den Richtern, die nach dem interpretierten subjektiven Willen der Angeklagten auf Täterschaft oder Gehilfenschaft schließen mußten, gerade in den KZ-Prozessen große Schwierigkeiten. Dabei läßt sich in der Rechtsprechung die Tendenz ausmachen, die KZ-Verbrechen aufgrund einer extensiven Auslegung der subjektiven Teilnahmelehre lediglich als Beihilfe zum Mord nach § 27 StGB zu verurteilen.

Die jüngere Forschungsliteratur hat diese Tendenz als Folge der Traditionsverhaftung der Justiz und ihres mangelnden Willens betrachtet, die NS-Verbrechen aufzuarbeiten.[10] Begreift man sie zugleich als ein Spiegelbild der deutschen Nachkriegsgesellschaft, in die Historiker wie Juristen gleichermaßen einbezogen sind, stellt sich die Frage nach der Parteilichkeit historischer Forschung und der Unvoreingenommenheit juristischen Urteilens über den Nationalsozialismus. Dies hatte ein Pendant in der seit Mitte der sechziger Jahre aufbrechenden Kontroverse über die Struktur des NS-Systems. Zugleich ist zu fragen, inwieweit historische Erklärungsansätze des Nationalsozialismus in das Auschwitz-Urteil eingingen und welche Aufschlüsse sie über das zeitgenössische Geschichtsbild zu liefern vermögen.

Die Erfahrung von Auschwitz legte es nahe, die Geschichte von 1933 bis 1945 unter moralischen Gesichtspunkten zu bewerten und über die Geschehnisse gleichsam zu Gericht zu sitzen. So schrieb Martin Broszat im Vorwort zur Buchausgabe der Gutachten, die „Hitler-Diktatur" sei „in jeder Beziehung eindeutig negativ zu beurteilen."[11] Das verstärkte die Tendenz zu einer moralisch-emotionalen Betrachtungsweise: „Wie schwer ist es aber", bemerkte Broszat, „über Auschwitz nicht wirkungsvoll zu schreiben!"[12] Der Historiker Ian Kershaw hat diese Problematik jeden Erklärungsversuchs des Nationalsozialismus mit der Frage aufgegriffen, wie der Historiker hoffen könne, „angemessen und ‚objektiv' über ein Regierungssystem zu schreiben, das in einem solch riesigen Ausmaß Schrecken und Entsetzen verbreitet hat?"[13] Die Spannung zwischen der objektivierenden Methode und der moralischen Einstellung des Historikers sowie dem politisch-ideologischen Rahmen, in dem er historische Entwicklungen erklärt, die Kershaw in seiner Darstellung der Interpretationen des NS-Staats herausgearbeitet hat, spiegelte sich in der Kontroverse über die Struktur des NS-Systems. Seine Beobachtungen lassen sich in vieler Hinsicht auf die Rolle des Richters in NS-Prozessen übertragen, jedoch mit dem Unterschied, daß der letztere konkrete Individuen für verbrecherisches Handeln verantwortlich machen muß. Dieser Zugriff scheint den Richter in methodischer Beziehung fast ausschließlich auf die „Personengeschichte" zu verweisen. Trotz ähnlicher Ausgangspunkte trennten sich nach Überzeugung Fritz Bauers die Wege des Historikers und des Richters dort, wo der Richter individuelle Schuld zu verurteilen hat, während der Historiker das Gesamtgeschehen erklären muß. Die bisherigen NS-Prozesse hätten gezeigt, führte er 1963 aus, daß ein hinreichendes Wissen von unserer Zeitgeschichte nicht vorausgesetzt werden könne.[14] Daher sollten die Gutachten die Vorgänge „in das politische Geschehen der damaligen Zeit" hineinstellen, um die subjektiven Voraussetzungen der Täter zu erklären.[15] Die Historiker sollten nicht zum Gegenstand des Verfahrens, also zu den Handlungen der einzelnen Täter Stellung nehmen. Diese bildeten vielmehr den „weißen Fleck", der in der Hauptverhandlung aufgeklärt werden sollte.[16]

Auf derselben Ebene argumentierte Hans Buchheim, indem er erklärte, eine feste Basis zur Beurteilung des „Befehlsnotstandes" könne nur „aus einer Untersuchung der geistig-politischen Gesamtsituation gewonnen werden, in der die Tötungsbefehle erteilt wurden und in der die Befehlsempfänger sich befanden."[17] Eine noch dezidiertere Formulierung der Aufgabe der Sachverständigen findet sich schließlich im Vorwort zur Buchausgabe, in dem es heißt, in den Gutachten sollte nicht davon die Rede sein, „was die SS im einzelnen *getan* [Hervorh. im Original] hat", sondern wie der Machtapparat „funktionierte, mit anderen Worten: wie totalitäre Herrschaft in der Alltagspraxis ausgeübt wurde". Die geistigen Zusammenhänge, etwa die Mentalität der SS-Mitglieder und die besonderen Züge des nationalsozialistischen Antisemitismus, sollten erläutert und das Dickicht sich überschneidender Kompetenzen entwirrt werden.[18] Die Problematik der strafrechtlichen Beurteilung, die aus der bürokratischen Organisation der Morde und der Tatsache hervorging, daß es sich um vom Staat befohlene Verbrechen handelte, fand damit Eingang in die Gutachten, ohne daß diese beabsichtigten, ein bestimmtes kriminologisches Täterbild zu entwerfen. Offensichtlich herrschte zwischen Staatsanwaltschaft, Richtern und Historikern Übereinstimmung darüber, daß die Ursachen historischer Ereignisse nicht allein auf Motive zurückzuführen waren und nicht auf ideologische oder persönliche, nach dem Mordparagraphen des Strafgesetzbuches definierte, niedere Beweggründe reduziert werden konnten.

Die individuellen Taten, die das Gericht beurteilen sollte, wurden zunächst in der Anklageschrift der Staatsanwaltschaft niedergelegt. 23 Mitglieder der Waffen-SS und des Lagerpersonals sowie ein ehemaliger Funktionshäftling von Auschwitz (drei Verfahren wurden später abgetrennt, und der angeklagte ehemalige Kommandant, Richard Baer, starb vor Prozeßbeginn) wurden angeklagt, in den Jahren 1940 bis 1945 im Bereich des Konzentrationslagers Auschwitz „durch mehrere selbständige Handlungen teils allein, teils gemeinschaftlich mit anderen, aus Mordlust und sonst aus niederen Beweggründen, heimtückisch und grausam sowie teilweise mit gemeingefährlichen Mitteln [...] Menschen getötet zu haben."[19] In allen Fällen lief die Anklage auf Mittäterschaft beim Mord hinaus, während der Eröffnungsbeschluß am 7. Oktober 1963 in elf Fällen wegen Täterschaft (Mordes) erging und in vierzehn Fällen wegen Beihilfe zum Mord (gegen zwei Angeklagte erging der Beschluß wegen Mordes und zugleich Beihilfe zum Mord). Die wegen Beihilfe Angeklagten wurden beschuldigt, „als Gehilfen bei der Begehung von Verbrechen durch Rat oder Tat wissentlich Hilfe geleistet zu haben."[20]

Im Ergebnis befanden die Richter zehn Angeklagte der gemeinschaftlichen Beihilfe zum gemeinschaftlichen Mord schuldig (nach der Mindestzahl der Opfer, die der Begründung im Einzelfall zugrunde gelegt wurde, hatten sie Beihilfe zum Mord an 28 910 Menschen geleistet).[21] Ein Angeklagter wurde des gemeinschaftlichen Mordes in 342 Fällen für schuldig befunden, ein weiterer des Mordes in 14 Fällen und fünf Angeklagte wurden des Mordes und gemeinschaftlichen Mordes für schuldig befunden (sie hatten Beihilfe zum Mord an 11 990 Menschen geleistet und gemeinschaftlichen Mord an 3282 Menschen, in 605 Fällen konnte der Mord als selbständige Tat nachgewiesen werden). Drei der Angeklagten wurden freigesprochen.[22] Die Rechtsprechung im Sinne der Gehilfen- und nicht der Mittäterschaft entsprach der Tendenz westdeutscher Gerichte, wesentlich mehr Angehörige des Vernichtungslagerpersonals als Gehilfen und nur wenige als Täter anzusehen.[23] Um zu klären, welche juristischen und historischen Interpretationen dieser Rechtsprechung zugrunde lagen, wird im folgenden auf die rechtliche Würdigung der Taten des Angeklagten Mulka Bezug genommen, die für eine extreme Auslegung der subjektiven Teilnahmelehre exemplarisch war. Sie wurde von den Richtern in den neun weiteren Beihilfefällen im Urteil wieder aufgegriffen.[24]

Um ein Urteil zu finden, mußten die Verantwortlichkeiten für das Gesamtgeschehen geklärt werden. Dabei schloß sich das Gericht ausdrücklich den historischen Gutachten an.[25] Aus der Abtrennung des Staatsapparats von der NS-Führung ergab sich die alleinige Verantwortung der engeren politischen Führung. In Abgrenzung von Ernst Fraenkels Theorie des „Doppelstaats", die das NS-System als ein Nebeneinander von fortgeltender Staatlichkeit und außernormativer Führergewalt darstellte, meinte Buchheim, das Prinzip der Führergewalt sei dem Prinzip staatlichen Lebens derart entgegengesetzt, daß es überhaupt nicht mehr unter den Begriff „Staat" gefaßt werden könne.[26] Demnach hatte die Verordnung vom 28. Februar 1933 einen permanenten Ausnahmezustand begründet, aber eben doch noch einen Ausnahmezustand, nämlich „eine auf Artikel 48 der Reichsverfassung gestützte ausdrückliche Dispensierung von einer im Prinzip als fortgeltend betrachteten staatlichen Ordnung. Die reine Führergewalt dagegen war überhaupt nicht mehr normenbezogen, sie hatte keinen Ausnahmecharakter mehr, sondern war ein eigenständiges Prinzip."[27] Als Werkzeug der Führergewalt und zur Durchführung der Willkürmaßnahmen diente die SS.[28] Die Richter im Auschwitz-Prozeß referierten zunächst die historischen Hintergründe der „Entwicklung der Judenfrage" und gelangten zu der Standardformel: „Haupttäter der [...] geschilderten Vernichtungsaktionen waren Hitler als Urheber des Befehls über ‚die Endlösung der Judenfrage' und Himmler, der diesen Befehl zu seinem eigenen Anliegen gemacht und mit fanatischem Eifer seine Ausführung betrieben hat, sowie weitere Personen des engsten Führungskreises wie Göring, Heydrich und andere [...]."[29] Bei der technischen und verwaltungsmäßigen Vorbereitung der „Endlösung" schalteten diese das RSHA ein sowie einige Dienststellen des Reiches, und von der SS ließen sie die Tötungen in den Vernichtungslagern durchführen. Diese Haupttäter mordeten aus niedrigen Beweggründen, heimtückisch und grausam, also in Erfüllung des Tatbestands des § 211 des Strafgesetzbuches.[30]

In der strafrechtlichen Beurteilung der Beteiligung des Angeklagten Robert Mulka, Adjutant des Lagerkommandanten Höß, stellten die Richter fest, daß Mulka auf Befehl eines Vorgesetzten bei der Selektion der Opfer auf der Rampe in Auschwitz „in vier Fällen einen kausalen Tatbeitrag zu den Massentötungen geleistet" hatte. „Durch die Benachrichtigung der einzelnen Abteilun-

gen und das Geben der Einsatzbefehle nach der Ankunft der
RSHA-Transporte" hatte er „die gesamte Mordmaschinerie in
Gang gesetzt, also einen entscheidenden Beitrag für die Vernichtung [...] der Menschen geleistet." Die Beihilfehandlungen zu jeder dieser vier Aktionen bewerteten die Richter jeweils als eine
Handlung im Sinne einer gleichartigen Tateinheit (§ 73 StGB),
durch die jeweils 750 Menschen getötet wurden und § 211 StGB
jeweils durch ein und dieselbe Handlung 750mal verletzt wurde.[31]
Der Angeklagte befand sich weder in einem Nötigungszustand
(§ 52 StGB) noch in einem allgemeinen Notstand (§ 54 StGB),
sondern er hatte die vier Vernichtungsaktionen bewußt gefördert,
anstatt mögliche Ausweichmanöver anzuwenden, um sich der
Beteiligung zu entziehen.[32]

Da Mulka Angehöriger der Waffen-SS war, war seine strafrechtliche Verantwortlichkeit nach § 47 Militärstrafgesetzbuch
(Ausführung eines Befehls in Dienstsachen) zu beurteilen.[33] Das
Gericht mußte klären, ob ihm bekannt war, daß der Tötungsbe-
fehl ein Verbrechen bezweckte. Der Angeklagte selbst hatte die
Tötungen als „himmelschreiendes Unrecht" bezeichnet, so daß
das Gericht von einem entsprechenden Unrechtsbewußtsein Mul-
kas ausging.[34] Er hatte die Vernichtung vorsätzlich gefördert und
„auch nicht irrig angenommen, daß die Befehle, unschuldige jüdische Menschen zu töten, trotz ihres verbrecherischen Zweckes für
ihn verbindlich seien, weil sie auf einem Befehl des Führers [...]
beruhten."[35] Als Gesetz konnte der Führerbefehl nicht angesehen werden, weil er geheim erteilt und nie veröffentlicht worden
war.

Aus den Gutachten Buchheims ergibt sich die gleiche Auffassung. Da die Führergewalt in einer außernormativen geschichtlichen Vollmacht bestand, konnten Führerbefehle nicht rechtsverbindlich sein. Auch der Inhalt außernormativer Befehle wurde
nach damaligen Vorstellungen durch den Führerbefehl nicht
rechtsgültig, „sondern blieb vom geltenden Recht nicht gedeckt,
hatte also unverkennbaren Unrechtscharakter."[36] Die Richter
schlossen sich dieser Interpretation an, indem sie sich auf die
Kernbereichstheorie des Bundesgerichtshofs bezogen: „Aber auch
wenn dieser Befehl in Gesetzesform oder in Form einer Verordnung veröffentlicht worden wäre, hätte er aus Unrecht niemals
Recht schaffen können. Denn die Freiheit eines Staates, für seinen

Bereich darüber zu bestimmen, was Recht und was Unrecht ist, ist nicht unbeschränkt. Im Bewußtsein der zivilisierten Völker besteht bei allen Unterschieden, die die einzelnen nationalen Rechtsordnungen im einzelnen aufweisen, ein gewisser Kernbereich des Rechts, der nach allgemeiner Rechtsüberzeugung von keinem Gesetz und keiner obrigkeitlichen Maßnahme verletzt werden darf."[37]

Indem die Richter den Unrechtscharakter der Befehle feststellten, erkannten sie im Radbruchschen Sinne an, daß zumindest im Hinblick auf einen Ausschnitt des NS-Rechts „der Widerspruch des positiven Gesetzes zur Gerechtigkeit ein so unerträgliches Maß erreicht [hatte], daß das Gesetz als ‚unrichtiges Recht' der Gerechtigkeit zu weichen hat."[38] Sie bezogen diese Feststellung gesetzlichen Unrechts auch auf die Legitimität oder Illegitimität der Führergewalt und kamen zu dem Ergebnis, daß die Tötungsbefehle verbrecherische Befehle waren, es sich also nicht nur um ‚unrichtiges Recht' handelte, sondern das Recht „überhaupt der Rechtsnatur [entbehrte]".[39] Tendenziell war dies eine Bestätigung der von Fraenkel geäußerten Möglichkeit, daß im nationalsozialistischen Maßnahmenstaat die Negation eines Rechtssicherheit gewährenden Rechts Wirklichkeit geworden war. Das Gericht behauptete nicht, daß es im NS-Staat überhaupt kein Recht mehr gab, sondern kam zu der Auffassung, daß die Angeklagten sich auch im Unrechtsstaat auf geltendes positives Recht berufen konnten. Damit trugen sie der Schutzfunktion des Rückwirkungsverbots *(nulla poena sine lege)* Rechnung. Zugleich jedoch war dies eine Legitimierung willkürlicher Staatsgewalt, denn das Gericht übertrug die Schutzfunktion des Rückwirkungsverbots auf ein nur vorgeblich „normales Recht", das als Teil des Maßnahmenstaates funktionierte und dessen Befehle als verbrecherisch erkannt wurden (§ 47 MStG).[40]

Vor die Frage gestellt, ob die an den nationalsozialistischen Massenverbrechen Beteiligten ein Unrechtsbewußtsein hatten, gelangte der Sachverständige zum gleichen Resultat. „Die charakteristische Geisteshaltung der Täter", so Buchheim, „beruhte nämlich nicht auf einer totalen Umwertung aller Werte, bei der ein für allemal Recht für Unrecht erklärt worden wäre und umgekehrt; sie bestand auch nicht in einer absoluten Verneinung positiver und moralischer Normen überhaupt; sondern sie bestand darin, daß an sich anerkannte und im normalen Leben auch beachtete Normen für den Ausnahmefall im Namen einer ge schlichtlichen (oder auch politischen) Notwendigkeit suspendiert wurden. [...] Von den an den Verbrechen Beteiligten ist also im allgemeinen zu sagen [...], daß sie ein partiell suspendiertes Unrechtsbewußtsein besaßen."[41] Dieses aus ideologischen Gründen suspendierte Unrechtsbewußtsein erkläre, daß die Taten zum Teil von Leuten begangen wurden, die im gutbürgerlichen Sinn anständig waren, Menschen, die unter normalen Verhältnissen Verbrechen nicht begangen hätten. Allerdings meinte Buchheim einschränkend, es hieße, „den Durchschnitt der Beamten überfordern, wenn man verlangte, sie hätten damals in der Lage sein müssen, zwischen echten normativen Anordnungen und ideologischen Befehlen in Gestalt normativer Anordnungen zu unterscheiden." Immerhin konnte der Inhalt der Anweisungen einen gewissen Anhaltspunkt geben: „[...] je mehr er nämlich in seiner Substanz ideologisch bedingt war, desto eher war zu vermuten, daß die normative Gestalt nur Tarnung und Verbrämung war."[42] Der generellen Bejahung eines Unrechtsbewußtseins folgte auch hier die Konzession an das irrende Gewissen.

Ob der Angeklagte als Mittäter oder Gehilfe verurteilt wurde, hing laut subjektiver Theorie vom Täterwillen und der Frage der Tatherrschaft ab. Die Richter verwiesen auf die staatlich befohlenen Massenmorde, „bei denen die Verbrechensantriebe von dem Träger der höchsten Staatsgewalt ausgingen [...]. Der Angeklagte Mulka war in diesen Apparat hineinbefohlen worden. In Auschwitz war er ein Rad in der gesamten ‚Vernichtungsmaschinerie', die durch das Zusammenwirken einer Vielzahl von Menschen ‚funktionierte'. Die Abwicklung der RSHA-Transporte in Auschwitz lief, nachdem sich die Organisation eingespielt hatte, fast zwangsläufig ab."[43] Einem „Rädchen im Getriebe", sei es auch der Adjutant des Lagerkommandanten, konnte man den für die eigene Tatherrschaft notwendigen Ermessensspielraum schwerlich zumessen. Das hieß nichts anderes als: Mochte auch Täterwille vorhanden sein, das objektive Tatgeschehen hatte damit nichts mehr zu tun, denn der Führerbefehl hatte das Schicksal der Deportierten bereits vorherbestimmt, und der Angeklagte war der Staatsautorität erlegen.[44] „Nur der Lagerkommandant, dem der Auftrag für die Massenvernichtung der Juden in Auschwitz erteilt worden war, hatte in Auschwitz noch eine gewisse Tatherrschaft über das Geschehen."[45]

Ein eigenes Tatinteresse der Angeklagten hielten die Gerichte in Vernichtungslager-Prozessen generell für schwer nachweisbar, da der *alleinige Zweck* der Lager im *befohlenen Mord* bestand.[46] Obwohl Mulka von der Judenverfolgung und den verbrecherischen Zielen der Waffen-SS, der er 1941 im Alter von 46 Jahren freiwillig beigetreten war, wußte, schlossen die Richter ein eigenes Täterinteresse aus. Er konnte aus anderen, zum Beispiel Karrieregründen, in die Waffen-SS eingetreten sein.[47] Die Richter berücksichtigten, daß der Angeklagte nur „garnisonsverwendungsfähig" und deshalb nach Auschwitz versetzt worden war: Wäre Mulka nicht magenkrank geworden, wäre er wahrscheinlich „nie zum Gehilfen von Mördern geworden".[48] Sprach auch die Tatsache, daß er sich als Adjutant von Höß von April 1942 bis März 1943 bewährte, für eine Identifikation mit den Zielen der NS-Machthaber, ein sicherer Beweis, daß er die Judenvernichtung bejaht habe, sei dies nicht. Äußerungen oder Handlungen aus Haß gegen die Juden ließen sich nicht feststellen. Bei Abwägung all dieser Gesichtspunkte blieb zwar ein erheblicher Verdacht bestehen, „daß der Angeklagte Mulka als Adjutant die Massentötung der Juden innerlich bejaht und sie bereitwillig unterstützt, somit mit Täterwillen gehandelt hat", letzte Zweifel ließen sich jedoch nicht ausräumen.[49]

In Überdehnung der subjektiven Teilnahmetheorie selbst bei Gehilfen in hohen Positionen in der Lagerhierarchie und mit akademischer Ausbildung, denen jegliche Tatherrschaft abgesprochen wurde, machten die Richter im Auschwitz-Prozeß „die Konzession eines irrenden Gewissens in den extremsten Fällen von Mord und Totschlag".[50] Diese Entwirklichung des Geschehens hatte paradoxe Folgen für die Strafzumessung: Je größer die Zahl der Morde und die Nähe zur Tat, desto niedriger die daraus folgende Strafe.[51] Als Strafzumessung wurde im Fall Mulka eine Gesamtstrafe von 14 Jahren Zuchthaus erkannt, was zugleich die höchste Strafe für einen Beihilfefall im Auschwitz-Prozeß war.[52] Grundsätzlich sieht das Gesetz für Gehilfenschaft zwar dieselbe Strafe vor wie für Täterschaft, kann diese jedoch bis auf drei Jahre Zuchthaus herabsetzen. Das Frankfurter Gericht schloß sich hier der üblichen Praxis an, das Strafmaß für Beihilfe zum Massenmord zu reduzieren: Sechs der Gehilfen erhielten Strafen im unteren Drittel (zwischen drei und sechs Jahren Zuchthaus) und drei im mittleren Bereich der möglichen Strafzumessung (zwischen sieben und elf Jahren Zuchthaus).[53]

Beim Auschwitz-Prozeß, führte Senatspräsident Hofmeyer in der Urteilsbegründung aus, handele es sich um einen normalen Strafprozeß. Das Gericht mußte die kriminelle Schuld der Angeklagten untersuchen und sei nicht berufen gewesen, die Vergangenheit zu bewältigen.[54] Die Sach- und Rechtslage, meinte auch der Hessische Generalstaatsanwalt Bauer nach der Urteilsverkündung, sei ungewöhnlich einfach gewesen. Allerdings erklärte er, jeder, der an der Mordmaschine hantierte, sei auch der Mitwirkung am Mord schuldig, vorausgesetzt er kannte das Ziel der Maschinerie, was von der Spitze bis zu den Wachmannschaften für alle galt, die in den Vernichtungslagern waren oder um sie wußten.[55] Das war Urteilsschelte, insofern Bauer alle Angeklagten als Mittäter und nicht Gehilfen bezeichnete.

Gewichtiger noch war die Kritik an der Herauslösung der Massenverbrechen aus dem historischen Gesamtgeschehen. Die „Endlösung" wurde rechtlich nicht als eine einzige Handlung im Sinne einer gleichartigen Idealkonkurrenz (§ 73 StGB) angesehen,[56] da der Vernichtungsprozeß als Folge einer Vielzahl einzelner Willensbildungen, Entschlüsse und Taten in verschiedenen Ländern und an verschiedenen Orten, auch in Auschwitz bis hin zum Einschütten des Zyklon B in die Gaskammern, betrachtet wurde.[57] Indem der Prozeß das kollektive Geschehen durch Atomisierung und Parzellierung privatisierte, zu diesem Ergebnis kam Bauer, habe er es entschärft. Die Auflösung des Massenmords in Episoden sei eine Vergewaltigung des totalen Geschehens, das keine Summe von Einzelereignissen gewesen sei.[58] Unabhängig davon, ob man das Lagerpersonal als Täter oder Gehilfen betrachtete, wurde das Geschehen in den Vernichtungslagern in selbständige Teilakte aufgelöst, die das Gesamtgeschehen der „Endlösung der Judenfrage" in den Hintergrund treten ließen.

Die juristische und die historische Interpretation des NS-Systems, die der Rechtsprechung im Auschwitz-Prozeß zugrunde lagen, beruhten auf der Rechtsauffassung, daß die Bundesrepublik Deutschland „infolge der Kontinuität in der Identität die Nachfolgerin des Deutschen Reiches" sei und die gleichen Strafgesetze habe; juristischer Wertmaßstab war das zur Tatzeit geltende Straf-recht des NS-Staats.[59] Indem den Tätern vorgeworfen wurde, sie hätten geltendes Recht bewußt verletzt, wurden Unrecht, Schuld und Strafe aufgrund der im „Dritten Reich" bestehenden Rechts-lage legitimiert.[60] In den Eröffnungsbeschluß ging diese Auffas-sung mit der Formulierung ein, daß die Angeschuldigten an der Verwirklichung des Vernichtungsprogramms „in Kenntnis der Rechtswidrigkeit solcher Befehle" beteiligt waren.[61] Damit war bereits festgelegt, daß eine Bestrafung im Sinne der Radbruch-schen Formel des ‚unrichtigen Rechts' entfiel, denn die Geltung der willkürlichen Gesetze wurde nicht rückwirkend versagt. Die Motive des Gesetzgebers und die Praxis des Unrechtsstaats, die im Zusammenwirken von diskriminierender Gesetzgebung und ihrer willkürlichen Anwendung bestand, blieben unberücksich-tigt.[62]

Die Massenmorde in Auschwitz fanden im „SS-Staat" in einem Bereich außernormativer Normativität statt, mit dem die deutsche Gesellschaft nichts mehr zu tun hatte. So konnte Buchheim zu dem Schluß kommen, daß ebenso, wie Hitler Staat und Be-wegung nicht ineinanderfließen ließ, nur eine Minderheit der Deutschen bereit war, sich für die Ziele des Regimes einzusetzen und mehr zu tun, als staatsbürgerliche Loyalität und allgemeine Nötigung ihnen abforderten.[63] Die Abtrennung der NS-Führung vom Staatsapparat war aus dieser Sicht so weitgehend vollzo-gen, daß Justiz und Beamtenschaft jeder Verantwortung für die terroristische Struktur des Systems enthoben waren und die Brücke für die Kontinuität des Staatsapparats nach 1945 herge-stellt war.[64]

Auf einer Podiumsdiskussion anläßlich der Erstaufführung von Peter Weiss' *Ermittlung* kleidete Fritz Bauer eine freundschaftli-che Kritik in die Worte: „Es müßte eine Arbeitsteilung geben zwischen dem Auschwitz-Richter [...] und dem Auschwitz-Dichter. Der Auschwitz-Richter züchtigt, der Auschwitz-Dichter sollte erziehen." Als Jurist, der den Prozeß erlebt habe, erklärte er, *Die Ermittlung* sei eine ganz ausgezeichnete, nämlich proto-kollarische Wiedergabe des Prozesses, doch das Theaterstück von Weiss leide darunter, daß es den Prozeß übernommen habe: Der Auschwitz-Prozeß jedoch sei weniger als Auschwitz. Die Gren-zen des Strafprozesses waren aus seiner Sicht auch die Grenzen der *Ermittlung*, denn der Richter sehe in Wirklichkeit nur die Taten, nicht die Ursachen des Tuns.[65]

Zu einem Zeitpunkt, als die eingangs zitierte Kontroverse der Historiker über die Struktur des NS-Systems noch am Anfang stand, verwies damit ein Jurist auf die Grenzen eines rein personen- und motivgeschichtlichen Erklärungsansatzes. Das war keine Relativierung der nationalsozialistischen Ideologie, sondern im Gegenteil die Sorge um eine quasi-Auflösung der Täterhandlungen im juristischen Prozeß, die die Mitverantwortlichen eines arbeitsteiligen und durch vielfältige Verfügungskompetenzen ebenso wie durch die politischen und persönlichen Interessen innewohnende Dynamik geprägten Vernichtungsprozesses aus dem Blick verlor. In diesem Sinne kritisierte Bauer die extreme Ausdehnung der Gehilfenrechtsprechung und betrachtete die Mitwirkung an der Vernichtungsmaschinerie als Mord: Der Maßnahmenstaat war für ihn in der deutschen Gesellschaft, in Justiz und Beamtenapparat, verankert.

Zwar bestand ein historischer Erkenntnisgewinn der Prozesse durchaus in der Individualisierung des Geschehens, doch die methodische Gefahr lag in der Verschmelzung von Geschichte und Kriminologie, die den Historiker nach der Rekonstruktion des Sachverhalts – eine Aufgabe, die er mit dem Richter teilt – seiner Erklärungspflicht enthob.[66] „Ein Historiker hat das Recht", so formulierte treffend Carlo Ginzburg, „dort ein Problem auszumachen, wo ein Richter auf ‚Einstellung des Verfahrens' befinden würde."[67] Allein die Ermittlung ideologischer Motivationen oder niederer Beweggründe krimineller Handlungen erklärte nicht die Ursachen der verbrecherischen Politik des NS-Regimes, die aus dem Zusammenwirken sozialer, politischer und wirtschaftlicher Faktoren hervorgingen, welche wiederum ein geschichtliches Kontinuum aus der Zeit der Weimarer Republik bis zur Bundesrepublik ausmachten.

Die „Herrschaft der Sachverständigen", die der Hessische Generalstaatsanwalt in einem ebenso überschriebenen Artikel 1963 ansprach, zielte vor diesem Hintergrund nicht allein auf eine Kritik autoritärer Justizpraxis.[68] Es ging um mehr als die Aufdeckung der Schwächen des geltenden Rechts: Keineswegs dürfe der gesetzliche Richter, auf den jeder Angeklagte nach dem Grundgesetz Anspruch hat, dem Sachverständigen den „Schwarzen Peter" zuspie-

len, indem er diesen mit auf die Richterbank setze und am Urteils-
spruch beteilige. Aus der Perspektive des Juristen bestand kein
Zweifel an einer strikten methodischen Aufgabentrennung zwischen historischer und juristischer Beweisführung, sondern diese
war für ihn Bestandteil einer demokratischen Rechtsordnung, in
der der Richter nicht „zu einer fiktiven Größe" werden durfte.[69]

Anmerkungen

1 Vgl. Norbert Frei: Der Frankfurter Auschwitz-Prozeß und die deutsche
   Zeitgeschichtsforschung, in: Fritz Bauer Institut (Hg.): Auschwitz. Geschichte, Rezeption und Wirkung. Jahrbuch 1996 zur Geschichte und Wirkung des Holocaust, Frankfurt am Main/New York 1996, S. 123–138, hier
   S. 128 ff.

2 Hans Buchheim/Martin Broszat/Hans-Adolf Jacobsen/Helmut Krausnick
   (Hg.): Anatomie des SS-Staates. Bd. I und Bd. II, Olten/Freiburg i. Br.
   1965.

3 Frei: Der Frankfurter Auschwitz-Prozeß (wie Anm. 1), S. 131.

4 Hans Buchheim: Die SS – Das Herrschaftsinstrument, in: ders./Broszat/
   Jacobsen/Krausnick (Hg.): Anatomie des SS-Staates. Bd. I (wie Anm. 2),
   S. 13–256. Vgl. die Kommentare von Walter Lewald: Das Dritte Reich –
   Rechtsstaat oder Unrechtsstaat, in: Neue Juristische Wochenschrift, 17,
   1964, S. 1658–1661. Ernst Forsthoff: Der Zeithistoriker als gerichtlicher
   Sachverständiger, in: Neue Juristische Wochenschrift, 18, 1965, S. 574 f.

5 Interview von Rolf Bickel mit Hans Buchheim anläßlich der Dokumentation des Hessischen Rundfunks über den Auschwitz-Prozeß (Strafsache
   4 Ks 2/63) aus dem Jahre 1995 (o.D.), Fritz Bauer Institut, Sammlung
   Auschwitz-Prozeß.

6 Hans Buchheim: „Die SS – Das Herrschaftsinstrument" und „Befehl und
   Gehorsam", in: Ders./Broszat/Jacobsen/Krausnick (Hg.): Anatomie des
   SS-Staates, Bd. I (wie Anm. 2), S. 257–382.

7 Vgl. Frankfurter Allgemeine Zeitung vom 3. Juli 1964; Frankfurter Neue
   Presse vom 3. Juli 1964; Frankfurter Rundschau vom 3. Juli 1964.

8 Fritz Bauer: Zu den Naziverbrecher-Prozessen, in ders.: Die Humani-
   tät der Rechtsordnung. Ausgewählte Schriften. Hg. v. Joachim Perels und
   Irmtrud Wojak, Frankfurt am Main/New York 1998, S. 101–118, hier
   S. 110.

9 Vgl. in diesem Kontext Falko Kruse: NS-Prozesse und Restauration. Zur
   justitiellen Verfolgung von NS-Gewaltverbrechen in der Bundesrepublik,
   in: Kritische Justiz, 11, 1978, S. 109–134, hier S. 109. Barbara Just-Dahl-
   mann/Helmut Just: Die Gehilfen. NS-Verbrechen und die Justiz nach 1945,
   Frankfurt am Main 1988, S. 111 f., und Reinhard Henkys: Die nationalsozialistischen Gewaltverbrechen. Geschichte und Gericht, Stuttgart 1964,
   S. 340 und 346 f.

10 Vgl. Falko Kruse: Zweierlei Maß für NS-Täter? Über die Tendenz schich-
   tenspezifischer Privilegierungen in Urteilen gegen nationalsozialistische

Gewaltverbrecher, in: Kritische Justiz, 11, 1978, S. 236–253, hier S. 237.
Jürgen Baumann: Die strafrechtliche Problematik der nationalsozialistischen Gewaltverbrechen, in: Henkys: Die nationalsozialistischen Gewaltverbrechen (wie Anm. 9), S. 306 ff.

11 Martin Broszat: Vorbemerkung, in: ders./Buchheim/Jacobsen/Krausnick
(Hg.): Anatomie des SS-Staates, Bd. I (wie Anm. 2), S. 5–8, hier S. 8.

12 Ebd.

13 Ian Kershaw: Der NS-Staat. Geschichtsinterpretationen und Kontroversen
im Überblick, Reinbek 1988, S. 16.

14 Fritz Bauer: Herrschaft der Sachverständigen, in: Frankfurter Rundschau
vom 10. Januar 1963.

15 Institut für Zeitgeschichte – Hausarchiv, Karton I, Vermerk von StA Warlo
(Behörde des Generalstaatsanwalts) vom 8. November 1962 über eine Be-
sprechung der altpolitischen Dezernenten der Staatsanwaltschaft bei dem
Oberlandesgericht und der Staatsanwaltschaften Frankfurt (M.) und Wies-
baden am 7. November 1962 bei Herrn Generalstaatsanwalt Dr. Bauer, vgl.
Frei: Der Frankfurter Auschwitz-Prozeß (wie Anm. 1).

16 Ebd.

17 Buchheim: Befehl und Gehorsam (Vorbemerkung), (wie Anm. 6), S. 257.

18 Broszat: Vorbemerkung (wie Anm. 11), S. 7.

19 Staatsanwaltschaft beim LG Frankfurt am Main: Strafsache gegen Baer u.a.,
Bd. 1, Anklageschrift, 16. April 1963, S. 14.

20 Vgl. LG Frankfurt, 3. Strafkammer, Eröffnungsbeschluß 4 Js 444/59, S. 8
(Bd. 88, S. 17075). Jürgen Baumann: Warum Auschwitz-Prozesse?, in: Die
politische Meinung, 9, 1964, S. 53–63, hier S. 54, hat auf diesen Beschluß
hingewiesen.

21 Vgl. LG Frankfurt, Urteil in der Strafsache gegen Mulka u.a. (4 Ks 2/63),
S. 5 ff.

22 Ebd.

23 Vgl. Stefan Wittke: Teilexkulpation von KZ-Tätern?, in: Redaktion Kritische Justiz (Hg.): Die juristische Aufarbeitung des Unrechts-Staats, Baden-
Baden 1998, S. 547–594, hier S. 579. In den sechs großen Prozessen wegen
Massenverbrechen in Vernichtungslagern befanden die Richter zwischen
1963 und 1981 zwölf Angeklagte als Mörder und 34 als Mordgehilfen für
schuldig, 20 wurden freigesprochen.

24 LG Frankfurt, 4 Ks 2/63 (wie Anm. 21), S. 126 ff.

25 Ebd., S. 85.

26 Buchheim: Die SS – Das Herrschaftsinstrument (wie Anm. 4), S. 21. Ernst
Fraenkel: Der Doppelstaat, Frankfurt am Main 1981 (zuerst 1941).

27 Buchheim, ebd., S. 23.

28 Ebd., S. 29.; sowie ders.: Befehl und Gehorsam (wie Anm. 6), S. 261 f.

29 LG Frankfurt, 4 Ks 2/63 (wie Anm. 21), S. 126.

30 Ebd., S. 127.

31 Ebd., S. 148.

32 Ebd., S. 146 und S. 148.

33 Ebd., S. 135.

34 Ebd., S. 136.

35 Ebd., S. 145.

36 Buchheim: Befehl und Gehorsam (wie Anm. 6), S. 328. Vgl. dagegen Gerhard Werle/Thomas Wandres: Auschwitz vor Gericht. Völkermord und bundesdeutsche Strafjustiz, München 1995, S. 35, die den Führerbefehl nach der damaligen Rechtsauffassung als Rechtsquelle betrachten.

37 LG Frankfurt, 4 Ks 2/63 (wie Anm. 21), S. 130 (unter Verweis auf BGHSt, 2/234).

38 Gustav Radbruch: Gesetzliches Unrecht und übergesetzliches Recht, in: Süddeutsche Juristenzeitung, 1, 1946, S. 105–108, hier S. 107. Zur punktuellen Entlegitimierung der NS-Rechtsordnung im Sinne der Radbruchschen Formel vgl. Clea Laage: Auseinandersetzung um gesetzliches Unrecht nach 1945, in: Redaktion Kritische Justiz (Hg.): Die juristische Aufarbeitung des Unrechts-Staats (wie Anm. 23), S. 265–297, hier S. 269.

39 Radbruch, ebd., S. 107. Vgl. Laage, ebd., S. 268 f.

40 Vgl. Joachim Perels: Die Restauration der Rechtslehre nach 1945, in: Redaktion Kritische Justiz (Hg.), ebd., S. 237–264, hier 250 f.

41 Buchheim: Befehl und Gehorsam (wie Anm. 6), S. 333 f.

42 Ebd., S. 271.

43 LG Frankfurt, 4 Ks 2/63 (wie Anm. 21), S. 138.

44 Die Argumentation entsprach dem Staschynkij-Urteil (BHG St 18, S. 87).

45 LG Frankfurt, 4 Ks 2/63 (wie Anm. 21), S. 138 f.

46 Wittke: Teilexkulpation von KZ-Verbrechen? (wie Anm. 23), S. 580.

47 LG Frankfurt, 4 Ks 2/63 (wie Anm. 21), S. 140 f.

48 Ebd., S. 154.

49 Ebd., S. 144 f.

50 Fritz Bauer: Im Namen des Volkes, in ders.: Die Humanität der Rechtsordnung (wie Anm. 8), S. 77–90, hier S. 82 f. Vgl. auch Jürgen Baumann: Beihilfe bei eigenhändiger voller Tatbestandserfüllung, in: Neue Juristische Wochenschrift, 16, 1963, S. 561–565, hier S. 563, der betonte, nicht Befehl und Druck, sondern allein die Kenntnis und das Gefühl der Notlage oder Nötigung beseitigten den Tatherrschaftswillen.

51 Adalbert Rückerl: NS-Verbrechen vor Gericht. Versuch einer Vergangenheitsbewältigung, Heidelberg 1984, S. 274 ff.

52 LG Frankfurt, 4 Ks 2/63 (wie Anm. 21), S. 155 f.

53 Ebd., S. 5 ff.

54 Vgl. Bernd Naumann: Auschwitz. Bericht über die Strafsache gegen Mulka u. a. vor dem Schwurgericht Frankfurt, Frankfurt am Main 1968, S. 274.

55 Bauer: Im Namen des Volkes (wie Anm. 50), S. 83 f.

56 Vgl. Fritz Bauer: Ideal- oder Realkonkurrenz bei nationalsozialistischen Verbrechen?, in: Juristenzeitung, 20, 1967, S. 625–628, hier S. 627.

57 Vgl. Bauer: Im Namen des Volkes (wie Anm. 50), S. 133f.; LG Frankfurt, 4 Ks 2/63 (wie Anm. 21), S. 137.

58 Ebd., S. 84.

59 Naumann: Auschwitz (wie Anm. 54), S. 275 ff. Zur Problematik dieser Rechtsauffassung vgl. Perels: Die Restauration der Rechtslehre nach 1945 (wie Anm. 40), S. 245 ff.

60 Vgl. Werle/Wandres: Auschwitz vor Gericht (wie Anm. 36), S. 33.

61 Vgl. LG Frankfurt, 4 Js 444/59 (wie Anm. 20), S. 8 (Bd. 88, S. 17075: Anschuldigung gegen Mulka).

62 Vgl. Laage: Auseinandersetzung um gesetzliches Unrecht (wie Anm. 38), S. 280.

63 Buchheim: Befehl und Gehorsam (wie Anm. 6), S. 266f.

64 Vgl. Perels: Die Restauration der Rechtslehre nach 1945 (wie Anm. 40), S. 244ff.

65 „Auschwitz auf dem Theater?" Ein Podiumsgespräch im Württembergischen Staatstheater Stuttgart aus Anlaß der Erstaufführung der „Ermittlung" von Peter Weiss, 24. Oktober 1965 (Transkription).

66 Herbert Jäger: Strafrecht und nationalsozialistische Gewaltverbrechen, in: Kritische Justiz, 1, 1968, S. 143–157, hier S. 145.

67 Carlo Ginzburg: Der Richter und der Historiker. Überlegungen zum Fall Sofri, Berlin 1991, S. 30.

68 Fritz Bauer: Herrschaft der Sachverständigen, in: Frankfurter Rundschau vom 10. Januar 1963.

69 Ebd.

Michael Wildt

Differierende Wahrheiten

Historiker und Staatsanwälte als Ermittler
von NS-Verbrechen

Wie erginge es Historikern, wenn ihnen wie in einer jener klassischen Spukgeschichten all diejenigen Gestalten nachts zu Leibe rückten, über die sie in ihren Büchern, Aufsätzen, Vorträgen geschrieben oder gesprochen haben? Was würden Historiker antworten, wenn all die Toten plötzlich eine Stimme erhielten und sich gegen die Zuweisungen von Lob und Tadel, von Schuld und Verantwortlichkeit wehren würden? Wenn die Protagonisten der Geschichten, die über sie geschrieben wurden, das Recht auf ihren Standpunkt erhöben und verlangten, daß ihre Sichtweise in das Gesamturteil eingehe?

Ohne Zweifel wäre das ein Schreckensszenario, ein Alptraum für Historiker – und käme doch der Arbeit von Staatsanwälten sehr nahe. Während Historiker gewöhnlich *über* ihre Protagonisten reden, müssen Staatsanwälte *mit* ihnen reden. Personifiziert sich im Historiker noch immer die Figur des allwissenden Erzählers – nicht von ungefähr entstand die moderne Geschichtsschreibung mit den Erzähltechniken des 19. Jahrhunderts –, sehen sich Staatsanwälte in die Situation versetzt, ihre Geschichte, ihre Wahrheit in einem streng reglementierten, in seiner Struktur jedoch argumentativen Verfahren durchzusetzen, an dem diejenigen, über die bzw. über deren Taten verhandelt wird, beteiligt sind.[1]

Anhand eines Falles möchte ich solcherart Unterschiede vorführen, die über die sonst unter Historikern übliche Quellenkritik an Justizdokumenten hinausgehen, wie sie zum Beispiel Ruth Bettina Birn exemplarisch in ihrer Kritik an Daniel Goldhagens Buch vorgeführt hat.[2] Statt dessen will ich die unterschiedlichen diskursiven Praktiken von Historikern und Juristen beleuchten, die die juristische von der historischen Ermittlungsarbeit grundsätzlich trennen.

I.

Mein Fall beginnt am 9. Oktober 1955. An diesem Tag kehrte
ein Mann aus sowjetischer Kriegsgefangenschaft zurück, der zur
Führung des nationalsozialistischen Verfolgungs- und Vernich-
tungsapparates gehört hatte: Bruno Streckenbach. Er war von
1933 bis 1939 Chef der Hamburger Gestapo, anschließend Be-
fehlshaber der Sicherheitspolizei und des SD in Polen, stieg 1940
zum Chef des Amtes I Personal im Reichssicherheitshauptamt auf
und war damit unmittelbar Heydrich und später Himmler unter-
stellt. 1943 ging er zur Waffen-SS und wurde dort ein hochdeko-
rierter SS-General und Divisionskommandeur.[3]

Streckenbach stellte sich wenige Tage nach seiner Rückkehr im
Beisein eines Rechtsanwaltes bei der Hamburger Staatsanwaltschaft ein, um zu erfahren, ob bzw. was gegen ihn vorläge. Zu
diesem Zeitpunkt hatten zwei Personen Anzeigen gegen Strek-
kenbach erhoben, die sich beide auf dessen Tätigkeit als Chef der
Gestapo in Hamburg bezogen. Die eine Anzeige war eher allgemein gehalten, bei der zweiten ging es um einen konkreten Fall
von Körperverletzung. Streckenbach habe – so die Beschuldi-
gung – dem Betroffenen bei einer Vernehmung die Niere zer-
schlagen. Der Staatsanwalt wollte das Ermittlungsverfahren ein-
stellen, weil Körperverletzung verjährt sei. Der Justizsenator wies
ihn jedoch an, die Ermittlungen „auf breiterer Basis fortzuset-
zen". Daraufhin befragte der Staatsanwalt eine Reihe von Institutionen, darunter das Hamburger Staatsarchiv, die Polizeibehörde,
aber auch die Vereinigung der Verfolgten des Naziregimes und
die Jüdische Gemeinde in Hamburg, ob sie Material zu Streckenbach besäßen. Es ist charakteristisch, daß Mitte der fünfziger
Jahre all diese Institutionen – einschließlich der Opferverbände –
außer ein paar Beförderungsdaten nichts über Streckenbach mitzuteilen wußten. Seine Verbrechen hatte er im Osten begangen,
das im Horizont der deutschen Nachkriegsgesellschaft hinter
dem Eisernen Vorhang lag. Die Vorstellung vom Nationalsozialismus als deutscher Diktatur blendete die Massenverbrechen,
die in Polen, in der Sowjetunion, in Südosteuropa verübt worden waren, aus.[4] Das Verfahren gegen Streckenbach wurde eingestellt.

Als Anfang der sechziger Jahre die Ludwigsburger Zentralstelle der Landesjustizverwaltungen jedoch auf ein Dokument stieß, das den Beweis darstellte, daß Streckenbach Kripo- und Gestapobeamte zum mörderischen Einsatz in den Osten befohlen hatte, wurde das Ermittlungsverfahren gegen ihn wiederaufgenommen und jetzt von einem jungen, engagierten Staatsanwalt geführt.[5] Aber war der Täter Streckenbach deshalb klarer zu erkennen? Was wußte ein Staatsanwalt über die Tätigkeit eines Befehlshabers der Sicherheitspolizei und des SD in Polen? Inwieweit unterschied sich der Personalchef des Reichssicherheitshauptamtes von anderen Behördenleitern? Während Historiker über Faschismus und Kapitalismus, über Diktatur und Führerwillen stritten, mußte das Täterbild von Bruno Streckenbach mühsam Stück für Stück zusammengesetzt werden.[6] Seine Taten aus der Zeit als Hamburger Gestapochef wie Freiheitsberaubung, Nötigung und Körperverletzung waren mittlerweile verjährt. Übrig blieben Tatvorwürfe des Mordes bzw. der Beihilfe zum Mord.[7]

Eine Zeitlang sahen die Ermittlungen erfolgversprechend aus. Aus den Dokumenten, die der Hamburger Staatsanwaltschaft aus den polnischen Archiven zur Verfügung gestellt wurden, ließ sich entnehmen, daß Streckenbach als Polizeichef in Polen federführend an der Exekution mehrerer tausend polnischer Intellektueller, Priester, Ärzte und Lehrer, der sogenannten AB-Aktion im Mai 1940, beteiligt war.[8] Hauptbelastungsdokument war das Protokoll einer Regierungssitzung des „Generalgouvernements", das Streckenbach historisch-wissenschaftlich zweifellos der Mitverantwortlichkeit für die Massenerschießungen überführte, das juristisch aber keineswegs ausreichte. Vokabeln wie „summarische standrechtliche Verfahren", die im Protokoll auftauchten und in der historischen Wirklichkeit nicht mehr bedeuteten als die summarische Unterzeichnung von Hinrichtungsbefehlen, nahm Streckenbach zum Anlaß, um die Einhaltung formalrechtlicher Kriterien zu behaupten.

An der historischen Verantwortung Streckenbachs für die Erschießungen war nicht zu zweifeln, dem Staatsanwalt nutzte dieser geschichtswissenschaftliche Befund indes nichts. Exekutionen, die sich an gültiges Standrecht halten, sind kein Mord. Konnte Streckenbach nicht die individuell zuzuordnende Tat nachgewiesen werden, brach die Anklage zusammen. Trotz aller historisch evidenten Belege und Indizien erschien dem Staatsanwalt dieser Teil der Anklage zu brüchig, als daß er sich auf sie verlassen mochte. So konzentrierte er sich auf den zweiten Tatkomplex: Streckenbachs Tätigkeit als Personalchef des Reichssicherheitshauptamtes in der Zeit, als die Einsatzgruppen für die Sowjetunion aufgestellt wurden und ihre Massenmorde verübten.

Das Paradox der Anklage bestand darin, daß Streckenbach der Entlastungstrick der Angeklagten aus einem früheren Prozeß nun zum Verhängnis werden sollte. Otto Ohlendorf, ebenfalls ehemaliger Amtschef im Reichssicherheitshauptamt und Chef der Einsatzgruppe D, der als Hauptangeklagter im Einsatzgruppen-Prozeß 1948 vor einem amerikanischen Militärgericht das Todesurteil zu erwarten hatte, behauptete – und schwor seine Mitangeklagten größtenteils auf diese Linie ein –, daß Bruno Streckenbach kurz vor dem Überfall auf die Sowjetunion den Einsatzgruppen den Befehl mitgeteilt habe, alle Juden in der Sowjetunion zu ermorden. Die Gründe, weshalb Streckenbach und nicht Heydrich selbst für diese Rolle auserkoren wurde, lassen sich nur vermuten. Vielleicht weil Streckenbach, in der Sowjetunion verschollen, als tot geglaubt wurde und man bei Heydrich anderslautende Dokumente aus dem Juli 1941 besaß, die den Befehl, sämtliche Juden, einschließlich der Frauen und Kinder, zu töten, eben nicht enthielten.[9] Die Verteidigungsstrategie ging zum Teil auf, da das Gericht den Aussagen der Angeklagten Glauben schenkte und festschrieb, daß Streckenbach den Mordbefehl überbracht habe. Otto Ohlendorf und Paul Blobel nutzte diese feingesponnene Verteidigungslinie persönlich allerdings nichts; sie wurden nicht nur zum Tode verurteilt wie etliche andere Angeklagte, sondern auch tatsächlich hingerichtet.[10] Als Streckenbach Mitte der fünfziger Jahr in die Bundesrepublik zurückkehrte, erkannten seine Verteidiger selbstverständlich rasch die Gefahr, in der er schwebte, und versuchten mehrmals, den Staatsanwalt in Hamburg von der historischen Wahrheit zu überzeugen, daß die damaligen Aussagen von Ohlendorf ausgearbeitet und seinen Mitangeklagten nahegelegt worden waren. Aber sollte sich der Staatsanwalt von ausgewiesenen nazifreundlichen Anwälten von einer Wahrheit überzeugen lassen, deren funktionaler Sinn, nämlich Streckenbach zu entlasten, allzu offenkundig war? Einer Wahrheit, die durch die Quantität der anderslautenden

Aussagen während des Einsatzgruppen-Prozesses selbst von Historikern lange Zeit nicht geteilt wurde?

Heute wissen wir aufgrund von neueren, intensiveren Forschungen, daß ein allgemeiner Mordbefehl den Einsatzgruppen im Juni 1941 nicht gegeben wurde, sondern die Erschießungen aufgrund Himmlers persönlichen Inspektionen an der Ostfront im Sommer 1941 auch auf Frauen und Kinder ausgedehnt wurden.[11] Sicherlich ist Streckenbach als Personalchef im Sammellager der Einsatzgruppen gewesen, er wird auch Reden gehalten haben, aber die Anklage der Hamburger Staatsanwaltschaft, den Befehl zum Mord an den sowjetischen Juden erteilt zu haben, ging fehl.[12] Damit entstand das eingangs erwähnte Paradoxon, daß Bruno Streckenbach, zweifellos einer der großen NS-Verbrecher, der seine Verurteilung allemal verdient hätte, womöglich aufgrund einer Tat verurteilt worden wäre, die er nicht begangen hatte. Leider ist diese These nicht zu überprüfen, da der Prozeß gegen Streckenbach nicht stattgefunden hat. Als im Juni 1973 endlich die umfangreiche Anklageschrift wegen Mordes von mindestens einer Million Menschen in den Jahren 1941/42 vorlag, gelang es Streckenbach, mittlerweile schwer herzkrank, als verhandlungsunfähig eingestuft zu werden. Ein Hauptverfahren gegen ihn wurde nie eröffnet, er selbst starb drei Jahre später an seinem Herzleiden.

II.

Der Fall Streckenbach zeigt, daß die Wahrheiten, die Staatsanwälte und Historiker herstellen, keineswegs identisch sein müssen, selbst wenn sie im selben Fall ermitteln. Aus der juristisch-pragmatischen Überlegung, die Taten Streckenbachs in Polen 1939/40 für die Anklage zurückzustellen, darf einerseits nicht geschlossen werden, Streckenbach hätte dort keine Verbrechen begangen. Andererseits kann die historische Erkenntnis, daß er nicht der Übermittler eines allgemeinen Mordbefehls im Juni 1941 gewesen sein kann, nicht dazu führen, ihn aus der Verantwortlichkeit für die Mordtätigkeit des Reichssicherheitshauptamtes zu entlassen. Die Differenz zwischen den jeweiligen Wahrheiten möchte ich in vier Thesen näher charakterisieren:

1. These: Das Erkenntnisinteresse eines Staatsanwalts unterscheidet sich wesentlich von dem eines Historikers.

Der staatsanwaltliche Orientierungsrahmen ist das Strafgesetzbuch, nur bei mutmaßlichen Verstößen gegen dessen Paragraphen gibt es Ermittlungsbedarf. Handlungen von Menschen, die möglicherweise aus dem sozialen Kodex von „Normalität" herausfallen, aber nicht aus dem Rahmen des Strafgesetzbuches, haben den Staatsanwalt nicht zu interessieren. Konformes Verhalten, schlichter Alltag, das Arbeiten, Essen, Heiraten, Feiern, Sterben von Menschen liegt von der Definition seiner Aufgabe her außerhalb seines Wahrnehmungshorizonts. Historiker dagegen sind in der Wahl ihrer Themen frei. Sie können sich der Alltäglichkeit des Sterbens ebenso zuwenden wie der Monstrosität der nationalsozialistischen Massenverbrechen. Sie brauchen sich nicht von juristischen Definitionen leiten zu lassen, was Mord, Totschlag oder Körperverletzung mit Todesfolge ist, sondern können das Töten von Menschen nach eigenen Kriterien untersuchen. Sie müssen ihre Ermittlungen nicht beenden, wenn die Strafverfolgung des Delikts, dem sie auf der Spur sind, verjährt ist. Über Delikte wie Diebstahl, Verleumdung, Betrug bis hin zu Nötigung, Körperverletzung, also über die häßlichen Alltagsdelikte in Deutschland während der NS-Zeit, wird man in den wenigen übriggebliebenen Gestapoakten und in manchen Verfahren der unmittelbaren Nachkriegszeit etwas erfahren, nichts aber mehr in den Ermittlungsverfahren der sechziger und siebziger Jahre, die sämtlich auf die Anklage von Mord bzw. Beihilfe zum Mord ausgerichtet sein mußten. Betrachtet man die staatsanwaltlichen Ermittlungsakten als Archiv, das heute von Historikern benutzt werden kann, so besitzt dieses Archiv bereits eine spezifische Struktur, indem es über bestimmte Verbrechen spricht, während es von anderen schweigt. Von der gewalttätigen Aufladung der deutschen Gesellschaft vor dem Krieg, der alltäglichen Gewalt gegen Juden, vom Raub an ihrem Eigentum und von ihrer Vertreibung, von der Entwicklung einer „Mentalität des Genozids" vor der Praxis des Massenmords ist in diesen Akten keine Rede.

2. These: Im Unterschied zum Historiker ist der Gegenstand der Untersuchung für den Staatsanwalt klar definiert.

Gegenstand der Ermittlungen ist die Tat und der Täter. Ohne Täter, also ohne individuell und konkret bestimmbare Person, findet kein Prozeß statt. Der Nachweis der Tat ist an individuelle Personen gebunden, deren Täterschaft jeweils einzeln und konkret nachgewiesen werden muß. Auch gegen Organisationen wird im deutschen Strafrecht nicht als Institution, sondern in Vertretung gegen persönliche Repräsentanten verhandelt. Für Historiker indessen ist das Subjekt der Geschichte keineswegs an konkrete Individuen gebunden. Historische Forschungen lassen sich ebenso zu Klassen, Gruppen, Vereinen, also Kollektiven von Menschen, wie auch zu Abstracta, zum Beispiel zu Lohnkurven, Bevölkerungsentwicklungen, ja selbst zu materialen, nicht menschlichen Gegenständen wie dem Klima oder der Natur führen.

Juristische Wahrheitssuche ist stets personal, wissenschaftliche Erklärungen historischer Wirklichkeiten hingegen sind größtenteils überpersonal, suchen mit dezidierter Absicht die Gründe für geschichtliche Entwicklungen nicht in einzelnen Personen. Der zunehmende Umgang mit Prozeßunterlagen durch die historische Forschung läßt daher auch die epistemologische Frage zu, ob sich damit zugleich ein Perspektivenwechsel ausdrückt, sich der Blick von der Strukturgeschichte gelöst und den Handelnden, den individuellen Akteuren, den konkreten Tätern zugewandt hat.

3. These: Ebenso wie Ausgangspunkt und Gegenstand sind auch die Ziele der Ermittlungen unterschiedlich.

Ermittlungen von Staatsanwälten haben ein Ziel: Straftaten zu ermitteln und Anklage für einen Prozeß zu erheben. Daraufhin werden Zeugen vernommen, Dokumente gesammelt, Abschriften angefertigt, Ortsbesichtigungen vorgenommen. Nur, was dem Prozeß dient, ist relevant, oder zugespitzt: Alles, was für den Prozeß unwichtig erscheint, wird im Laufe der Ermittlungen beiseitegeschoben und nicht weiter verfolgt. Zeugen werden unter dem Gesichtspunkt vernommen, ob sie etwas zum Tatvorwurf aussagen können. Was sie ansonsten zum Geschehen sagen könnten, ist nicht wichtig. Dokumente werden gesammelt, um den Tatvorwurf zu erhärten. Was sie darüber hinaus zur Sprache bringen, ist nebensächlich. Was Historiker interessiert: den Kontext eines Ereignisses sichtbar zu machen, Entwicklungen zu schildern, Vergleiche anzustellen, ganze Epochen und Zivilisationen zu erklären, ist Staatsanwälten gleichgültig – und muß es sein. Denn ihr Ziel ist es, eine Anklage vorzubereiten und dem Angeklagten den Prozeß zu machen. Die Struktur der Wahrnehmung, die bereits am Ausgangspunkt durch das Strafgesetzbuch klar und dominant vorgegeben ist, wird in dieser Phase der Suche und Bearbeitung des Materials erneut geformt und funktional auf den Prozeß hin ausgerichtet. Im Fall Streckenbach bedeutete dies, seine Zeit als Gestapochef auszublenden, seine Taten im besetzten Polen hintanzustellen und sich auf den Vorwurf zu konzentrieren, im Juni 1941 den allgemeinen Mordbefehl erteilt zu haben.

Zahlreiche Zeugenvernehmungen drehten sich allein um diese Frage: Hat Streckenbach diesen Befehl erteilt oder nicht? Dagegen tauchte die Situation im Sammellager der Einsatzgruppen, kurz bevor sie in die Sowjetunion einmarschierten, nur am Rande der Vernehmungen auf. Fragen, die Historiker brennend interessieren würden, wurden nicht gestellt: Wie sah die Ausbildung dieser Männer aus? Was wurde untereinander über den kommenden Einsatz erzählt? Gab es Möglichkeiten, sich diesem Einsatz zu verweigern, und wer nutzte sie? Über den „Einsatzgruppenprozeß" 1948 vor einem amerikanischen Militärtribunal in Nürnberg berichtete etliche Jahre später der Ankläger Benjamin Ferencz in einem Gespräch mit dem Zeithistoriker Wolfgang Scheffler: „Mir wurden als blutjungem Anwalt in Berlin eines Tages die Einsatzgruppenberichte der Sicherheitspolizei und des SD auf den Tisch gelegt. Trotz meiner mangelhaften deutschen Sprachkenntnisse erkannte ich ihren Wert und fuhr damit zu Telford Taylor [Chefankläger im Nürnberger Prozeß gegen die Hauptkriegsverbrecher, M.W.]. Dieser zuckte zunächst die Achseln und meinte: ‚Wir haben keine Leute, das zu machen, es sei denn, Sie machen es.'" Ferencz fuhr fort: „Ich machte es. Wir hatten diese Berichte, im Falle von Otto Ohlendorf 92 000 Ermordete. Damit war der Fall klar. Was in den Einsatzgruppen selbst sich abgespielt hatte, die Hintergründe etc., war nur Beiwerk und ziemlich unwichtig. Es gab Ermordete, es gab Täter, Beweise waren vorhanden, Geständnisse ebenso, und damit war der Fall gelaufen."[13]

Diese Zurichtung des Materials im juristischen Diskurs, das heißt die spezifische Perspektive und Praxis der Bearbeitung mit ihren Einschließungen und Ausblendungen in den Blick zu nehmen, scheint mir eine entscheidende Voraussetzung zu sein, bevor man sich als Historiker auf die vielen Ordner mit Gerichtsmaterialien einläßt. Schaut man sich indessen manche der jüngsten historischen Untersuchungen zum Holocaust an, so wird man häufig das Gegenteil feststellen. Zitate aus Vernehmungsprotokollen werden zum Beispiel wie authentische Wiedergaben des Gesagten behandelt, völlig unbekümmert darüber, daß es sich in aller Regel um die Mitschrift eines Justizangestellten handelt, der die Aussagen des Vernommenen nach bestem Wissen und Können zusammenfaßt, nicht weniger, aber auch nicht mehr. Die Vertrauensseligkeit, mit der Historiker mit Vernehmungsprotokollen umgehen, muß etwas mit der generellen Schriftgläubigkeit dieser Zunft zu tun haben, die stets in Gefahr steht, das Geschriebene mit dem Wirklichen zu verwechseln.

Ruth Bettina Birn empfiehlt in ihrer Kritik an Goldhagens Buch einen komparatistischen Ansatz, um im Vergleich verschiedener Vernehmungen die Validität einer Aussage zu beurteilen.[14] Christoph Bitterberg hat vor kurzem in einer beachtenswerten Arbeit über die methodologische Problematik von NS-Prozeßmaterialien als historische Quelle den Begriff des ‚setting' für die Analyse betont: Wer sind die Teilnehmer am Verfahren? Welche Inhalte werden besprochen? Wie sind die Kommunikationsregeln beschaffen?[15] Es ist ein deutlicher Unterschied, ob Zeugen die Sprache verstehen, in der vor Gericht verhandelt wird, ob sie in der sozialen Hierarchie eine obere oder untere Position haben. Der Angeklagte, der als promovierter Jurist die Spielregeln des Verfahrens kennt, weiß sich weit sicherer im Gerichtssaal zu bewegen als die jüdischen oder polnischen Zeugen seiner Morde, die vor Gericht aussagen wollen und sich plötzlich im unentwirrbaren Gestrüpp einer deutschen Verhandlung befinden. Birns und Bitterbergs Forderungen machen den Umgang mit Verfahrensdokumenten nicht einfacher – zu Recht. Nur wer sich der Differenz bewußt ist, wird es vermeiden können, in den Antworten des anderen Diskurses die eigenen Fragen zu entdecken. Fragen wie Antworten sind jeweils unterschieden, und nur im Wissen um die jeweiligen Diskursregeln können neue Fragen gestellt und eigene Antworten gefunden werden.

4. These: Historiker und Staatsanwälte setzen ihre Wahrheiten mit unterschiedlichen Argumentationspraktiken durch.

Es ist lange her, da auch bei Historikern *evidentia in narratione*, die Anschaulichkeit, die Lebendigkeit der Erzählung, hoch im Kurs stand und ihre Argumentation den klassischen Regeln der Rhetorik folgte.[16] Mittlerweise fixiert die Geschichts*schreibung* ihre Erkenntnisse in Büchern, während in der Recht*sprechung* mündlich argumentiert wird, nach den streng festgelegten Regeln der Strafprozeßordnung. Der gravierendste Unterschied zwischen dem historischen und dem juristischen Diskurs besteht in der Praxis des Argumentierens: auf der einen Seite das Buch, der Text, auf der anderen Seite die mündliche Verhandlung, der öffentliche Gerichtsprozeß. Noch heute müssen in deutschen Strafverfahren schriftliche Beweismittel, Dokumente vorgelesen, zu Gehör gebracht werden, um offiziell als Teil der Verhandlung gelten zu können.

Diese Differenz berührt nicht allein die jeweils eigene kulturelle Qualität von Oralität und Schriftlichkeit, von gesprochenem und geschriebenem Wort – letztlich wird auch die mündliche Gerichtsverhandlung protokolliert und damit schriftlich festgehalten; auch die Anklageschrift ist ein Text. Die Differenz berührt vor allem die Stellung und Rolle der Argumentierenden. Der Historiker als Buchautor bleibt der auktoriale Erzähler, der die Fäden seiner Geschichte selbst spinnt und in der Hand behält. Der Text entwickelt die Argumentation, vermag durch seine Plausibilität und Stringenz zu überzeugen; dem Leser verbleibt allein die Rolle des Rezipienten, der der Argumentation zustimmen oder sie ablehnen kann, aber auf ihren Lauf, auf die Darlegung keinen Einfluß hat. Die Gerichtsverhandlung als Recht*sprechung* hingegen ist ein offener Prozeß, an dem sich Kläger, Angeklagte, Staatsanwälte, Verteidiger, Zeugen und Richter beteiligen, um mit ihren Argumenten den Gang der Verhandlung und letztlich das Urteil zu beeinflussen. Die Ermittlungen des Staatsanwaltes, die Überzeugungskraft der Anklage haben sich im Verfahren zu bewähren; die Argumente müssen sich mit anderen messen, unmittelbar, direkt.

Die vielfache Distanz von Historikern zu ihren Protagonisten sowie zu denjenigen, die sie zu überzeugen suchen, enthebt sie wiederum der unmittelbaren Konfrontation, entlastet sie von der Prüfung ihrer Argumente im unmittelbaren Dialog. Was wäre, wenn Historiker sich tatsächlich einmal in der Rolle der Vertreter der Anklage wiederfänden und ihre Argumente ebenso wie die der Verteidigung von einem unabhängigen Gericht gewichtet würden? Der Historiker als Buchautor schreibt über Tote, die keine Möglichkeit des Einspruchs oder der Widerrede mehr besitzen. Seine wissenschaftlichen Kontrahenten ruft er zur virtuellen Auseinandersetzung in die von ihm selbst geschaffene Arena seines Textes. Einem Staatsanwalt sitzen die Gegner real, leibhaftig gegenüber; die Regeln der Verhandlung stammen nicht von ihm, er hat sich an sie zu halten. Der monologischen Struktur historischen Argumentierens steht die dialogische Argumentationspraxis vor Gericht gegenüber.

Richter und Historiker sind lange Zeit als ähnlich angesehen worden, wie Carlo Ginzburg in seinem kleinen Buch über den Fall Sofri anschaulich schildert.[17] Die Hegelsche Vermessenheit, die Weltgeschichte sei das Weltgericht, hat deutsche Historiker immer wieder phantasieren lassen, mit dem Weltgeist eins zu sein und das Urteil über die Geschichte sprechen zu können. Doch so vertraut Historikern das gerichtliche Modell für ihre Ermittlungen sein mag, so wenig deckungsgleich sind Geschichtsschreibung und Rechtsprechung. Die Kluft, die Historiker von Staatsanwälten trennt, ist zu groß, als daß der Versuch, sie zu überspringen oder gar zu ignorieren, nicht Schaden an der eigenen Arbeit nehmen würde. Denn folgen Historiker der Argumentation staatsanwaltlicher Ermittlungen, so kann sich ihr Blick auf spezifische Weise verengen.

Erstens: Das Bild von den Tätern in den Ermittlungsakten muß sich an den Paragraphen des Strafgesetzbuches orientieren. Aber kann die juristische Definition eines Mörders, Mordgehilfen oder Totschlägers die geschichtswissenschaftliche Bestimmung eines NS-Täters sein? Verführt die staatsanwaltliche Perspektive nicht dazu, das Gefühl definitorischer Sicherheit mit dem Preis der Engführung des historischen Problems zu bezahlen? Muß nicht – radikal gefragt – der Begriff des Täters aus den juristischen Bestimmungen gelöst und neu, in anderen Kontexten gedacht und reflektiert werden? Die Dynamik und Virulenz der Gewalt, die wir in Deutschland in der ersten Hälfte dieses Jahrhunderts beobachten, kann nicht mit einem Mordparagraphen analysiert werden, der aus dem 19. Jahrhundert stammt. Solcherart „Großformen der Kriminalität" (Herbert Jäger) waren für das Strafrecht vollkommen neu.[18] So faszinierend präzise das juristische Instrumentarium durch jahrhundertelangen Gebrauch geschärft worden ist, so wenig taugt es doch, um die nationalsozialistischen Massenverbrechen und ihre Täter zu erklären. Die Reduktion der Shoah auf individuellen Mord ist strafrechtlich notwendig, um die Mörder anklagen und verurteilen zu können. Als Historiker sind wir indessen aufgefordert, andere Kriterien, andere Maßstäbe zu entwickeln, um das Ungeheuerliche zu erklären.

Zweitens: So wie sich das Bild des Täters auf die juristische Definition des Mörders und Mordgehilfen reduziert, so konzentriert sich der Blick in den staatsanwaltlichen Ermittlungen auf die Tat, auf den Mord, muß sich darauf konzentrieren, denn allein die Tat ist von strafrechtlicher Relevanz. Aber erschöpfen sich die Verbrechen des Nationalsozialismus in der Tat? Ist das unmittelbare Mordgeschehen nicht der Vollzug einer Praxis, deren Dimension und Zusammenhang über die Tat hinausreichen und deren Struktur und Kontextualität erst untersucht werden müssen, bevor der Mord selbst erklärt werden kann? Die juristische Untersuchung von NS-Massenverbrechen heißt ins Historiographische übersetzt immer Ereignisgeschichte. Die Tat muß präzise bestimmbar, der individuelle Täter klar zu beweisen sein. Der Beweis jedoch, daß die Tat stattgefunden hat und einen individuellen Täter besitzt, erklärt weder die Tat noch den Täter. Die präzise Bestimmung des Ereignisses hat zweifelsohne einen nicht zu unterschätzenden Wert, in der Ereignisgeschichte allerdings geht die Erklärung historischer Zusammenhänge nicht auf.

Was Historiker von Staatsanwälten lernen können, ist die Präzision der Beschreibung des Ereignisses. Was sie nur in Abgrenzung zum juristischen Diskurs erforschen können, ist der Kontext des Mords, die Bereitschaft so vieler, den Mord zu begehen, die Billigung der Mörder durch die Gesellschaft, das Mit-Tun von Hunderttausenden.

Anmerkungen

1 Die Methode der Oral History versetzt allerdings auch den Historiker in den Stand des Zuhörens und Gesprächs, gewissermaßen in die dialogische Produktion von Quellen. Zur Oral History immer noch grundlegend: Lutz Niethammer (Hg.): Lebenserfahrung und kollektives Gedächtnis – die Praxis der „Oral History", erweiterte Taschenbuchausgabe, Frankfurt am Main 1984 (zuerst 1980); vgl. jetzt auch Ulrike Jureit: Erinnerungsmuster. Zur Methodik lebensgeschichtlicher Interviews mit Überlebenden der Konzentrations- und Vernichtungslager, Hamburg 1999; und anregend: Alf Lüdtke: „Fahrt ins Dunkle?" Erfahrung des Fremden und historische Rekonstruktion, in: ders.: Eigen-Sinn. Fabrikalltag, Arbeitererfahrungen und Politik vom Kaiserreich bis in den Faschismus, Hamburg 1993, S. 23–41.

2 Ruth Bettina Birn/Volker Rieß: Revising the Holocaust, in: Historical Journal, 40, 1997, S. 195–215.

3 Zum folgenden siehe Michael Wildt: Der Hamburger Gestapochef Bruno Streckenbach. Eine nationalsozialistische Karriere, in: Frank Bajohr/ Joachim Szodrzynski (Hg.): Hamburg in der NS-Zeit, Hamburg 1995, S. 93–123.

4 Zur Historiographie des Holocaust im Nachkriegsdeutschland siehe Ulrich Herbert/Olaf Groehler: Zweierlei Bewältigung. Vier Beiträge über den Umgang mit der NS-Vergangenheit in den beiden deutschen Staaten, Hamburg 1992; sowie jetzt als einschlägiger Überblick: Axel Schildt: Der Umgang mit der NS-Vergangenheit in der Öffentlichkeit der Nachkriegszeit, in: Wilfried Loth/Bernd-A. Rusinek (Hg.): Verwandlungspolitik. NS-Eliten in der westdeutschen Nachkriegsgesellschaft, Frankfurt am Main/New York 1998, S. 19–54.

5 Zur 1959 gegründeten, koordinierenden staatsanwaltlichen Ermittlungsstelle von NS-Verbrechen, der Zentralstelle der Landesjustizverwaltungen in Ludwigsburg, vgl. Adalbert Rückerl: NS-Verbrechen vor Gericht, Heidelberg 1982, S. 139–151.

6 Zum bescheidenen Beitrag der Geschichtswissenschaft zur Aufklärung von NS-Verbrechen vgl. Wolfgang Scheffler: Der Beitrag der Zeitgeschichte zur Erforschung der NS-Verbrechen – Versäumnisse, Schwierigkeiten, Aufgaben, in: Jürgen Weber/Peter Steinbach (Hg.): Vergangenheitsbewältigung durch Strafverfahren? NS-Prozesse in der Bundesrepublik Deutschland, München 1984, S. 114–133.

7 Zur Verjährung von NS-Gewalttaten vgl. Rückerl: NS-Verbrechen (wie Anm. 5), S. 151–204.

8 Zur AB-Aktion vgl. Czeslaw Madajcyk: Die Okkupationspolitik Nazideutschlands in Polen 1939–1945, Berlin (DDR) 1987, S. 187–188; Wildt: Streckenbach (wie Anm. 3), S. 109 f.

9 Hier vor allem der Brief Heydrichs an die Höheren SS- und Polizeiführer im Osten vom 2. Juli 1941, in dem es hieß, daß neben kommunistischen Funktionären „Juden in Partei- und Staatsstellungen" zu erschießen seien, gedruckt in: Peter Klein (Hg.): Die Einsatzgruppen in der besetzten Sowjetunion 1941/42, Berlin 1997, S. 323–328. Zum „Einsatzgruppenprozeß"

(Fall 9) als einem der Nürnberger Nachfolgeprozesse vgl. Trials of War Criminals Before the Nuernberg Military Tribunals, hg. von Drexel A. Sprecher u. a., 15 Bde., Washington D. C. 1950.

10 Zur öffentlichen Debatte um die Hinrichtung am 7. Juni 1951 vgl. Norbert Frei: Vergangenheitspolitik. Die Anfänge der Bundesrepublik und die NS-Vergangenheit, München 1996, S. 215–233.

11 Klein (Hg.): Einsatzgruppen (wie Anm. 9), S. 17–23. Ralf Ogorreck: Die Einsatzgruppen und die „Genesis der Endlösung", Berlin 1996, S. 176–209.

12 Damit soll keineswegs die Arbeit des Staatsanwalts herabgewürdigt werden. Im Gegenteil, seine Anklageschrift, die nach mehr als zehn Jahren intensiver Ermittlungstätigkeit fertiggestellt worden war, gehört zweifellos zu den besten und fundiertesten, die im Rahmen von NS-Prozessen geschrieben worden sind. Aber in bezug auf den zentralen Anklagepunkt irrte der Staatsanwalt.

13 Wolfgang Scheffler: NS-Prozesse als Geschichtsquelle. Bedeutung und Grenzen ihrer Auswertbarkeit durch den Historiker, in: ders./Werner Bergmann (Hg.): Lerntag über den Holocaust als Thema im Geschichtsunterricht und in der politischen Bildung, Berlin 1988, S. 12–27, hier: S. 19f.

14 Birn: Revising the Holocaust (wie Anm. 2).

15 Christoph Bitterberg: Die Richter und ihre Historiker. Zum Umgang mit NS-Prozeßmaterialien als historische Quelle, Hamburg (Masch.) 1997.

16 Carlo Ginzburg hat in einem anregenden Aufsatz das Verhältnis zwischen Richter und Historiker anhand des Problems von Evidenz und Beweis untersucht: Carlo Ginzburg: Checking the Evidence: The Judge and the Historian, in: James Chandler u. a. (Hg.): Questions of Evidence, Chicago/London 1994, S. 290–303.

17 Carlo Ginzburg: Der Richter und der Historiker. Überlegungen zum Fall Sofri, Berlin 1991.

18 Vgl. zu dieser Problematik Bernd Hey: Die NS-Prozesse – Versuch einer juristischen Vergangenheitsbewältigung, in: Geschichte in Wissenschaft und Unterricht, 32, 1981, S. 331–362.

Dieter Gosewinkel

Politische Ahndung an den Grenzen des Justizstaats

Die Geschichte der nationalsozialistischen Justiz im Deutschen Richtergesetz von 1961

Der Deutsche Historikertag hat 1998 die höchste Repräsentantin der rechtsprechenden Gewalt, die Präsidentin des Bundesverfassungsgerichts, zur Eröffnung seiner Versammlung gebeten. Mit dieser Einladung ehrte er sich selbst, zugleich aber die „dritte Gewalt" in ihrer hohen politischen Stellung und symbolischen Bedeutung. Denn im deutschen Staatswesen nach 1945 wuchs der Justiz ein Maß an institutioneller Sicherung und politischer Entscheidungsgewalt zu, das in der Geschichte des modernen deutschen Staates einzigartig ist.

Diese Steigerung *funktionaler* Legitimität der Gerichtsbarkeit nach 1945 war maßgeblich historisch begründet: Richterliche Kontrolle sollte der erneuten Entstehung staatlichen Unrechts entgegenwirken. Der hohe Anspruch rechtsstaatlicher Neugründung bedurfte freilich auch *personeller* Legitimität, die die Geschichte der Gerichtsbarkeit zur Zeit des nationalsozialistischen „Unrechtsstaats" nicht überging. Eben diese Legitimität begann Ende der fünfziger Jahre brüchig zu werden. In der vorangehenden Phase des ‚Schweigens' über das Ausmaß nationalsozialistischer Gewaltverbrechen hatte die justizielle Entnazifizierung ganz überwiegend mit der Wiedereinstellung der Richter und Staatsanwälte geendet.[1] Die deutsche Strafjustiz urteilte äußerst milde über justizielles Unrecht. Zwischen 1948 und 1968 kam es lediglich zu 15 Strafverfahren wegen unrechtmäßiger Todesurteile. Nur zwei Berufsrichter wurden schuldig gesprochen – und dies angesichts der Zahl von mehr als 40 000 Todesurteilen, die von Straf- und Militärgerichten verhängt worden waren.[2] Richter, die über diese Todesurteile zu richten hatten, wurden zu Richtern ihres eigenen Berufsstandes und seiner Maßstäbe – zu Richtern in eigener Sache.

Damit ist ein grundsätzliches Spannungsverhältnis benannt, das die historische Aufarbeitung des gesamten Problems kennzeichnete: Nach dem Verzicht auf eine durchgreifende politische Lösung in der ersten Nachkriegszeit blieb die Ahndung der NS-Justiz den Maßstäben eines Rechtsstaats unterworfen, dessen Repräsentanten die potentiellen Täter selbst waren. Der ahndende Zugriff auf das amtierende Justizpersonal war zugleich ein Eingriff in die Unabhängigkeit der Gerichtsbarkeit und mußte sich folglich durch ein justizförmiges Verfahren legitimieren. Damit aber behielt die Justiz die (Mit-)Entscheidung über die Beurteilung ihrer eigenen Vergangenheit in der Hand. Nach der Rechtsprechung des Bundesgerichtshofs konnten zudem nur Richter, die nachweisbar wissentlich und willentlich das Recht gebeugt hatten, dafür strafrechtlich belangt werden.[3] Diese hohen Anforderungen an den Tatvorsatz privilegierten den Richter gegenüber beinahe allen anderen Straftätern und waren fast nicht nachweisbar.

Angesichts dieser immanenten Handlungsgrenzen des Rechtsstaats eröffneten nur Anstöße von außen, d.h. von außerhalb der Justiz, die Chance einer systematischen Ahndung nationalsozialistischen Justizunrechts. Eine solche zentrale Einwirkungsmöglichkeit ergab sich mit der 1958 einsetzenden parlamentarischen Beratung eines deutschen Richtergesetzes. Der Gesetzgeber wollte mit dem Gesetz die neugewonnene Unabhängigkeit der Justiz stärken sowie zur Entfaltung einer starken, demokratischen Richterpersönlichkeit beitragen.[4] Sein Leitmotiv war die Klarstellung institutioneller *Diskontinuität* zum Nationalsozialismus.

Wie aber vertrug sich dieses Ziel mit der personellen *Kontinuität* der Richterschaft? Die Legitimität des justiziellen Neubeginns wurde durch historisches Belastungsmaterial in Frage gestellt, seitdem die DDR im Mai 1957 eine Kampagne gegen „Blutrichter" begonnen hatte. Damit waren Richter und Staatsanwälte gemeint, die an Todesurteilen des nationalsozialistischen Staates mitgewirkt hatten und weiterhin in der Justiz der Bundesrepublik amtierten. Bis zum November 1959 war die Zahl der öffentlich Beschuldigten auf mehr als 1000 angewachsen.[5] Der Angriff war um so wirksamer, als die DDR selbst im Bereich der Justiz – im Gegensatz zur Bundesrepublik – in einer politisch durchgreifenden Säuberung einen Elitenwechsel vollzogen hatte.[6]

Dem weitgehend authentischen Belastungsmaterial und den scharfen internationalen Angriffen konnte sich der Rechtsausschuß des Deutschen Bundestags, der über das Richtergesetz beriet, am Ende des Jahres 1959 nicht länger entziehen. Der Druck von außen gab dem Gesetzgeber zugleich die Chance, von außen Einfluß auf die Justiz und die Ahndung ihrer Unrechtsvergangenheit zu nehmen. Um das Ergebnis vorwegzunehmen: Der Gesetzgeber nutzte diese Chance nicht. Wie aber, aus welchen Motiven und mit welchen Folgen er diese Chance ausließ, soll Gegenstand der folgenden Ausführungen sein. Über anderthalb Jahre hinweg, von Dezember 1959 bis Mai 1961, berieten die Abgeordneten des Rechtsausschusses des Bundestags mit den Justizministern des Bundes und der Länder sowie führenden Standesvertretern der deutschen Richterschaft die Frage, ob und wie das Parlament auf die massiven Vorwürfe wegen der Todesurteile deutscher Gerichte während des Nationalsozialismus zu reagieren habe. Ich konzentriere mich in der folgenden Darstellung auf diesen Beratungsvorgang, dessen vertrauliche Protokolle hiermit erstmals der Öffentlichkeit zugänglich gemacht werden.[7]

Den Hintergrund der Beratungen bildeten erneut wachsende außenpolitische Spannungen während der zweiten Berlinkrise. Die „Blutrichterkampagne" der SED erhielt zusätzliche internationale Aufmerksamkeit durch den Prozeß gegen Adolf Eichmann, der im April 1961 in Jerusalem begann, und durch öffentliche Ausstellungen der belastenden Dokumente unter dem Titel „Ungesühnte Nazijustiz", die Studenten des Sozialistischen Deutschen Studentenbundes (SDS) veranstalteten.[8]

Die sozialdemokratische Opposition setzte durch Adolf Arndt den Grundton der Debatte. Arndt, der als herausragender Rechtspolitiker seiner Partei in führenden Kreisen der Richterschaft hohes Ansehen genoß, leitete die Beratungen mit dem Antrag ein, fortan strikte Vertraulichkeit zu wahren. Er sprach für den Ausschuß insgesamt, wenn er von den Mitgliedern forderte, sich „schützend vor die Richterschaft, die in ihrer überwältigenden Mehrheit von den Dingen nicht berührt ist, zu stellen und das Vertrauen zu der Gerichtsbarkeit zu fördern, d.h. also auch den giftigen Nebel zu zerstreuen, der hier systematisch von kommunistischer Seite verbreitet wird."[9] Er setzte darauf, daß Richter, deren Belastung sich bei Überprüfungen herausstellte, freiwillig, notfalls aufgrund disziplinarischer Maßnahmen aus dem Amt scheiden würden, und verwahrte sich gegen jeden Eingriff in die richterliche Unabhängigkeit.

Diese Stellungnahme zeigt, wie sehr das Problem zu Beginn der Debatte verkürzt und verharmlost wurde: Das Ausmaß der Belastung wurde als verschwindend gering eingestuft, ohne daß auch nur Näherungsziffern aus den betroffenen Bundesländern vorlagen. Die Bereinigung sollte justizintern erfolgen. Unter resignativem Verweis auf das Richterprivileg in der Rechtsprechung des Bundesgerichtshofs schloß der Ausschuß von Beginn an strafrechtliche Maßnahmen aus. Unterlegt wurde dies durch ein atmosphärisches Moment grundsätzlicher Verständnisbereitschaft, das in spezifischer Weise mit der Berufsgruppe der Juristen zusammenhing. Die Mitglieder des Rechtsausschusses waren durch die gruppenbildende Gemeinsamkeit einer Ausbildung verbunden, die den Inhalten wie dem Berufsethos nach auf den Beruf des Richters zugeschnitten war. Die meisten an den Ausschußberatungen Beteiligten hatten die richterliche Tätigkeit erlernt oder ausgeübt.

Die Zurückhaltung der SPD hatte überdies politische Gründe. Die Ausstellungen zur „ungesühnten Nazijustiz" waren überwiegend von SDS-Mitgliedern organisiert worden, die später als linksradikale Abweichler aus der SPD ausgeschlossen wurden. In den Monaten nach dem Godesberger Parteitag im November 1959, der die Öffnung zur bürgerlichen Mitte bedeutete, war die SPD strikt darum bemüht, jeden Verdacht der Nähe zu kommunistischen Kreisen auszuräumen. Die Einhegung des Problems gelang indessen nicht. Die ausgestellten Belastungsmaterialien aus ‚östlichen Quellen' setzten erstmals personelle Überprüfungen der Justizverwaltungen auf breiter Front in Gang. Auch innerhalb der SPD geriet die zurückhaltende Linie der Parteiführung unter Druck.[10] Im Jahr 1960 bahnte sich ein Stimmungsumschwung an, ohne allerdings politische Konsequenzen zu zeitigen. Dies war um so gravierender, als der Bundestag im Mai 1960 die Verjährung von Totschlagsverbrechen eintreten ließ, die während der NS-Zeit begangen worden waren. Zu Beginn des Jahres 1961 drängte das nahende Ende der Legislaturperiode auf die Verabschiedung des Richtergesetzes.

Wie sehr der Druck des Belastungsmaterials wirkte, zeigte sich am Positionswechsel Arndts, der Anfang des Jahres 1961 von einer „stillen Lösung" abrückte und gesetzgeberische Maßnahmen im Rahmen des Richtergesetzes erwog. Nach dem Bericht des

Bundesjustizministers im Februar 1961 waren von 14500 amtierenden Richtern und Staatsanwälten bisher 43 aufgrund ihrer Mitwirkung an Todesurteilen der NS-Zeit ausgeschieden, während noch gegen weitere 40 bis 60 „ernste Bedenken" bestanden.[11] Die kargen – gemessen an den mehr als 1000 öffentlich Beschuldigten –, niedrigen Zahlen verdeckten jedoch nur, was an Erkenntnissen in den betroffenen Bundesländern gereift war. Der nordrhein-westfälische Justizminister Otto Flehinghaus nannte erstmals in den über ein Jahr währenden Ausschußverhandlungen das Ausmaß des ermittelten Justizunrechts beim Namen: Es seien in allen Ländern Urteile ermittelt worden, die „objektiv rechtswidrig und in ihrer grausamen Härte unfaßlich" seien. Maßstab für diese Beurteilung sei gewesen, ob ein Todesurteil auch unter den Bedingungen der Kriegs- und Notzeit untragbar, d. h. ein grober „Verstoß gegen die Grundsätze der Menschlichkeit und der Rechtsstaatlichkeit", gewesen sei.

Flehinghaus formulierte damit den Maßstab, der fortan die Diskussion des Problems bestimmte. Die Rechtspolitiker gingen ‚historisierend' vor: Nicht jedes Todesurteil, sondern nur solche, die auch nach den Maßstäben der Zeit ‚unvertretbar' waren, sollten geahndet werden. Zugleich legten die Landesjustizminister mit Nachdruck den Bundestagsabgeordneten dar, daß immer mehr Richter sich weigerten, eine ‚stille', freiwillige Lösung durch das Ausscheiden aus dem Dienst zu akzeptieren. Aus Hamburg, ähnlich aus Bayern und Nordrhein-Westfalen, wurde berichtet, daß die Richter sich anscheinend verabredet und hinter dem Beratungsgeheimnis verschanzt hätten. Die noch gar nicht absehbare Zahl der Fälle renitenter Richter war es, die die Justizminister zu dem Vorschlag einer durchgreifenden politischen Lösung brachte: Sie drängten in ihrer Mehrheit darauf, das neue Richtergesetz mit einer Änderung des Grundgesetzes zu koppeln, die die Entlassung belasteter Richter und Staatsanwälte auch gegen ihren Willen ermöglichen sollte. Selbst noch dieser Vorschlag war in seinen rechtsstaatlichen Kautelen darauf bedacht, ein Maximum an Justizförmigkeit und damit an justiziellen Interessen zu wahren: Er sah vor, daß der Eingriff in die richterliche Unabhängigkeit einer Verfassungsänderung bedürfe; nur der Bundesgerichtshof selbst sollte die Amtsenthebung eines belasteten Richters beschließen können. Mit der Verfassungsänderung lag ein Lösungsvorschlag auf dem Tisch, der als einziger die politische Kraft zur Entscheidung, und zwar *gegen* den Willen der Betroffenen, bewies.

Der Vorschlag der Länder brachte plötzlich Bewegung in die Ausschußberatungen. Es schien, als hätten die von der Anschauung krasser konkreter Fälle getriebenen Länderminister einen Bann gebrochen. Wie sehr die sozialdemokratische Opposition das bisherige Einvernehmen einer ‚stillen‘ Beilegung gestützt hatte, wurde deutlich, als Adolf Arndt die „übermenschliche Zurückhaltung" aufkündigte, die man bisher im Interesse der Rechtsstaatlichkeit und der Justiz geübt habe. Es grenzte an ein Schuldeingeständnis, wenn er bekannte, die SPD habe „die dummen Jungs", die an den Ausstellungen beteiligt gewesen seien, „rigoros ... rausgeworfen" – obgleich man eigentlich den jungen Menschen ihre Handlungen habe nachsehen können. Dann durchbrach er auch in der Wortwahl die Distanz, die der Ausschuß bisher eingenommen hatte: Die betreffenden Richter könnten Gott auf den Knien danken, daß sie 1945 nicht an den nächsten Baum gehängt worden seien. Wenn diese Leute sich heute auf den Rechtsstaat und die richterliche Unabhängigkeit beriefen, dann sei das eine Schande.

Erst in dieser letzten Phase der Ausschußverhandlungen führte sich der Ausschuß im grausamen Detail vor Augen, welches Ausmaß das in den Ländern aufgedeckte Justizunrecht tatsächlich hatte. Anhand des Materials wurde klar, daß serienweise Todesurteile verhängt worden waren, die offenkundig richterliche Exzeßtaten waren: Sie waren vielfach darauf angelegt, Sachverhalte ausschließlich zuungunsten des Verurteilten zu ermitteln. Sie ließen elementare logische und rechtliche Begründungspflichten außer acht und zielten auch dort, wo Spielräume der Strafzumessung bestanden, von vornherein nur auf die Todesstrafe. Erkennbar erregt erfuhren die Abgeordneten von Urteilen, in denen z.B. ein Mann, der zwei jüdischen Kindern aus dem Ghetto Unterschlupf gewährt hatte, und ein Pole, der von einem Deutschen zu einer Ohrfeige provoziert worden war, zum Tode verurteilt worden waren. Es handelte sich um Terrorurteile, die dem Leitsatz folgten ‚Recht ist, was dem deutschen Volke nützt‘.[12]

Angesichts dieser Urteile war ein eklatanter Widerspruch zur Milde der geplanten Sanktion nicht mehr zu verdrängen. Bis 1955, als die Amnestiegesetze griffen, hatten insbesondere ‚kleinere

Täter' – zumindest zeitweilig – ihre NS-Verbrechen mit Einbußen an Freiheit und staatlicher Versorgung bezahlen müssen. Der Aufsehen erregende Ulmer Einsatzgruppenprozeß von 1958 hatte gezeigt, daß die Ermittlung und Ahndung nationalsozialistischer Tötungsverbrechen gerade erst am Anfang stand. Angesichts dessen bedeutete selbst die Zwangspensionierung der Richter – bei vollem Ruhegehalt – eine erneute privilegierende Ungleichbehandlung. Diese lag eben nicht in der Schwere der Taten, sondern in dem Schutzprivileg begründet, mit dem die Rechtsordnung die Unabhängigkeit der Richter und diese ihre eigene Rechtsprechung umgaben. Das herausgehobene Berufsethos, das Richter in Anspruch nahmen, mußte sich an dem Verhalten des Berufsstandes während des Nationalsozialismus messen lassen. Ein Widerspruch zwischen Anspruch und Wirklichkeit brach auf, der nicht mehr zu übersehen war. Dies wurde gerade im Vergleich zum Eichmann-Prozeß deutlich, denn, schließlich, so spitzte abermals Adolf Arndt das Problem zu, habe der nachgeordnete Beamte Eichmann nicht die Befähigung zum Richteramt erworben und seine Untaten nicht in der Robe verübt.

Unter dem Eindruck des belastenden Materials war die Mehrheit des Ausschusses erstmals bereit, eine Grundgesetzänderung in Angriff zu nehmen.[13] Aber diese Haltung war nicht gefestigt. Die Solidarität der Ausschußmitglieder mit der angegriffenen Justiz bestand fort. Eine Lösung sollte nicht ohne Abstimmung mit der deutschen Richterschaft erfolgen. Gerade dieser Umstand leitete die Wende bei der folgenden Anhörung führender richterlicher Standesvertreter im April 1961 ein. Der eingeladene Präsident des Deutschen Richterbundes, Meuschel, schätzte die Rate der belasteten Richter mit 1% äußerst gering ein. Er räumte ein, daß es sehr schwierig sei, die betroffenen Kollegen zum freiwilligen Ausscheiden zu bewegen, zumal dies vielfach als eine Art „zweiter Entnazifizierung" gesehen werde, bot aber die guten Dienste des Richterbundes an. Das Aufsehen einer Grundgesetzänderung solle insbesondere im Hinblick auf den Eichmann-Prozeß vermieden werden. Er schloß mit einer Ehrenerklärung: Die betroffenen Kollegen seien „honorige, anständige Menschen, sie sind durch ein dummes Schicksal, weil sie jung waren, weil sie tüchtig waren, an so ein ominöses Gericht gekommen, diese Kollegen genießen absolut kollegiales vollstes Vertrauen".

Das standespolitische Plädoyer gegen eine Grundgesetzänderung erhielt jedoch seine eigentliche Spitze erst mit der Ankündigung eines justiziellen Hindernisses: Ein vom Richterbund beigezogener Senatspräsident des Bundesgerichtshofs kündigte dem Ausschuß an, der Bundesgerichtshof werde wohl ein verfassungsänderndes Gesetz, das ihn vor die Entscheidung stelle, belastete Richter gegen ihren Willen aus dem Amt zu entfernen, dem Bundesverfassungsgericht zur Kontrolle vorlegen. Man wisse, daß dies zwei bis drei Jahre beanspruche.

Diese Ankündigung war ein Versuch der Erpressung: Die einzige politisch wirksame Entscheidung, die Grundgesetzänderung, sollte der obersten justiziellen Entscheidungsgewalt unterworfen werden. Richter sollten in letzter Instanz darüber entscheiden, ob überhaupt ein belasteter Richter aus dem Amt entfernt werden konnte. Damit schloß sich der Kreis justizieller Selbstkontrolle, die auf eine potentielle Selbstbegünstigung hinauslief. Die Ankündigung war um so wirksamer, als ein mehrere Jahre später ergehendes Verfassungsgerichtsurteil einen erheblichen Teil der belasteten Richtergeneration nicht mehr im Amt betroffen hätte.

Zu der richterlichen Intervention kam der Widerstand des Bundesjustizministers, der mit dem Bundeskabinett eine Verfassungsänderung für verfrüht hielt.[14] Schließlich sah sich der Ausschuß unter starkem Zeitdruck, zumal das Richtergesetz insgesamt verabschiedungsreif war. Als zu einer ungesicherten Mehrheit in einem politisch höchst exponierten Grundgesetzänderungsverfahren die Gefahr einer richterlichen Blockadepolitik trat[15], brach die Bereitschaft zugunsten einer durchgreifenden politischen Lösung zusammen. Der Ausschuß kam zurück auf das Prinzip der einvernehmlichen Lösung, einer „Selbstreinigung" der Justiz. Von einer Grundgesetzänderung blieb lediglich die Androhung. Das Deutsche Richtergesetz vom 8. September 1961 bot Richtern und Staatsanwälten, die während des Kriegs in der Strafrechtspflege mitgewirkt hatten, an, freiwillig in den Ruhestand zu treten. Sollten diejenigen, die unverantwortliche Todesurteile mitverschuldet hatten, von dieser Möglichkeit bis zum Juni 1962 nicht Gebrauch machen, so drohte der Bundestag an, das Grundgesetz zu ändern und einen Amtsverlust herbeizuführen.[16]

Eingeweihten Kreisen der Justizpolitik konnte nicht verborgen bleiben, daß diese Ankündigung ein dilatorischer Kompromiß war. Je weiter die Zeit voranschritt, desto geringer erschien die praktische Notwendigkeit, amtierendes Justizpersonal zu entfernen. Zudem blieb die Drohung einer richterlichen Gesetzesblockade bestehen. Das Bundesjustizministerium gab im September 1962 an, daß in den Fällen, in denen man es erwartet hatte, 149 Richter und Staatsanwälte in Pension gegangen waren, in lediglich zwölf Fällen nicht.[17] Als im Jahre 1963 die Länder Hamburg und Hessen aufgrund ihrer Ermittlungen, die weit höhere als die öffentlich angegebenen Belastungszahlen ergaben, einen erneuten Vorstoß zur Änderung des Grundgesetzes unternahmen, wurde der Initiativantrag im Bundestag nicht mehr aufgegriffen.[18]

Im Frühjahr 1961 wurde die Chance zu einer politisch durchgreifenden Ahndung exzessiver Todesurteile der NS-Justiz unwiederbringlich vergeben. Darin zeigt sich ein grundlegender Zusammenhang: die Selbstblockade eines rechtsstaatlichen Systems bei der rechtsförmigen Aufarbeitung seiner vor-rechtsstaatlichen Vergangenheit im allgemeinen, insbesondere aber bei der Bereinigung justiziellen Unrechts von innen.

Der eigentliche politische Anstoß zu den Ansätzen einer Ahndung nationalsozialistischen Justizunrechts zu Beginn der sechziger Jahre kam denn auch von außen. Die DDR, die den Rechtsstaat verwarf, die selbst in der politischen Lenkung ihrer Justiz die richterliche Unabhängigkeit beseitigt hatte, gab den entscheidenden Anstoß: Ohne die Propagandakampagne eines Nicht-Rechtsstaats wäre es zu Beginn der sechziger Jahre nicht einmal zu Ansätzen einer *systematischen* Bestandsaufnahme nationalsozialistischen Justizunrechts, auch nicht zu den begrenzten personellen Sanktionen gekommen.[19]

Die Erfahrung nach 1989, mit der Beendigung eines zweiten nicht-rechtsstaatlichen Systems in Deutschland, scheint mir diese abschließenden Thesen zu bestätigen: Die Ahndung des Justizunrechts in der DDR wird ‚von außen‘ vorgenommen. Nach einer weitgehenden politischen Säuberung der DDR-Justiz entscheiden Richter des anderen Systems über die Vergangenheit.[20] Abermals sind Richter dabei Historiker der Justiz – diesmal allerdings nicht in eigener Sache. Nur dieser Umstand gibt den heutigen Richtern die Freiheit zur Selbstkritik. Wenn der Bundesgerichtshof heute öffentlich die Versäumnisse seiner eigenen Rechtsprechung hinsichtlich der Rechtsbeugung im Nationalsozialismus einräumt, so wird das vielfach als Kritik einer Institution an sich selbst begrüßt.[21] Tatsächlich aber kritisiert eine in rechtsstaatlich gesicherten Verhältnissen aufgewachsene Richtergeneration eine vorangehende. Dies zeigt einmal mehr, wie sehr die *institutionelle* von der *personellen* Kontinuität abhängt. Dieser Zusammenhang wurde zu Beginn der sechziger Jahre in seiner wirklichen Konsequenz verdrängt. Der Glaube an das Leitbild einer neuen Richterschaft im Richtergesetz von 1961 beruhte auch auf dem privilegierenden Schweigen über das wirkliche Ausmaß ihrer Unrechtsvergangenheit.

Anmerkungen

1 Zusammenfassend Norbert Frei: Vergangenheitspolitik. Die Anfänge der Bundesrepublik und die NS-Vergangenheit, München 1996. Jeffrey Herf: Zweierlei Erinnerung, Berlin 1998, S. 317 ff. Anhand von Regionalstudien: Hinrich Rüping: Staatsanwälte und Parteigenossen, Baden-Baden 1994. Hans-Eckhard Niermann: Zwischen Amnestie und Anpassung. Die Entnazifizierung der Richter und Staatsanwälte des Oberlandesgerichtsbezirks Hamm 1945 bis 1950, in: Justizministerium des Landes Nordrhein-Westfalen (Hg.): 50 Jahre Justiz des Landes Nordrhein-Westfalen, Düsseldorf 1996, S. 61–94 (hier S. 62, 85) mit weiteren Nachweisen.

2 Vgl. Bernhard Diestelkamp: Die Justiz nach 1945 und ihr Umgang mit der eigenen Vergangenheit, in: ders./Michael Stolleis (Hg.): Justizalltag im Dritten Reich, Frankfurt/Main 1988, S. 131–150 (hier S. 135); vgl. dazu Jörg Friedrich: Freispruch für die Nazi-Justiz, überarb. und erg. Aufl., Berlin 1998, S. 15, 136, der von mindestens 32 000 Todesurteilen ausgeht. Tatsächlich liegt wohl die Zahl aufgrund der nicht mehr exakt feststellbaren, gegen Kriegsende zunehmenden Zahl der Militärgerichtsurteile deutlich höher. Legt man zumindest 16 000 Todesurteile ziviler und 30 000 Todesurteile militärischer Gerichte zugrunde (Fritz Wüllner: Die NS-Militärjustiz und das Elend der Geschichtsschreibung, 2. Aufl. Baden-Baden 1997, S. 297), gelangt man zu einer Gesamtzahl, die deutlich über 40 000 liegt.

3 Urteil des Bundesgerichtshofs vom 7. Dezember 1956, in: Neue Juristische Wochenschrift, 5, 1957, S. 1158–1160; dazu Diestelkamp: Die Justiz (wie Anm. 2), S. 140 ff.

4 Vgl. die Begründung zu dem Entwurf eines Deutschen Richtergesetzes vom 9. Juli 1958, Bundestagsdrucksache IV/516, S. 28.

5 Vgl. dazu Klaus Bästlein: „Nazi-Blutrichter als Stützen des Adenauer-Regimes". Die DDR-Kampagnen gegen NS-Richter und -Staatsanwälte, die Reaktionen der bundesdeutschen Justiz und ihre gescheiterte Selbstreinigung 1957–1968, in: Helge Grabitz/Klaus Bästlein/Johannes Tuchel (Hg.): Die Normalität des Verbrechens. Bilanz und Perspektiven der Forschung zu den nationalsozialistischen Gewaltverbrechen, Berlin 1994, S. 408–443

(hier S. 409 ff.). Ulrich Brochhagen: Nach Nürnberg. Vergangenheitsbewältigung und Westintegration in der Ära Adenauer, Hamburg 1994, S. 318 ff.

6 Vgl. Hermann Wentker: Volksrichter in der SBZ/DDR, München 1997, S. 10, 92; zur Entnazifizierung der Justiz vgl. Andrea Feth: Hilde Benjamin – Eine Biographie, Berlin 1997, S. 51–76.

7 Es handelt sich um die Protokolle folgender Sitzungen des Rechtsausschusses des Deutschen Bundestags aus der 3. Wahlperiode (1957–1961), die im Parlamentsarchiv des Deutschen Bundestags aufbewahrt werden: 87. Sitzung (9. Dezember 1959), 91. Sitzung (10. Februar 1960), 93. Sitzung (18. Februar 1960), 101. Sitzung (23. März 1960), 137. Sitzung (26. Januar 1961), 139. Sitzung (23. Februar 1961), 146. Sitzung (20. April 1961) sowie einer gemeinsamen Sitzung der Rechtsausschüsse des Bundestags und des Bundesrats am 29. Mai 1961. Sie werden im folgenden zitiert als „Prot. RA-BT, 3. WP" (Protokolle des Rechtsausschusses des Deutschen Bundestags, 3. Wahlperiode).

8 Zu den Motiven der Westkampagne der SED vor dem Hintergrund einer existentiellen Systemkrise des Staates vgl. Michael Lemke: Instrumentalisierter Antifaschismus und SED-Kampagnenpolitik im deutschen Sonderkonflikt 1960–1968, in: Jürgen Danyel (Hg.): Die geteilte Vergangenheit, Berlin 1995, S. 61–86 (77 ff.); Herf: Zweierlei Erinnerung (wie Anm. 1), S. 217 ff. Zur Zäsurwirkung der Ausstellung „Ungesühnte Nazijustiz" s. Michael Kohlstruck: Das zweite Ende der Nachkriegszeit. Zur Veränderung der politischen Kultur um 1960, in: Gary S. Schaal/Andreas Wöll (Hg.): Vergangenheitsbewältigung, Baden-Baden 1997, S. 113–128.

9 Abgeordneter Adolf Arndt (SPD) und zum folgenden Prot. RA-BT, 3. WP, 87. Sitzung (9. Dezember 1959), Parlamentsarchiv des Deutschen Bundestags; Dieter Gosewinkel: Adolf Arndt. Die Wiederbegründung des Rechtsstaats aus dem Geist der Sozialdemokratie (1945–1961), Bonn 1991, S. 462 ff.

10 Der Frankfurter Generalstaatsanwalt Fritz Bauer, Mitglied des Rechtspolitischen Ausschusses der SPD, forderte die strafrechtliche Aburteilung der Richter und Staatsanwälte, die an anfechtbaren Urteilen beteiligt gewesen waren (Die „Ungesühnte Nazijustiz", in: Die Neue Gesellschaft, 7, 1960, S. 179–191 (hier S. 189)).

11 Dazu und zu den folgenden Zitaten Prot. RA-BT, 3. WP, 139. Sitzung (23. Februar 1961), Parlamentsarchiv des Deutschen Bundestags.

12 Zusammenfassend Arndt und zum folgenden, Prot. RA-BT, 3. WP, Gemeinsame Sitzung der Rechtsausschüsse des Bundesrats und des Bundestags, 29. Mai 1961, Parlamentsarchiv des Deutschen Bundestags.

13 Abgeordneter Matthias Hoogen (CDU), Vorsitzender des Rechtsausschusses, und zum folgenden Prot. RA-BT, 3. WP, 146. Sitzung (20. April 1961), Parlamentsarchiv des Deutschen Bundestags.

14 Bundesjustizminister Fritz Schäffer (CSU), Prot. RA-BT, 3. WP, 139. Sitzung (23. Februar 1961), Parlamentsarchiv des Deutschen Bundestags.

15 So die Bedenken bei Bundesjustizminister Schäffer und dem Abgeordneten Eduard Wahl (CDU), Prot. RA-BT, Gemeinsame Sitzung der Rechtsausschüsse des Bundesrates und des Bundestags, 29. Mai 1961.

16 § 116 des Deutschen Richtergesetzes vom 8. September 1961; Entschlie-
ßung des Bundestags aufgrund eines Antrags des Rechtsausschusses vom
9. Juni 1961, Bundestagsdrucksache III/2785.

17 Bundestagsdrucksache IV/634.

18 Zur unsystematischen, verschleppten Ahndung der Mitwirkung Berliner
Justizangehöriger an nationalsozialistischen Todesurteilen vgl. Annette
Weinke: Die Selbstamnestierung der bundesdeutschen Justiz 1957–1965:
Der Fall West-Berlin, in: Zeitschrift für Geschichtswissenschaft 1998,
S. 622–637. Vgl. auch Drucksache des Bundesrats 315/63; Stenographische
Protokolle der Verhandlungen des Bunderats 260. Sitzung (12. Juli 1963),
S. 160 ff., und 280. Sitzung, S. 69 ff.

19 Die ersten disziplinarrechtlichen Überprüfungen in Berlin, die bereits um
die Jahreswende 1956/57, d. h. vor der DDR-Kampagne, einsetzten, gingen
auf Versorgungsansprüche zurück, die einzelne belastete Juristen selbst erhoben hatten. Strafrechtliche Ermittlungsverfahren kamen erst aufgrund
der DDR-Kampagne, systematische Überprüfungen erst ab 1959 in Gang,
vgl. Weinke: Die Selbstamnestierung (wie Anm. 18), S. 631, 636.

20 S. Hans Hubertus von Roenne: „Politisch untragbar …?". Die Überprüfung von Richtern und Staatsanwälten der DDR im Zuge der Vereinigung
Deutschlands, Berlin 1997, S. 193 ff., 206 ff. Die Rate der aus dem Staats-
dienst der DDR Übernommenen lag insgesamt bei 35,8 %.

21 Entscheidung des Bundesgerichtshofs vom 16. November 1995, in: Neue
Juristische Wochenschrift 1996, S. 857–865 (hier S. 859, 863).

Jörg Requate

Vergangenheitspolitik in der Debatte um eine Reform der Justiz in den sechziger Jahren

Als der ehemalige Präsident des Bundesgerichtshofs Hermann Weinkauff 1968 seine Geschichte der Justiz im Nationalsozialismus veröffentlichte, meinte er, zwischen der Aufgabe des „reinen Historikers" und des „Historikers, der zugleich Jurist sei", unterscheiden zu können. Während sich der erstere damit begnügen könne zu zeigen „wie es war", müsse es dem zweiteren „vor allem darum gehen zu ermitteln, welche äußeren und inneren Fehlkonstruktionen die deutsche Justiz daran hinderten, dem Unrecht des Nationalsozialismus zu begegnen, und wie die deutsche Justiz künftig aufgebaut werden muß, um sie in den Stand zu setzen, einer solchen erneuten totalitären Bedrohung des Rechts [...] wirksamer entgegenzutreten als in den Jahren 1933 bis 1945."[1] Ganz im Sinne dieser selbstgestellten Aufgabe präsentierte der geschichtsschreibende Richter dem Publikum dann auch den „Schuldigen", der, um es metaphorisch auszudrücken, immer noch „frei herumlief". Die Hauptschuld an der geringen Widerstandskraft der Richterschaft gegenüber dem Nationalsozialismus trug in Weinkauffs Augen der Gesetzespositivismus, der die Richter die von den Nationalsozialisten gemachten Gesetze einfach habe „anwenden" lassen. Die These war alles andere als neu. Bereits in dem Nürnberger Juristenprozeß hatte Hermann Jahrreiß sie in seiner Verteidigungsrede benutzt, und insgesamt hatte sie zur sogenannten „Naturrechtsrenaissance" beigetragen, als deren – zumindest in der Rechtsprechung – vielleicht einflußreichster Vertreter Hermann Weinkauff gelten kann. Allerdings hatte die These von der Gesetzestreue der deutschen Richterschaft erheblichen Widerspruch hervorgerufen,[2] und auch die Naturrechtsrenaissance war 1968 bereits längst passé. Doch Weinkauff versuchte hier noch einmal, die Vergangenheit für seine rechtspolitische Mission zu instrumentalisieren: Nicht die geschriebene Verfassung dürfe der oberste Maßstab sein, sondern das „hinter ihr stehende Naturrecht".

Und noch in einem weiteren Punkt, so Weinkauff, seien keine Lehren aus der Vergangenheit gezogen worden: Man habe sich

insgesamt mit einer „restaurativen Rechts- und Justizpolitik" be-
gnügt, statt endlich die schon lange debattierte „Große Justizreform" in Angriff zu nehmen. An die Stelle der Masse von beam-
tenmäßig organisierten und schlecht bezahlten Richtern sollte
nach Weinkauffs Ansicht eine „Richteraristokratie" treten, die
dann auch einen wirksamen Schutz gegen „eine erneute totalitäre
Bedrohung" bilde.

Es ist nicht zu verkennen, wie unmittelbar hier die Interpretation der Vergangenheit mit rechts- und standespolitischen Forderungen in Verbindung gebracht wurde. Zwar vertrat Weinkauff
mit seinen Positionen am Ende der sechziger Jahre auch unter Juristen wohl eine Minderheitenmeinung, doch standen gerade in
den sechziger Jahren grundsätzlich die Fragen nach der Interpretation der Vergangenheit der Justiz in unmittelbarem Zusammenhang mit Fragen nach etwaigem Reformbedarf der Justiz. Die
Perspektiven und die Zusammenhänge, in denen dies geschah, di-
vergierten jedoch erheblich. Die Frage, die hier gestellt werden
soll, zielt darauf, welchen Interpretationen die Vergangenheit der
deutschen Justiz unterlag und welche Forderungen für die Zukunft der Justiz daraus abgeleitet wurden.

Auf drei unterschiedliche Interpretationskontexte soll im folgenden eingegangen werden. Erstens werden die Richter dort als
Historiker beobachtet werden, wo sie gewissermaßen deren
klassische Aufgabe übernahmen, nämlich beim Verfassen historischer Darstellungen über die Justiz im „Dritten Reich". Auch
wenn kaum jemand sonst so offensiv wie Weinkauff die Interpretation der Vergangenheit mit standespolitischen Forderungen
verband, ist unverkennbar, daß es den Juristen, insbesondere den
Richtern, bei der Darstellung der Vergangenheit immer auch darum ging, die Justiz in der bundesrepublikanischen Gesellschaft
der Gegenwart zu verorten und daraus Forderungen abzuleiten.
Das Problem des Zusammenhanges von Vergangenheitsinterpre-
tationen und notwendigen Reformen der Justiz wurde aber auch
auf einer zweiten Ebene diskutiert, die ganz andere Koordinaten
besaß. Versuchte Weinkauff seine Vergangenheitsinterpretation
für die Forderung nach einer hochbezahlten Richteraristokratie
zu instrumentalisieren, die sich an einem oberhalb des Grundgesetzes schwebenden Naturrecht orientieren sollte, begannen in
den sechziger Jahren verschiedene Soziologen, Publizisten und

Juristen die weiter zurückreichenden, obrigkeitsstaatlichen Traditionen der deutschen Justiz zu thematisieren, um daraus die Notwendigkeit einer demokratisierenden Umgestaltung der Justiz abzuleiten.

Auf einer dritten Ebene schließlich sahen sich die Richter in ihrer eigentlichen beruflichen Funktion mit der NS-Vergangenheit des eigenen Berufs konfrontiert. Hier wird es insbesondere um die Prozesse gegen Hans-Joachim Rehse, einen ehemaligen Beisitzer Roland Freislers am Volksgerichtshof, gehen. 1967 wurde Rehse vom Berliner Landgericht zunächst zu fünf Jahren Zuchthaus verurteilt, dann aber, nachdem das Urteil vom Bundesgerichtshof aufgehoben worden war, ein Jahr später freigesprochen. Das Urteil löste heftige Reaktionen im In- und Ausland, aber auch innerhalb der Richterschaft aus.

Der Richter als Historiker in eigener Sache

Überblickt man die Literatur, die bis in die siebziger Jahre zu dem Thema „Justiz und Nationalsozialismus" erschienen ist, fällt zweierlei auf. Zum einen überwiegen unter den Autoren deutlich Juristen, wobei die wohl einschlägigsten Werke von Richtern – Hubert Schorn und Hermann Weinkauff – stammen. Historiker im eigentlichen Sinne haben sich erst sehr viel später mit dem Thema befaßt.[3]

Auffällig ist zum anderen, daß die beiden genannten einschlägigen Werke von Schorn und von Weinkauff in einem weiteren Sinne als „Auftragsarbeiten" gelten können, insbesondere das mehrere Teile umfassende Gesamtwerk *Die deutsche Justiz und der Nationalsozialismus*, dessen erster Band 1968 unter der Gesamtleitung von Hermann Weinkauff erschien. Auftraggeber war das Institut für Zeitgeschichte, das neben Weinkauff sechs weitere Juristen – darunter drei Richter und zwei Staatsanwälte – engagierte, um das gesamte Feld der Justiz im „Dritten Reich" abzudecken. Es habe sich „aus der Natur des Forschungsgegenstandes" ergeben, daß die wissenschaftliche Behandlung der Thematik überwiegend Juristen zufiel, so der damalige Direktor des Instituts für Zeitgeschichte, Helmut Krausnick, in seinem Geleitwort. Wenn dies auch für die Behandlung der einzelnen Rechtsbereiche

– Öffentliches Recht, Bürgerliches Recht, Strafrecht usw. – einleuchtet, so muß doch erstaunen, daß die Gesamtleitung des Projektes mit Hermann Weinkauff einem Richter übertragen wurde, der nicht nur – wie im Geleitwort zu lesen – von 1949 bis 1960 Präsident des Bundesgerichtshofes war, sondern auch von 1935 bis 1945 dem Reichsgericht angehört hatte. In einer Rede aus dem Jahr 1954, in der er das „75-jährige Bestehen des Reichsgerichts" würdigte und damit den Bundesgerichtshof nahtlos an die Geschichte des Reichsgerichts anschließen ließ, hatte Weinkauff zudem noch dafür plädiert, die NS-Vergangenheit doch auf sich beruhen zu lassen.[4]

Auch die Arbeit von Hubert Schorn über die Richter im „Dritten Reich" aus dem Jahr 1959 beruhte nicht allein auf der Initiative des Autors, sondern war „auf Anregung" des ehemaligen nordrhein-westfälischen Justizministers Amelunxen entstanden. Dahinter stand wiederum das bis ins Jahr 1948 zurückreichende Bemühen des Ministeriums, Richter zu finden, die dem NS-Regime Widerstand entgegengebracht hatten. Auslöser war ursprünglich eine Anfrage der VVN gewesen.[5] Das Motiv Amelunxens wird wohl bis zu einem gewissen Grade die Suche nach Anknüpfungspunkten für den Aufbau einer demokratischen Justiz gewesen sein. Immerhin wandte sich der Minister mit seinem Ansinnen an einen Richter, der nicht, wie Weinkauff, eine ungebrochene Karriere im „Dritten Reich" vorweisen konnte, sondern sich, folgt man Schorns eigenen Angaben, 1938 aus politischen Gründen in den Ruhestand hatte versetzen lassen.[6]

Auf kaum ein anderes Buch wurde in der *Deutschen Richterzeitung*, dem Verbandsorgan des Deutschen Richterbundes, so oft Bezug genommen wie auf das Buch von Schorn. Die Resonanz stand ohne Zweifel in unmittelbarem Zusammenhang mit den massiven Angriffen, denen sich die bundesdeutsche Richterschaft Ende der fünfziger und Anfang der sechziger Jahre in bezug auf ihre NS-Vergangenheit ausgesetzt sah. Ausgelöst von der DDR-Kampagne gegen „Adenauers Blutrichter" schloß sich 1960 zunächst eine vom Sozialistischen Deutschen Studentenbund (SDS) organisierte Ausstellung zu dem Thema „ungesühnte Nazijustiz" an. Schließlich reichte auch die Tschechoslowakei im gleichen Jahr noch eine Liste von „Verbrechern in Richterroben" nach. Der von den Angriffen ausgelöste Wirbel war beträchtlich. Die

Debatte um das Richtergesetz von 1961, das belasteten Richtern die Möglichkeit gab, sich vorzeitig pensionieren zu lassen,[7] ist ebenso vor diesem Hintergrund zu sehen wie der Fall des Generalbundesanwalts Fränkel, der 1962 nur wenige Monate nach seinem Amtsantritt aufgrund von Dokumenten, die die DDR über seine Tätigkeit bei der Reichsanwaltschaft veröffentlichte, zurücktreten mußte. Schorns Veröffentlichung wirkte in diesem Kontext wie ein Rettungsanker, an den sich die Richter klammerten.

Während Schorn allerdings grundsätzlich durchaus die Mittäterschaft der Justiz am NS-Unrecht anerkannt und auf dieser Basis gewissermaßen mit der Lupe nach Widerstand gesucht hatte, stilisierte der ehemalige BGH-Präsident Weinkauff die deutsche Richterschaft in ihrer Gesamtheit schlichtweg zu Opfern des Regimes. „Schicksal und Haltung, Erleiden und Tun der deutschen Justiz unter dem Nationalsozialismus" solle dargestellt werden, so Weinkauff im Vorwort zur Gesamtausgabe. Gelitten also hatte die Justiz, nicht deren Opfer. Die Gerichte waren in Weinkauffs Darstellung nicht etwa diejenigen, die an dem Terror des Regimes mit beteiligt waren, sondern diejenigen, die selbst einer „brutalen Terrorisierung" unterlagen.[8] Das Leid, das die Justiz anderen zugefügt hat, erscheint in der einführenden Formulierung allenfalls in der denkbar blassen Umschreibung des „Tuns" der Justiz und taucht auch sonst höchstens am Rande auf.

Die sogenannten Richterbriefe, in denen die Justiz von 1942 an wiederholt zu einer noch schärferen Urteilspraxis gemahnt wurde, und die im gleichen Tenor gehaltene Reichstagsrede Hitlers vom 26. April 1942 dienten Weinkauff – und nicht nur ihm – als unwiderlegbarer Nachweis dieser von der Richterschaft gezeigten aufrechten Haltung dem NS-Regime gegenüber. Juristen im allgemeinen und Richter im besonderen, so Weinkauff und andere Apologeten, waren Hitler zutiefst zuwider, und so erschien es ihm auch nur „natürlich", wenn Juristen, wie etwa der Staatssekretär im Justizministerium Schlegelberger, ihre Stellung „durch besondere Unterwürfigkeit gegenüber Hitler" und „betonte Beflissenheit" zu festigen suchten. „J'excuse" – so war denn auch die vernichtende Rezension des Werkes in der *Kritischen Justiz* überschrieben. Sie stammte von dem 1964 in den Ruhestand getretenen Stuttgarter Oberlandesgerichtspräsidenten Richard Schmid. Dieser war jedoch einer der ganz wenigen, die das Werk kurz

nach seinem Erscheinen kritisch aufnahmen.[9] Für Historiker war
die Justiz im NS, wie die insgesamt verhältnismäßig geringe Resonanz auf das Werk zeigt, ein Thema, das allenfalls am Rande
interessierte und gewissermaßen als Spezialbereich galt, mit dem
sich Juristen untereinander auseinandersetzen sollten. Gleichwohl
bleibt erstaunlich, daß das Institut für Zeitgeschichte Hermann
Weinkauff die Gesamtleitung des Projektes anvertraute. „Wollte
er etwa in einem Ehrengerichtsverfahren über das Verhalten der
Richterschaft in jener Zeit im ganzen urteilen," so Richard
Schmid in seiner Rezension, „müßte ihn jeder Ankläger, und er
vielleicht sich selbst, für befangen halten."[10]

Es hätte nicht so schwer sein können, jemanden zu finden, der
weniger befangen, aber dennoch „vom Fach" war. Man hätte etwa
an Ilse Staff[11] denken können oder an Horst Göppinger, ebenfalls
Richter, der 1963 eine Studie über jüdische Juristen im „Dritten
Reich" herausgebracht hatte, die jedoch in den sechziger Jahren
nicht nur unter Juristen, sondern auch unter Historikern vergleichsweise wenig Beachtung fand.

Einer der wenigen, der dieses Buch für eine juristische Zeitschrift rezensierte und es zudem zu „den wichtigsten juristischen
Veröffentlichungen des Jahres 1963" zählte, war wohl nicht zufällig Rudolf Wassermann.[12] Wassermann war zu dieser Zeit noch
Kammergerichtsrat in Berlin und begann gerade, sich zu Fragen
des Verhältnisses von Justiz und Gesellschaft öffentlich zu Wort
zu melden, bevor er in der zweiten Hälfte der sechziger Jahre zu
einem der profiliertesten und engagiertesten Verfechter von Reformen in der Justiz wurde. In seiner Rezension hob Wassermann
vor allem hervor, daß Göppinger zwar der „heute herrschenden
Meinung" folge, nach der das positivistische Rechtsdenken „für
die Wehrlosigkeit der deutschen Juristen gegenüber den Maßnahmen der braunen Machthaber" verantwortlich sei, aber auch
anerkenne, daß darüber hinaus „das Fehlen eines positiven Verhältnisses zu den Postulaten der liberalen Demokratie für das Versagen so vieler Juristen ursächlich" war. Man könnte beruhigter in
die Zukunft schauen, so Wassermann weiter, wenn aus dieser Erkenntnis auch Folgerungen gezogen würden. Ähnlich wie Hermann Weinkauff verknüpfte in dieser kurzen Passage auch Rudolf
Wassermann eine – wenn auch hier nur eher vage – Verbindung
zwischen Ursachen für Fehlverhalten der Justiz im Nationalso-

zialismus und Reformforderungen in bezug auf die Justiz der Bundesrepublik. Die Akzente dabei unterschieden sich jedoch deutlich.

Die Vergangenheit der Justiz in der Perspektive der Justizkritiker

Seitdem die DDR im Jahr 1957 ihre Kampagne gegen „Adenauers Blutrichter" begonnen hatte, verging bis zum Ende der sechziger Jahre kaum ein Jahr, in dem nicht ein mehr oder weniger spektakulärer Fall eines ehemaligen NS-Richters an die Öffentlichkeit kam, der in der Bundesrepublik weiterhin seinen Dienst versah. Die vom SDS organisierte Ausstellung „Ungesühnte Nazijustiz", die 1960 erstmals in der Bundesrepublik einem breiteren Publikum die Urteilspraxis deutscher Richter im Nationalsozialismus plastisch vor Augen führte, lieferte der Debatte zunächst soviel zusätzliche Nahrung, daß sich die Beschuldigungen nicht mehr als rein propagandistische Maßnahme von Seiten der DDR abtun ließen. Die Hoffnung, daß mit dem Richtergesetz von 1961 das Problem ein für alle mal aus der Welt geschaffen sein würde, erfüllte sich jedoch keineswegs. Die von den Justizverwaltungen verbreitete – und wohl von vielen Verantwortlichen auch selbst geglaubte – Ansicht, es seien höchstens noch einige wenige problematische Einzelfälle im Amt, mußte zumindest für kritischere Geister in dem Maße unglaubwürdig werden, wie immer wieder neue Fälle auftauchten.

Der schon erwähnte Fall des Generalbundesanwalts Fränkel aus dem Jahr 1962, der bald nach seinem Amtsantritt auch schon wieder seinen Hut nehmen mußte, war nur der prominenteste. Für erhebliches Aufsehen sorgte auch der Würzburger Nervenarzt Elmar Herterich, der, ausgehend von einer sich über viele Jahre hinziehenden Erbauseinandersetzung, mehr und mehr das Gefühl bekam, einer Justiz gegenüberzustehen, die aus einer „Kamarilla" von ehemaligen NS- und SS-Angehörigen bestand. Unabhängig von dem ursprünglichen Rechtsstreit sammelte Herterich immer mehr Material, das eine Reihe von Angehörigen der Würzburger Justiz schwer belastete. Herterichs Angriffe gipfelten in einer von ihm im Jahr 1963 herausgegebenen Broschüre mit dem Titel *Sie werden weiter marschieren*, in der er am Beispiel Würzburgs die immer noch im Amt befindliche Nazijustiz anprangerte.[13] Von einer Flut von Beleidigungs- und Verleumdungsklagen überschüttet, setzte sich Herterich schließlich nach Schweden ab. Auch wenn der Würzburger Nervenarzt offenkundig in manchem über das Ziel hinausgeschossen war, wurde hier mehr als in allen zuvor ans Tageslicht gekommenen Fällen deutlich, daß es sich bei dem Problem der im Amt verbliebenen NS-Richter wohl doch um mehr handelte als um die immer wieder beschworene Handvoll schwarzer Schafe.[14] Fälle wie die der rheinland-pfälzischen Staatsanwälte Drach und Wienecke, die beide wegen ihrer Tätigkeit bei einem Sondergericht in Luxemburg schwer belastet waren, oder der des Lüneburger Staatsanwalts Ottersbach, der 1941 und 1942 an einem Kattowitzer Sondergericht für zahlreiche Todesurteile mitverantwortlich war, oder auch der des Berliner Senatsrats Carl Creifelds, der in den dreißiger Jahren Kommentare zu NS-Gesetzen geschrieben hatte und 1965 auf Vorschlag der CDU zum Bundesrichter ernannt werden sollte, waren nicht gerade geeignet, das Vertrauen in die bundesdeutsche Justiz zu stärken.[15]

Unverkennbar ist nun, daß im Zusammenhang mit den Vorwürfen gegen belastete Richter und Staatsanwälte in der Öffentlichkeit zunehmend die Frage nach dem Zustand der bundesdeutschen Justiz und deren Potential zur Selbsterneuerung gestellt wurde. Doch der Zusammenhang zwischen Forderungen nach einer demokratischen Erneuerung der Richterschaft und der immer stärker zum Vorschein kommenden NS-Vergangenheit von Teilen der bundesdeutschen Justiz ist komplexer, als sich dies auf den ersten Blick vermuten läßt. Verdeutlichen läßt sich diese Komplexität am Beispiel des bereits erwähnten Berliner Kammergerichtsrats Rudolf Wassermann. So hatte Wassermann etwa 1964 in verschiedenen Publikationen die Frage gestellt, „wie demokratisch" die bundesdeutsche Justiz eigentlich sei. Ausgangspunkt der Frage waren jedoch nicht die nach und nach publik werdenden Fälle von belasteten Richtern und Staatsanwälten. Was die Frage der NS-Vergangenheit der Richter anging, wiegelte Wassermann zu diesem Zeitpunkt eher ab und sprach davon, daß es eine „Verzerrung [sei], die deutschen Richter als Nazirichter hinzustellen, die aus der Vergangenheit nichts gelernt hätten."[16] Wassermann betonte, es komme mehr darauf an, die Justiz durch Reformen zukunftsfähig zu machen, als ständig auf die Vergangenheit zu starren.[17]

Tatsächlich aber argumentierte Wassermann in vielen seiner Beiträge, in denen er zu einer demokratischen Erneuerung der Justiz aufrief, durchaus mit der Vergangenheit, jedoch mit der weiter zurückliegenden. Weniger als um die direkte NS-Belastung ging es ihm um die tieferliegenden konservativ-obrigkeitsstaatlichen Strukturen in der deutschen Justiz, die sich vor allem im Kaiserreich herausgebildet und in der Weimarer Republik in vielen Fällen nicht gerade zu einer demokratischen Rechtsprechung beigetragen hatten. Mit dieser Argumentation setzte Wassermann einen deutlichen Kontrapunkt gegen jene, die wie der ehemalige BGH-Präsident Hermann Weinkauff nicht eine antidemokratische Einstellung, sondern eine juristische Methode, eben den Rechtspositivismus, für das Versagen der Richterschaft im Nationalsozialismus verantwortlich machen wollten.

Auffällig ist, daß auch bei Theo Rasehorn, einem Richter, der 1966 unter dem Pseudonym Xaver Berra eine scharfe Polemik gegen die bundesdeutsche Justiz verfaßte, die NS-Vergangenheit der bundesdeutschen Justiz eine ziemlich untergeordnete Rolle spielte. Rasehorn, der selbst als Berichterstatter an NS-Prozessen beteiligt war, erwähnte zwar durchaus die auch in seinen Augen untragbaren Fälle, sah hier aber offensichtlich nicht den Kern des Problems der bundesdeutschen Justiz.[18] Wenn man hinter der Tatsache, daß reformorientierte Richter wie Wassermann und Rasehorn die NS-Vergangenheit der Justiz nicht vehementer angriffen, Elemente eines typisch richterlichen Korpsgeistes vermutet, so geht dies wohl an der Sache vorbei. Denn auffällig ist, daß gerade die schärfsten Kritiker der bundesdeutschen Justiz außerhalb der „Dritten Gewalt" in der ersten Hälfte der sechziger Jahre weit mehr auf die obrigkeitsstaatlichen Strukturen als auf die NS-Vergangenheit der deutschen Justiz zielten – mit Ausnahme wohl von Fritz Bauer, der wiederholt, wenn auch eher vorsichtig, vor dem Hintergrund der NS-Belastungen der Justiz auf eine demokratische Erneuerung drängte. Sebastian Haffner, der die *Spiegel*-Affäre zu einer scharfen Abrechnung mit der bundesdeutschen Justiz nutzte, prangerte an erster Stelle eben jene ins Kaiserreich zurückreichenden obrigkeitsstaatlichen Strukturen und die an einem autoritären Staatsmodell ausgerichteten Einstellungen großer Teile der Justiz an.[19] Auch für den Publizisten Ulrich Sonnemann, der der deutschen Justiz schlichtweg „Lust am Unrecht" vorwarf, spielte die NS-Vergangenheit in seiner Argumentation keine besonders zentrale Rolle.[20] Schließlich zielte auch Ralf Dahrendorf, der sich nicht nur in seinem einflußreichen Buch *Demokratie und Gesellschaft in Deutschland*, sondern auch in verschiedenen anderen Beiträgen mit dem Verhältnis von Justiz und Demokratie in Deutschland befaßte, in erster Linie auf die illiberalen und antidemokratischen Traditionen, die bereits vor der Zeit des Nationalsozialismus wirksam und in seinen Augen noch immer nicht gänzlich abgestreift waren.[21]

Die tieferliegende Gemeinsamkeit all dieser Argumentationsansätze bestand in der Überzeugung, daß für den Untergang der Weimarer Demokratie und die Bereitwilligkeit, mit der sich weite Teile der Gesellschaft, nicht zuletzt die Justiz, mit der Politik der neuen Machthaber identifizierten, eben diese weit verbreiteten illiberalen und antidemokratischen Tendenzen, insbesondere innerhalb der Eliten, wesentlich mit verantwortlich waren. Es spricht vieles dafür, daß etwa Wassermann, Dahrendorf, Haffner und andere, die sich über den Zustand der bundesrepublikanischen Demokratie in den Zeiten zwischen der *Spiegel*-Affäre und den Notstandsgesetzen Gedanken machten, Gefahren nicht nur in bezug auf die Justiz, sondern auf die Gesellschaft insgesamt weit mehr in diesen Traditionen als in den noch übriggebliebenen NS-Richtern und -Staatsanwälten sahen. Für all diejenigen, die an einer – wie man bald sagte – gesamtgesellschaftlichen „Demokratisierung" interessiert waren, hatte die Argumentation mit den weiter zurückreichenden obrigkeitsstaatlichen Strukturen zudem zwei strategische Vorteile. Zum einen entzog man sich dem leidigen Vorwurf, sich mit der Kritik an der bundesdeutschen Justiz vor den Karren der DDR-Propaganda spannen zu lassen, die es immerhin geschafft hatte, die Debatte um die belasteten Richter und Staatsanwälte überhaupt in Gang zu bringen. Zum anderen führte die Argumentation auf diese Weise weg von der Debatte um einzelne Personen und leitete stärker zu strukturellen Problemen der bundesdeutschen Gesellschaft hin. Während sich das Problem der NS-Richter in absehbarer Zeit generativ zu lösen versprach, war ähnliches für weiter zurückreichende und strukturell fest verwurzelte Traditionen nicht zu erwarten. So entbehrte es nicht der Logik, mit Blick auf die Frage von Reformnotwendigkeit und Reformfähigkeit der Gesellschaft eher hier als an den sich mutmaßlich von selbst erledigenden Einzelfällen anzusetzen.

Die Hoffnung allerdings, daß eine nachwachsende Generation von Richtern gerade in bezug auf die NS-Zeit eher nach den Maßgaben eines demokratischen Rechtsstaats urteilen würde als ältere, beteiligte und von daher befangene Kollegen, bekam Ende der sechziger Jahre im Prozeß gegen Hans-Joachim Rehse, ehemals Beisitzer am Volksgerichtshof, einen empfindlichen Dämpfer.

Richter als Richter in eigener Sache

Im Dezember 1968 wurde Hans-Joachim Rehse von einem West-Berliner Schwurgericht von der Anklage der Beihilfe zum Mord freigesprochen.[22] Das Urteil löste eine Welle von Protesten aus, zumal ein wichtiger Aspekt der Problematik darin bestand, daß Richter hier nicht nur über einen „Kollegen" zu Gericht saßen, sondern zumindest mittelbar über die Vergangenheit der Justiz insgesamt ein Urteil fällten. So spektakulär sich der Fall auch darstellte, so war es durchaus nicht das erste Urteil, das Richter mehr oder weniger in Sachen der eigenen Vergangenheit zu fällen hatten. Führte man sich diese Rechtsprechung insgesamt vor Augen, konnte der Freispruch tatsächlich kaum noch als Überraschung gewertet werden.

Schon 1965 schrieb der Journalist Lutz Lehmann unter dem Titel „Mit dem Dolch unter der Robe" in der *Zeit*: „Kein Gericht wird je diese Männer verurteilen." Gemeint waren schwer belastete Richter und Staatsanwälte, die die vom Richtergesetz eröffnete Chance zur Pensionierung nicht genutzt hatten. Als Beleg für seine Prognose zitierte er den entscheidenden Satz aus dem Freispruch im Prozeß gegen den ehemaligen Generalbundesanwalt Wolfgang Fränkel vom September 1964: „Hält er [der Richter oder Staatsanwalt] die Todesstrafe irrtümlich für die der Tat angemessene und daher gerechte Strafe, so ist ein Tatbestandsirrtum gegeben, der den Vorsatz ausschließt." Lehmanns Schlußfolgerung aus dem Urteil: „Es gibt also keinen Mord in der Richterrobe, es gibt nur fahrlässige Tötung. Totschlagsverbrechen aber sind seit 1960 verjährt.“[23]

Vor diesem Hintergrund ist es fast erstaunlich, daß es 1967 überhaupt zu einer Mordanklage und zur einer Verhaftung Rehses kam. Die Berliner Staatsanwaltschaft konzentrierte sich in der Anklageschrift gegen Rehse, der an über 200 Todesurteilen mitgewirkt hatte, auf den Vorwurf, an sieben Fällen von versuchtem und vollendetem Mord beteiligt gewesen zu sein. Der zentrale Punkt der Anklage beruhte darauf, daß eine Sonderstrafrechtsverordnung des NS-Regimes, die die Todesstrafe für diejenigen vorsah, die „öffentlich den Wehrwillen des Volkes zersetzen“, nach Ansicht des Gerichts in mindestens sieben Fällen nicht hätte angewendet werden dürfen. Denn die defätistischen Äußerungen seien nicht öffentlich, sondern nur unter Privatpersonen gefallen. Der Staatsanwalt führte in seinem Plädoyer weiter aus, daß das oberste Ziel des Gerichts nicht Rechtsprechung gewesen sei, sondern „die Stützung des NS-Regimes durch politischen Terror und bedingungslose physische Vernichtung aller kritisch eingestellten Bürger.“ Die Gerichtsverhandlungen seien „Farcen“ gewesen, die Todesurteile „mit atemberaubender, schockierender Schnelligkeit“ gefällt worden. Zentral für das Problem, ob Rehse überhaupt verurteilt werden konnte, und wenn ja zu welcher Strafe, war die Frage, ob Rehse nur als „Gehilfe“ Freislers oder als gleichberechtigter Richter mit eigenem Täterwillen und direktem Vorsatz gehandelt hatte. Die Staatsanwaltschaft stufte Rehse tatsächlich als voll verantwortlichen Mittäter ein, dessen Urteile als Morde aus niedrigen Beweggründen zu werten seien, und forderte konsequenterweise eine lebenslange Freiheitsstrafe.

Es kann kaum verwundern, daß bei der Beratung, wie der Richter in seiner Urteilsbegründung offen bekannte, unterschiedliche Ansichten über das Problem der Bestrafung von NS-Verbrechern „hart aufeinandergeprallt“ seien.[24] Das Gericht befand sich in keiner einfachen Lage. Verurteilte es Rehse wegen Rechtsbeugung und damit wegen Mordes zu lebenslanger Freiheitsstrafe, so Jörg Friedrich in seiner Bewertung des Falles, hätte sich die Frage gestellt: „Warum sollte Rehse als einziger den Rechtsbeugungsvorsatz gehegt haben, der allen anderen [nicht verurteilten Richtern und Staatsanwälten, J.R.] fehlte? Der Mann zeigte dafür nicht das leiseste Indiz."[25] So einigten sich die Richter des Berliner Schwurgerichts auf einen juristisch höchst fragwürdigen Kompromiß: Als denjenigen, der das Recht gebeugt hatte, stufte man allein Freisler ein. Rehse, so das Urteil, habe ihm dabei lediglich assistiert: „Freisler übte auf die Rechtsprechung des VGH, vor allem aber die des ersten Senats, einen beherrschenden Einfluß aus. [...] Der Angeklagte [Rehse] unternahm trotz seiner überdurchschnittlichen Intelligenz und seiner guten Rechtskenntnisse nichts, um sich der Rechtspraxis Freislers zu widersetzen, obwohl sie ihn seelisch stark belastete. [...] Auch in der ‚Beratung' schwieg der Angeklagte zumeist, widersprach Freisler nicht, sondern ordnete sich seinem Willen unter. [...] Er unterließ jede Kritik an Freisler und ordnete sich seiner Autorität unter."[26]

Wer den Prozeß verfolgt hatte, mußte sich ob dieser Einschätzung Rehses doch sehr wundern. In der Verhandlung hatte Rehse nicht gerade den Eindruck vermittelt, als habe er sich Freislers Urteilen nur widerwillig angeschlossen. Zwar behauptete er, in einem der ihm zur Last gelegten Fälle gegen die Todesstrafe gestimmt zu haben. Auf die Vorhaltungen des Richters, er hätte sich gewünscht, daß Rehse im Beratungszimmer auch soviel geredet hätte wie bei seiner Verteidigung, entgegnete Rehse schlicht: „Dann wären die Urteile erst recht so ausgefallen." Und auf die Frage, wieso über die Strafzumessung gerade bei den vielen Todesurteilen nicht länger beraten worden sei, antwortete Rehse: „Ich sehe nicht ein, weshalb es einer Beratung bedurfte, wenn sowieso alles klar war."[27] Ganz auf der Linie der Staatsanwaltschaft, die in Rehse einen vollverantwortlichen Täter und keinen „Gehilfen" sah, beharrte auch er selbst darauf, die Urteile aus voller Überzeugung und nicht unter Druck gefällt zu haben. Doch was ihn nach Einschätzung der Staatsanwaltschaft zum Mörder machte, begründete für Rehse und seine Verteidigung die Notwendigkeit des Freispruchs. Denn verurteilt werden konnte er nur wegen Rechtsbeugung, also wegen bewußt falsch angewandter Gesetze, nicht aber wegen Rechtsirrtums.

Der kompromißhafte und inkonsistente Charakter des Urteils im ersten Prozeß gegen Hans-Joachim Rehse, in dem er zu fünf Jahren Zuchthaus verurteilt wurde, war in der Tat schwer zu übersehen. Konsequenterweise beantragten sowohl die Verteidigung als auch die Staatsanwaltschaft die Revision, und das Urteil landete beim Bundesgerichtshof. Dort erkannte man denn auch darauf, daß Rehse als Mitglied eines Kollegialgerichtes „nach dem auch damals geltenden Recht unabhängig, gleichberechtigt, nur dem Gesetz unterworfen und seinem Gewissen verantwortlich" war. Das hieß, Rehse konnte nur als Täter, nicht aber als Gehilfe in Frage kommen. „Daraus folgt für die innere Tatseite," so der BGH in seinem Urteil weiter, „daß der Angeklagte nur noch bestraft werden kann, wenn er selbst aus niedrigen Beweggründen für die Todesstrafe stimmte. Das lassen die Urteilsgründe weder erkennen noch schließen sie diese Möglichkeit völlig aus." Mit dieser Formulierung schloß der BGH eine Verurteilung als Mörder zwar nicht von vornherein aus, legte aber die Bedingungen dafür noch einmal fest: Rehse mußte bewußte Rechtsbeugung nachgewiesen werden. Mit Ausdrücken wie „Rechtsblindheit" und „Verblendung", die das Schwurgericht verwendet hatte, so der BGH, sei jedoch eine Rechtsbeugung nicht vereinbar.[28]

Obwohl also der BGH damit den Freispruch mehr oder weniger vorgezeichnet hatte, war es nicht dieses Urteil, sondern das des Berliner Landgerichts, an das der Prozeß zur neuen Verhandlung zurückverwiesen wurde, das die Proteste auslöste. Zu der Empörung trug jedoch nicht der Freispruch allein, sondern vor allem auch die mündliche Urteilsbegründung bei. Der „Ausgangspunkt" des Urteils, so der erst 42jährige Vorsitzende Ernst-Jürgen Oske, sei für das Schwurgericht „das Recht jedes Staates auf Selbstbehauptung" gewesen. Mit anderen Worten: Das „Dritte Reich" habe das Recht gehabt, sich gerade am Ende des Krieges durch harte Gerichtsurteile gegen innere Auflösungserscheinungen zu behaupten. Daß mit dieser Begründung – gerade vor dem Hintergrund der Urteile des Volksgerichtshofs – so gut wie jede staatliche Maßnahme zu rechtfertigen war, schien das Gericht nicht weiter zu berühren. Ihm kam es allein darauf an nachzuweisen, daß es sich bei den Urteilen, die Rehse zur Last gelegt wurden, nicht um Rechtsbeugung gehandelt hatte. Die Urteile seien zwar „aus heutiger Sicht unmenschlich", doch sie hätten sich im Rahmen der damaligen Rechtsprechung bewegt und „im Bereich der vertretbaren Gesetzesauslegung" befunden.[29] Oskes Versuche, durch aktuelle Bezüge, insbesondere durch Hinweise auf die Notstandsgesetze und die Forderung nach härteren Strafen gegen Demonstranten, die Berechtigung eines Staates auf „Selbstbehauptung" zu unterstreichen und seiner Urteilsbegründung damit mehr Plausibilität zu verleihen, zeigten zudem ein seltenes Maß an politischer Unbedarftheit. Angesichts der Proteste gegen die Notstandsgesetze, die gerade der Befürchtung entsprangen, der Staat würde sich hier erneut die Möglichkeit schaffen, im Notfall zu seinem Selbstschutz die Grundrechte stark einzuschränken, war ein Vergleich zwischen den Notstandsgesetzen und der Tätigkeit des Volksgerichtshofes nicht gerade geeignet, das Verständnis für das Urteil zu vergrößern.

So wenig der Freispruch Rehses in seiner Substanz von anderen Urteilen gegen ehemalige NS-Richter und -Staatsanwälte abwich, so sehr unterschied sich gleichwohl die öffentliche Resonanz auf das Urteil, und zwar sowohl in quantitativer als auch in qualitativer Hinsicht. Der Regierende Bürgermeister von Berlin Klaus Schütz und sein Innensenator Neubauer nannten das Urteil empörend und unbegreiflich, für den Vorsitzenden der jüdischen Gemeinde von Berlin, Heinz Galinski, war die Urteilsbegründung „das ungeheuerlichste, was wir seit 1945 erlebt haben". Robert Kempner, der ehemalige stellvertretende US-Hauptankläger in Nürnberg, sah in dem Urteil „die größte Niederlage für die deutsche Justiz seit 1945", für die *Komsomolskaja Prawda* war das Urteil und seine Begründung „eine Herausforderung der Weltöffentlichkeit", und die APO reagierte mit einem Flugblatt, in dem man die vier Siegermächte aufrief, ihre Besatzungsrechte in Berlin wieder direkt auszuüben.[30]

Neu an der öffentlichen Resonanz war auch, daß die Auseinandersetzung um das Urteil nun offensichtlich auch in die Richterschaft selbst getragen und zum Teil öffentlich geführt wurde. Ausgerechnet der Hessische Richterbund, dessen Führung in der Presse noch kurz zuvor als „progressiv" tituliert worden war, wies die Kritik an dem Urteil des Berliner Schwurgerichts besonders scharf zurück. In einer Presseerklärung erklärte der Landesverband Hessen des Deutschen Richterbunds, Kritik an richterlichen Urteilen sei in einem demokratischen Rechtsstaat zwar notwendig, doch nehme die „Hetze" gegen Oske Züge „einer wahren Hexenjagd à la McCarthy" an. Auch um weitere historische Parallelen war man beim Hessischen Richterbund nicht verlegen: Methoden, die an den *Stürmer* und das *Schwarze Korps* erinnerten, sah man hier am Werk. Als besonders verwerflich stufte der hessische Richterbund schließlich ein, daß auch der Berliner Justizsenator Hoppe und der Kammergerichtspräsident von Drenkmann in den Chor der Kritiker mit eingestimmt und damit die Unabhängigkeit der Justiz beeinträchtigt hätten.[31]

Indirekt reihte sich allerdings auch die Bundesspitze des Richterbundes in die Kritik an dem Urteil ein, versuchte jedoch gerade die Kritik aus der Politik gegen diese zurückzuwenden. So schrieb der Richterbund in einer Erklärung zu dem Fall: „Wer die Gesetzgebung unseres Parlaments kennt und die Rechtsprechung des Bundesgerichtshofs zum Problem des Mörders in der Robe seit Jahren verfolgt hat, konnte vom Ausgang des Berliner Prozesses nicht überrascht sein, es sei denn, daß er die dritte Gewalt im Staat für politische Versäumnisse nach 1945 verantwortlich machen will." Es sei ein Eingriff in die Unabhängigkeit der dritten Gewalt, wenn man wegen dieses Urteils von politischer Seite nach einer anderen Auslese und Ausbildung der Richter rufe, den gleichen Ruf der Richter aber seit vielen Jahren überhört habe. Der Richterberuf sei seit Jahren systematisch abgewertet worden, und nun mute man den Richtern und Staatsanwälten zu, zum Teil seit über hundert Jahren verpaßte Revolutionen nachzuholen, unterbliebene Polizeieinsätze nachzuholen und modernen Rechtsschutz zu gewähren. Die Richter wünschten sich Kritik, ließen sich aber nicht zum Prügelknaben „jener Machthaber" machen, die die Einführung einer vorbeugenden Untersuchungshaft bereits als Rechtsreform feierten, sich aber selbst der kleinsten Schritte zu einer Justizreform entzögen. „Für den Freispruch eines Blutrichters tragen auch sie die Verantwortung."[32]

Die Erklärung ist in mehrerlei Hinsicht bemerkenswert. Der Richterbund verwendete hier erstmals ganz offen den Ausdruck „Mörder in der Robe", obwohl kein einziger Richter je wegen Justizmordes verurteilt worden war. Der Ausdruck kann daher nur als Kritik zumindest an dem Rehse-Urteil verstanden werden. Zudem versuchte man aus der Defensive, in die die Justiz insgesamt durch das Urteil geraten war, mit erstaunlich aggressiven Formulierungen an die Adresse der Politik herauszukommen und den Fall standespolitisch für Reformforderungen zu nutzen. Die Erklärung allerdings, wie eine Justizreform zu einem anderen Urteil hätte führen sollen, blieb der Richterbund schuldig. Die Forderungen der Vergangenheit konzentrierten sich vor allem auf eine höhere Besoldung und tendierten zum Teil dahin, daß man nach englischem Modell weniger, aber „viel höher qualifizierte und viel höher besoldete Richter" wollte. Was für ein Urteil aber wäre von einem möglicherweise höher qualifizierten Richter zu erwarten gewesen: eine Verurteilung wegen Mordes oder lediglich ein besser begründeter Freispruch, der die Richterschaft insgesamt weniger in Bedrängnis gebracht hätte? Auch diese Frage blieb offen.

Deutlich dagegen formulierte Rudolf Wassermann, inzwischen Präsident des Landgerichts Frankfurt, was er von Reformen erwartete: Was die rechtliche Seite anging, fragte er, ob es richtig sei, wenn die herrschende Rechtsprechung das sogenannte Richterprivileg des Paragraphen 336 StGB auf die Richter des Volksgerichtshofs ausdehne. Außerdem sei zu bedenken, ob tatsächlich die Verblendung durch NS-Lehren vor der Verantwortung schützen dürfe. Schließlich, so Wassermann, zeige das Urteil einmal mehr, daß Recht und Politik nicht zwei voneinander getrennte Welten seien.[33] In dieser Richtung sah er auch den deutlichsten Reform- oder Veränderungsbedarf: Eine erneuerte Juristenausbildung müsse in viel höherem Maße dazu beitragen, Richter mit einem politischen Bewußtsein hervorzubringen. Denn in der Tat hatte ja gerade die Urteilsbegründung einen ziemlich atemberaubenden Mangel politischer Wahrnehmungsgabe zum Vorschein gebracht. Mit dieser Forderung nach einem politischen beziehungsweise einem „politisch bewußten" Richter stach Wassermann allerdings in ein Wespennest, wie die kommenden Jahre noch zeigen sollten.[34]

Juristisch endete die Auseinandersetzung um die Tätigkeit des Volksgerichtshofs praktisch mit dem Freispruch Rehses. Zwar bereitete die Staatsanwaltschaft den Gang in die Revision vor, und auch der Generalbundesanwalt schaltete sich in die Sache ein, doch bevor es zu weiteren Schritten kam, starb Hans-Joachim Rehse im September 1969. Zehn Jahre später ließ der Berliner Justizsenator Gerhard Meyer zwar noch einmal gegen Richter und Staatsanwälte ermitteln, die am Volksgerichtshof tätig waren, doch nur in einem Fall, dem des Richters Paul Reimers, wurde 1984 Anklage erhoben. Der beging vor Beginn des Verfahrens Selbstmord. Zwei Jahre später wurden die Ermittlungsakten endgültig geschlossen.

Fazit

Wer in den sechziger Jahren insbesondere als Richter ein Urteil
über die Vergangenheit der deutschen Justiz fällte, urteilte unweigerlich auch über die Gegenwart der Justiz und wendete dabei
nicht selten auch seinen Blick in die Zukunft. Vergangenheitsin-
terpretationen und Reformforderungen standen in einem unmittelbaren, aber komplexen Verhältnis. Die Frage, was denn „aus
der Vergangenheit zu lernen" sei, war ebenso umstritten wie die
Frage, welche Reformen die Justiz denn nötig hatte. Unverkennbar sollte dabei der Rückbezug auf die Vergangenheit die jeweiligen Reformforderungen in besonderer Weise legitimieren. Der
Glaube, daß „besser qualifizierte und höher bezahlte" Richter einen Schutz gegen „eine erneute totalitäre Bedrohung" bilden
würden, wie Hermann Weinkauff meinte, wirkte dabei jedoch
ebensowenig überzeugend wie die Vorstellung, daß besser bezahlte Richter auch bessere Urteile schreiben würden, als es Ernst-
Jürgen Oske im Fall des Rehse-Freispruchs getan hatte. Auffal-
lend ist, daß namhafte Justizkritiker innerhalb und außerhalb der
Justiz – mit der wichtigen Ausnahme der eher moderaten Töne
Fritz Bauers – sich in ihrer Kritik über die Mitte der sechziger
Jahre hinaus vergleichsweise wenig mit der NS-Vergangenheit
und deren juristischer Aufarbeitung befaßten. Die meisten von
ihnen setzten in ihren Reformforderungen eher bei den immer
noch wirksamen obrigkeitsstaatlichen Traditionen als bei der NS-
Vergangenheit und deren juristischer „Bewältigung" an. Der Fall
Rehse bedeutete hier eine deutliche Zäsur. Die Hoffnung, daß der
gesamte Komplex der juristischen Auseinandersetzung mit den
NS-Verbrechen, ob mit oder ohne Robe, ohnehin bald generativ
oder „biologisch" gelöst sei, erfüllte sich nicht. Ob es dazu des
von Wassermann geforderten „politischen Richters" bedurfte,
mag umstritten bleiben, ganz gewiß aber bedurfte es insgesamt
eines politischen Umdenkungsprozesses, nicht nur in der Richterschaft. Die Frage allerdings, ob es überhaupt möglich sei, einen
Richter wegen Rechtsbeugung zu verurteilen, wurde erst viele
Jahre später positiv beantwortet – bezeichnenderweise jedoch
nicht mehr im Zusammenhang mit einem Fall eines NS-Richters,
sondern eines Richters, der in der DDR am Leipziger Waldheim-

Prozeß beteiligt war. 1993 wurde der 87 Jahre alte Otto Jürgens wegen gemeinschaftlicher Rechtsbeugung in Tateinheit mit Freiheitsberaubung zu einer – wohl eher symbolischen – Strafe von zwei Jahren auf Bewährung verurteilt.

Anmerkungen

1 Hermann Weinkauff: Die deutsche Justiz und der Nationalsozialismus, Stuttgart 1968, S. 177.
2 Vgl. hier insbes. Friedrich Karl Kübler: Der deutsche Richter und das demokratische Gesetz, in: Archiv für civilistische Praxis, 162, 1963, S. 104–128.
3 Vgl. hier v. a. Lothar Gruchmann: Justiz im Dritten Reich 1933–1940. Anpassung und Unterwerfung in der Ära Gürtner, München 1988. Ralph Angermund: Deutsche Richterschaft 1919–1945, Frankfurt am Main 1990. Auch unter den seit den siebziger Jahren erschienenen Arbeiten zur NS-Justiz dominieren weiterhin Juristen.
4 Hermann Weinkauff: 75 Jahre Reichsgericht. Rede am 2. Oktober 1954, in: Deutsche Richterzeitung 1954, S. 251–253. Wie sehr sich das Institut für Zeitgeschichte mit dem Projekt in Schwierigkeiten gebracht hatte, wurde vor allem bei dem vorgesehenen Beitrag deutlich, den Otto Peter Schweling, Oberstaatsanwalt bei der Bundesanwaltschaft und früher Militärrichter bei der Luftwaffe, im Auftrage des Instituts und Hermann Weinkauffs über die Militärjustiz schreiben sollte. Schon 1966 legte Schweling ein 1000seitiges Manuskript vor, das wegen seiner unverhohlenen Apologie nicht bzw. erst nach starker Überarbeitung im Rahmen des Gesamtwerks erscheinen sollte. Nach langem Streit und dem Tod des Autors erschien das Werk schließlich als eigenständiger Band. Zu den Streitigkeiten vgl. Erich Schwinge in der Einleitung zu Otto Peter Schweling: Die deutsche Militärjustiz in der Zeit des Nationalsozialismus, Marburg 1977.
5 Vgl. Angermund (wie Anm. 3), S. 11.
6 Hubert Schorn: Der Richter im Dritten Reich, Frankfurt am Main 1959, S. 426 ff.
7 Vgl. dazu den Aufsatz von Dieter Gosewinkel in diesem Band.
8 Weinkauff (wie Anm. 1), S. 161.
9 Richard Schmid: Hermann Weinkauff (nach Emile Zola) J'excuse, in: Kritische Justiz, 1, 1968, S. 102–106. Seine juristische Karriere hatte Schmid in den zwanziger Jahren als Anwalt begonnen und setzte den Beruf auch nach 1933 fort, bis er 1938 verhaftet wurde. 1945 beteiligte er sich am Wiederaufbau der SPD und wurde noch im gleichen Jahr zum Generalstaatsanwalt in Württemberg ernannt. 1953 schließlich wurde er Präsident des Oberlandesgerichts Stuttgart.
10 Ebd., S. 103.
11 Ilse Staff (Hg.): Justiz im Dritten Reich. Eine Dokumentation, Frankfurt am Main 1964. Horst Göppinger: Die Verfolgung der Juristen jüdischer Abstammung im Nationalsozialismus, Villingen 1963.

12 Rudolf Wassermann: Rezension von Göppinger, in: Juristische Rundschau, 1964, S. 159.

13 Elmar Herterich: Sie werden weiter marschieren. Eine Dokumentation, Würzburg 1963.

14 Aus der Flut von Artikeln zu dem Fall Herterich vgl. etwa die Berichterstattung in der Frankfurter Rundschau vom 21. Januar 1964, 9. Mai 1964, 26. Mai 1964, 30. Mai 1964, 4. August 1964 und 11. August 1964.

15 Vgl. zu den verschiedenen Fällen u. a. Die Zeit vom 5. Februar 1965 und 12. März 1965, Frankfurter Rundschau vom 20. Januar 1965 und 26. Januar 1965.

16 Rudolf Wassermann: Wie demokratisch ist die deutsche Justiz, in: Gewerkschaftliche Monatshefte, 15, 1964, S. 714–721.

17 Vgl. den Leserbrief von Rudolf Wassermann, in: Die Welt vom 6. Mai 1965.

18 Xaver Berra: Im Paragraphenturm. Eine Streitschrift zur Entideologisierung der Justiz, Neuwied 1966; zur NS-Vergangenheit vgl. insbes. S. 51f.

19 Der Spiegel, Nr. 14, 1963; Der Stern, Nr. 16, 1963.

20 Ulrich Sonnemann: Das Land der unbegrenzten Zumutbarkeiten, Reinbek 1963, S. 212 ff.

21 Vgl. insbes. Ralf Dahrendorf: Gesellschaft und Demokratie in Deutschland, München 1965, S. 260 ff.

22 Zum Fall Rehse vgl. die kommentierte Dokumentation von Jörg Friedrich: Freispruch für die Nazijustiz. Die Urteile gegen NS-Richter seit 1948. Eine Dokumentation, Berlin 1998, S. 587 ff.; daneben auch: Ingo Müller: Furchtbare Juristen. Die unbewältigte Vergangenheit unserer Justiz, München 1989, S. 281 ff. Weitere Details des Falls sind der Berichterstattung der Tagespresse zu entnehmen.

23 Lutz Lehmann: „Mit dem Dolch unter der Robe", in: Die Zeit vom 12. März 1965.

24 Vgl den Bericht „Fünf Jahre Zuchthaus für Freislers Gehilfen", in: Der Tagesspiegel vom 4. Juli 1968.

25 Friedrich (wie Anm. 22), S. 589.

26 Urteil des Landgerichts Berlin vom 3. Juli 1968, AZ: 3 P Ks 1/67, zit. nach Friedrich (wie Anm. 22), S. 590 f.

27 Vgl. „Freislers Beisitzer verteidigt die Todesurteile", in: Der Tagesspiegel vom 9. Juni 1968.

28 Zit. nach Friedrich (wie Anm. 22), S. 590 f.

29 Als Referate und Beurteilungen des Freispruchs vgl. u. a.: „Die Begründung des Freispruchs für den NS-Richter Rehse", in: Der Tagesspiegel vom 7. Dezember 1968; „Anatomie eines Freispruchs", in: Die Welt vom 9. Dezember 1968; als umfassende rechtliche Würdigung vgl. auch den Artikel von Ernst Müller-Meiningen: „Blutrichter Rehse und die Rechtsbeugung", in: Süddeutsche Zeitung vom 7. Dezember 1968.

30 Zu den Reaktionen vgl. u. a. „Proteste in West und Ost gegen Freispruch für NS-Richter Rehse", in: Der Tagesspiegel vom 10. Dezember 1968; „Protestwelle gegen das Rehse-Urteil", in: Süddeutsche Zeitung vom 9. Dezember 1968.

31 „Rehse-Richter zusammengebrochen. Die hessischen Richter sprechen von einer ‚beispiellosen Hetze'", in: Frankfurter Rundschau vom 14. Dezember 1968.

32 Die Erklärung ist teils abgedruckt, teils referiert u.a. in dem Artikel: „Auch Politiker verantwortlich für den Freispruch eines Blutrichters", in: Der Tagesspiegel vom 15. Dezember 1968.

33 „Richter wehren sich gegen ‚Hetze'", in: Frankfurter Rundschau vom 16. Dezember 1968; Leserbrief von Rudolf Wassermann, in: Frankfurter Allgemeine Zeitung vom 18. Dezember 1968.

34 Vgl. hierzu grundsätzlich Rudolf Wassermann: Der politische Richter, München 1972.

Manfred Hildermeier

Der Stalinismus im Urteil russischer Historiker

Seit gut zehn Jahren ist es auch auf dem Territorium der ehemaligen Sowjetunion wieder möglich geworden, offiziell über die Vergangenheit unter Stalin zu reden. Namen durften wieder genannt werden, Gesichter kehrten in die Leerstellen der retuschierten Fotos zurück. Die seither vielzitierten ‚weißen Flecken' – besser zu übersetzen vielleicht mit ‚blinden Flecken' – auf der historischen Landkarte sollten ausgefüllt werden.

Die Anfangseuphorie war groß und zeitigte schnell Früchte. Die politisch engagierten Intellektuellen machten sich sofort an die Arbeit. Allerdings konnten sie zunächst nur Gedanken und Überlegungen vortragen, die sich auf bekanntes empirisches Material stützten. Die späten achtziger Jahre waren die Hoch-Zeit der eher philosophisch-theoretischen *Abrechnung* nicht nur mit dem Stalinismus, sondern zunehmend auch mit dem Leninismus und dem Marxismus als Fundamenten des Sowjetstaates, wie immer man die Affiliation im einzelnen werten mag. Der *Essay* wurde zur prototypischen Form der schriftlichen Äußerung, und die bekannten Zeitschriften der kritischen Intelligenz avancierten zu ihren Foren. Wie einst Solschenizyn publizierte man im *Novyj mir* (der „Neuen Welt") oder in der *Literaturnaja gazeta* (der „Literaturzeitung").

Schon daran zeigte sich eine Kontinuität, die die ersten Stunden der freien Diskussion Ende der achtziger Jahre auch thematisch und sozial geprägt hat. Die *Glasnost* brachte, pointiert gesagt, im wesentlichen nur zum Vorschein, was zuvor in der Gegenwelt des Dissenses kursierte. Sie war auch deshalb so ungeheuer erfolgreich und ließ in so bemerkenswert kurzer Zeit tausend publizistische Blumen blühen, weil die Meinungen schon vorgedacht waren. Man öffnete gleichsam die Schublade und zog daraus fertige Manuskripte hervor. Das hatte Folgen für den Inhalt der Debatte: Es waren im Kern die Gretchenfragen des *19. Jahrhunderts* einschließlich ihrer Zuspitzung auf die Legitimität der Revolution von 1917 und der Sowjetunion, die kaum zufällig als erste wieder aufbrachen. „*Welcher Weg führt zum Dom?*" war der bezeichnende Titel eines der ersten und aufsehenerregenden Essays im Geist der neuen Freiheit.[1] Selbstvergewisserung und Standortbestimmung Rußlands bildeten das Thema dieses ersten öffentlichen Meinungsaustauschs. Man knüpfte dort an, wo die Revolution von 1917 und besonders die stalinistische Wende von 1929 die Debatte abgebrochen hatten: Ob Rußland nun zum Westen gehöre und das sozialistische Experiment sowjetischer Art von Anfang an und notwendigerweise in die Irre geführt habe oder nicht. *„Gab es eine Alternative zum administrativen System?"* lautete die ebenfalls bezeichnende Überschrift eines weiteren, weithin gelesenen Beitrags.[2]

Viele antworteten damals noch mit einem bedingten „Ja" auf dem Boden des bestehenden Systems. Nicht nur der Autor dieses Beitrags, Igor Kljamkin, neigte – wie Roy Medvedev in seiner ersten großen Abrechnung mit dem Stalinismus[3] – zu der Auffassung, daß die Absicht gut, aber die Durchführung brutal, menschenverachtend und letztlich kontraproduktiv gewesen sei. Eine klare *Alternative* von Anfang an sahen dagegen Solschenizyn und andere Anhänger einer neoslavophilen Position. Dazwischen fanden sich jene ‚Westler', die – wie der Philosoph Alexander Cipko – das Erzübel bereits bei Marx erkannten.

Cipko (dessen Beiträge auch ins Deutsche übersetzt wurden)[4] hielt die meisten Produkte der *Glasnost* für kurzschlüssig. Alle fragten seiner Meinung nach nur nach den Deformationen des Systems und den Greueltaten Stalins. Keiner aber habe sich um die *Herkunft* von Stalins Vorstellungen und Zielen gekümmert und die Frage gestellt, ob das eigentliche Übel nicht in seiner Weltanschauung und seinen verbohrten Zukunftsplänen gelegen habe. Stalin war, so erinnert Cipko, Bolschewik. Er wuchs in der Partei Lenins auf und brachte es hier vom Schumacherkind und gescheiterten Zögling eines Priesterseminars immerhin zum Volkskommissar für Nationalitätenfragen und schließlich zum Generalsekretär (1922). Dies zwinge dazu, das Problem des Stalinismus grundsätzlicher anzugehen. Zu fragen sei, ob der Umschlag des vermeintlich Guten in das Böse nicht im „Guten" längst angelegt war, ob nicht die Weltanschauung selbst, die Stalin mit seinen Mitteln zu verwirklichen gesucht habe, ihre Perversion in ein Terrorregime mehr oder weniger zwangsläufig hervorgebracht habe. Cipko nimmt mithin den marxistischen Anspruch, die Welt verändern zu wollen, ernst. Wenn die Welt an der Ideologie orientiert wurde, sei der Irrtum hier zu suchen: nämlich in der Idee des Kollektivismus selbst. Gewalt lasse sich nicht vermeiden, wenn der Kollektivismus zum *verbindlichen* Prinzip erhoben werde. Cipko führte die Stalinsche Gewaltherrschaft damit mehr oder weniger geradlinig auf die Ur-Idee des Sozialismus zurück: auf die Annahme, daß das Individuum dem Kollektiv letztlich weichen müsse. Seiner Meinung nach vermochten nur säkularisierte Reste einer heilsgeschichtlichen Deutung der Weltentwicklung diese Prämisse zu begründen. Nur die Ausstattung des Kollektivismus mit einem Vorschein auf einen paradiesischen Endzustand könne das Vertrauen darauf begründen, daß sich diese Idee von selbst, aufgrund einer inhärenten und allgemeinen Überzeugungskraft, durchsetzen werde. Wenn man aber diesen geschichtsphilosophischen Schleier zerreiße, dann offenbare sie ihre ganze latente Gewaltsamkeit. Cipkos These war nicht neu, in der sowjetischen Diskussion aber ungemein radikal: Nicht Stalin war schuld, sondern der Sozialismus selbst, die Idee an sich. Ohne Individualismus keine Freiheit – eine Grundannahme, die z.B. auch Martin Malias zornigem Rückblick auf die verblichene Sowjetunion[5] oder auch den zahlreichen Publikationen von Richard Pipes[6] zugrundeliegt, so wie Cipkos Utopiekritik z.B. erst vor kurzem durch das „Schwarzbuch des Kommunismus" oder Gerd Koenens Bekehrungsbericht mit dem Titel „Utopie der Säuberung" wieder in die allgemeine Debatte über ‚den' Kommunismus als Herrschaftssystem eingeführt worden ist.[7]

Trotz oder gerade aufgrund ihres fundamentalen Charakters bewegte sich auch Cipkos Kritik auf dem Boden und im Rahmen der letzten Sowjetjahre. Es ist erstaunlich, wie nahe die *Glasnost* im Rückblick an die alte Ordnung heranrückt. So wie Gorbatschow als neuer, konsequenterer Chruschtschow erscheint, so verwandelt sich die *Glasnost* zur zweiten Entstalinisierung und konsequenteren Fortsetzung der ersten unter Chruschtschow. Für beide aber gilt: Sie gehörten zum Ancien régime wie die Gegenwelt zur Welt und der Himmel zur Hölle. Beide bewegten sich im selben Denkhorizont und stellten sehr ähnliche, tief in der russischen Geschichte seit Peter dem Großen wurzelnde Fragen, die letztlich auf die nach der *sinnvollen* Zukunft Rußlands hinausliefen.[8] Damit dürfte zusammenhängen, daß auch die Schicht oder

Gruppe der Diskutanten und Rezipienten unter soziologischen und noch mehr unter *kulturellen* Gesichtspunkten sehr ähnlich blieb: Es war, idealtypisch zugespitzt, die *alte Intelligenzija*, die diese Debatte führte und die in den Wendejahren vorübergehend wieder eine politische Bedeutung erlangte, die sie nicht erst unter sozialistischen Vorzeichen verloren hatte. Die fünf Jahre des säkularen Umbruchs zwischen 1988 und 1993 waren eine Hoch-Zeit sowohl der kritischen sozialistischen Intelligenz als auch ihrer prinzipiellen Gegner. Die *Intelligenzija* erlangte eine gewisse Meinungsführerschaft[9] und nahm den Faden der Diskussion im Versuch, eine neue russische Zukunft aus der Vergangenheit zu entwickeln, beinahe zwangsläufig dort wieder auf, wo ihn der Sturz der Autokratie und besonders die sogenannte ‚zweite‘ Revolution unter Stalin abgerissen hatten.

Erst der Untergang der Sowjetunion Ende 1991 und noch deutlicher: die Entscheidung des Machtkampfs zwischen Jelzin und dem Parlament Anfang Oktober 1993 beendeten diese Debatte. Sie entzogen ihr sozusagen die Grundlage und setzten neue Rahmenbedingungen. Zu Recht hat man argumentiert, daß sich im Putsch vom August 1991 *zwei* Umsturzaktionen auf einmal vollzogen: eine gescheiterte, die das Ende Gorbatschows und der Sowjetunion brachte, und eine gelungene, die Rußland auf den westlichen Weg von Demokratie und Marktwirtschaft führte.[10] Jelzins Widerstand auf dem berühmten Panzer vor dem Weißen Haus und das Bombardement eben dieses Weißen Hauses zwei Jahre später entschieden eine offene Situation des Umbruchs inhaltlich anders, aber sozusagen formal ähnlich wie der Sturz der Monarchie und der Oktoberputsch 1917: Sie machten Debatten über die Art der russischen Zukunft fürs erste überflüssig und stellten eine neue Tagesordnung auf. Nicht zufällig trat die Intelligenz – vielleicht endgültig – von der politischen Bühne ab. Eine andere, nun prinzipiell neue Form der Befassung mit der Stalinschen Vergangenheit begann. Nun erst wurde der Begriff der Entstalinisierung gegenstandslos, weil der Bezugspunkt des vor und nach dem Stalinismus gleichbleibenden Systems fehlte. Nun erst begann im eigentlichen Sinn die Aufarbeitung der sowjetischen Geschichte unter Stalin. Zugespitzt gesagt, löste die Geschichts*wissenschaft* die Geschichts*philosophie* ab. Erst seitdem geht es weitgehend unabhängig von Empfehlungen für Korrekturen an der bestehenden Gesamtordnung ausschließlich darum, die vielzitierte Wahrheit sozusagen als regulative Idee des Geschäfts der Historiker, soweit man ihrer denn habhaft werden kann, aufzudecken. Erst 1992 sind auch die Archive prinzipiell und für alle Interessenten geöffnet worden, so daß historische Forschung erst seitdem wirklich beginnen konnte.

Allerdings sind sogleich einige Vorbehalte anzufügen. Die Russische Föderation ist weder aus einem Krieg hervorgegangen, den die Sowjetunion verloren hätte, noch ist sie Nachfolgestaat eines ehemaligen Satelliten wie die polnische Republik, noch findet sie ihre Identität in der Ablösung von der alten Zentralmacht, noch teilt sie gar das Schicksal der ehemaligen DDR, in einen anderen Staat integriert worden zu sein. Das hat erhebliche Folgen für die Form und die Möglichkeit sowohl der Historiker, die ‚wahre‘ Geschichte der Sowjetunion unter Stalin in Erfahrung zu bringen, als auch für das Interesse der politischen und publizistischen Öffentlichkeit, sich dieser Geschichte zu stellen.

Die Sowjetunion ist bekanntlich auf eine Weise untergegangen, die in der Geschichte zumindest der neuesten Zeit wohl einmalig ist: ohne blutige Revolution im Innern, ohne Krieg oder sonstige gewaltsame Einwirkung von außen. Staatsrechtlich hat sie sich – im übrigen verfassungsgemäß – in ihre Bestandteile aufgelöst. Politisch sind in den Republiken nationalistische Bewegungen Träger der Loslösung und des Charakterwandels der Gesamtordnung gewesen,[11] in Rußland selbst die Reformer des *alten* Regimes, die jungen Männer der Chruschtschow-Ära, wie man zu Recht gesagt hat. An Jelzin und seiner Mannschaft aus Ekaterinburg ist ablesbar, daß das Ende der Sowjetunion und die Neubegründung Rußlands als Demokratie sozial und politisch gesehen kein vertikaler Elitentausch war, sondern – wiederum zugespitzt gesagt – in erheblichem Maße, wenn auch nicht ausschließlich, eine Wachablösung innerhalb der Elite. Zwar sind neue, junge Leute an die Macht gekommen, aber doch nur unter der Obhut der alten, zu denen sich alerte Manager aus dem Kreise der „roten Direktoren" vom Typus eines Tschernomyrdin gesellt haben. Dieselbe bemerkenswerte Mischung aus begrenzter Erneuerung und erheblicher Wendigkeit läßt sich auch in der Wissenschaftsorganisation und der Wissenschaft selbst beobachten. Es waren zum großen Teil die alten Namen, denen man in den Zeitschriften begegnete. Erst in jüngster Zeit beginnt sich dies zu ändern. Erst der Generationswechsel wird den Untergang der alten Ideologie und Wissenschaft endgültig besiegeln.

Weil aber in Rußland eine neuerliche „Revolution von oben" stattfand, weil überdies die alten Kräfte als Sieger aus den bisherigen zwei Wahlgängen zur neuen Duma hervorgingen, hält sich das Interesse an der Einfärbung der ‚weißen Flecken' in Grenzen. Offiziell werden die entsprechenden Bemühungen wenig gefördert, individuell dürfen sie vorangetrieben werden. Es ist sicher kein Zufall, daß sich im wesentlichen oppositionelle und junge Historiker, Vertreter einer neuen, nachsowjetischen Generation, mit den heiklen Probleme dieser Zeit befassen. Es gibt kein eigenes Institut oder eine Forschungsstelle für diesen Zweck, auch nicht für das weitere Ziel der Aufarbeitung der Geschichte der Sowjetunion als ganzer. Zentrale Archivbestände bleiben *faktisch* nach wie vor gesperrt. Von der dokumentarischen Zeitschrift „Archiv Ljubjanki", mit der auch die Nachfolgeorganisation des KGB (bzw. der Tscheka, GPU, NKWD) Devisen verdienen wollte, sind leider nur einige folkloristische Nummern erschienen. Es gibt mithin auch keine Gauck-Behörde. Und – ärgerlicher noch für die Historiker – die brisantesten Dokumente der gesamten Sowjetära, die einst im Kreml-Archiv des Generalsekretärs aufbewahrt wurden, befinden sich noch an derselben Stelle, nur in einer neuen Institution: im Archiv des Präsidenten der Russischen Föderation. Was hier verborgen ist, nicht zuletzt über die Stalin-Ära, kann man nur vermuten. Hier fand sich der endgültige Beweis dafür, daß das Politbüro und Stalin selbst die Ermordung der über 20 000 polnischen Offiziere befahlen, die beim ‚Vollzug' des Hitler-Stalin-Paktes in sowjetische Gefangenschaft geraten waren.[12] Hier lagen auch die Listen mit 329 150 Namen von Personen, die zwischen August 1937 und März 1938 verhaftet, und weiteren 137 750 Personen, die allein in diesem kurzen Zeitraum erschossen werden sollten.[13] Vermutlich ist dies nur die Spitze des Eisbergs. Der Eisberg selbst darf nur von ausgewählten Historikern inspiziert werden. Um dennoch vorwärts zu kommen und auf anderem Wege, in der Regel über die Provinz, zur Wahrheit vorzudringen, ist immerhin eine *private* Organisation gegründet worden: die Gesellschaft *Memorial*. Manche Kollegen arbeiten dort mit, aber eben nur als sozusagen ernstes Hobby.

So kommt die Forschung nur langsam voran, und neue Quellen sprudeln nicht so reichlich, wie man nach dem Untergang eines alten und der Begründung eines neuen Staates vermuten könnte. Aufsehenerregende Funde, die auch die westliche Interpretation der Sowjetgeschichte tiefgreifend verändern würden, sind bislang ausgeblieben.[14] Eher wird eine Vielzahl von Beispielen und Einzelheiten zutage gefördert, z.B. über die Arbeitslager in Nordrußland und Sibirien, über die nun eine wachsende Zahl von Dokumentationsbänden – nicht zufällig in der russischen Provinz – erscheinen.[15] Darüber hinaus tragen die neuen Funde dazu bei, Kontroversen zu entscheiden oder die Waagschalen zumindest in Bewegung zu bringen. So zeichnet sich vor allem Klarheit bei drei wichtigen Problemen ab, die fortan anders, wenn auch nicht völlig neu zu sehen sein werden:

1. Die Zäsur zwischen Lenin und Stalin, zwischen den zwanziger und den dreißiger Jahren ist weniger tief als oft gemeint. Leninismus war nicht gleich Stalinismus, aber doch eine unentbehrliche Grundlage.[16]

2. Der bäuerliche Widerstand gegen die Kolchosordnung scheint größer gewesen zu sein, als bislang bekannt. Das Regime brauchte mehr Gewalt, als angenommen, und die Kollektivierung erscheint mehr und mehr als ein neuer Bauernkrieg.

3. Im Streit um die Rolle Stalins und der obersten Führung beim Massenterror der Jahre 1937–38 gewinnen – um bewußt Begriffe aus der nicht ganz weit entfernten Debatte über den Charakter des nationalsozialistischen Regimes zu übernehmen – die „Intentionalisten" die Oberhand. Das Politbüro und Stalin bestimmten nicht nur Anfang und Ende der Deportationen und Erschießungen, sondern zeichneten für jede Region auch Namenslisten mit Todeskandidaten ab. Das hinderte die lokalen Machthaber allerdings nicht daran, die vorgegebenen Quoten überzuerfüllen, teilweise um 100 Prozent.

So kommt die Forschung auch in dieser wohl schwierigsten und öffentlichkeitswirksamsten Frage voran. Im Vergleich allerdings etwa zum Stand der historischen Kenntnis über die Geschichte des Nationalsozialismus bleibt der Fortschritt – auch wenn man fairerweise eine Zeitverschiebung von vier Jahrzehnten berücksichtigt – bescheiden. Dies hat sicher primär mit einem anderen bemerkenswerten Unterschied zu tun: Das Interesse von Politik und Öffentlichkeit an den Details des Terrors hält sich in Grenzen. Dies war im ersten Überschwang der Wende anders. Als Jelzin der KPdSU den Prozeß machte und nach Beweisen ihrer Schuld suchte, öffnete er auch das Präsidentenarchiv und förderte zum Beispiel den Katyn-Beschluß zutage. Als dieser Kampf entschieden war, überließ man die heikle Vergangenheit einer Geschichtswissenschaft, die ihre alte Bedeutung als Legitimitationswissenschaft verloren hatte und kaum noch öffentliche Bedeutung besaß. Wenn nun – spät, aber immerhin – erste Studien über das Politbüro der dreißiger Jahre erscheinen,[17] dann hat diese Wahrheit, ganz gleich, ob neu oder nicht, gute Aussichten, nur noch im Kreise von Fachleuten zur Kenntnis genommen zu werden. Die russischen Historiker betätigen sich nun, was sicher eine ihrer ureigenen Aufgaben ist, als *Ermittler*, aber ein Prozeß findet nicht mehr statt.

Anmerkungen

1 Vgl. I. Kljamkin: Kakaja ulica vedet k chramu?, in: Novyj Mir (1987) H. 11, S. 150–188.

2 I. M. Kljamkin: Byla li al'ternativa administrativnoj sisteme?, in: Istoriki otvečajut na voprosy [Historiker antworten auf Fragen]. Hg. von V. V. Polikarpov, Bd. 2, Moskau 1990, S. 6–18.

3 Vgl. R. A. Medvedev: K sudu istorii [„dem Urteil der Geschichte vorgelegt"], engl. angemessen übersetzt: Let History Judge. The Origins and Consequences of Stalinism, New York 1971, dt. reißerisch – und falsch – unter dem Titel: Die Wahrheit ist unsere Stärke. Geschichte und Folgen des Stalinismus, Frankfurt/Main 1973; Neuauflage: R. Medwedew: Das Urteil der Geschichte. Stalin und Stalinismus. Bd. 1–3, Berlin 1992.

4 Vgl. zum folgenden vor allem A. Cipko: Istoki stalinizma [Die Ursprünge des Stalinismus], in: Nauka i žizn' [Wissenschaft und Leben] 1988, H. 11, S. 45–55; H. 12, S. 40–47; 1989, H. 1, 46–56; H. 2, S. 53–61; A. Zipko [Cipko]: Die Philosophie der Perestrojka. Die Grundlagen der Reformpolitik Michail Gorbatschows, München 1990.

5 Vgl. M. Malia: Vollstreckter Wahn. Rußland 1917–1991, Stuttgart 1994 [im Original nicht ganz so schrill: The Soviet Tragedy].

6 Vgl. R. Pipes: Die Russische Revolution. Bd.1–3, Berlin 1992–93.

7 S. Courtois/N. Werth/J.-L. Panné/A. Paczkowski/K. Bartosek/J.-L. Margolin: Das Schwarzbuch des Kommunismus. Unterdrückung, Verbrechen und Terror. Mit dem Kapitel „Die Aufarbeitung des Sozialismus in der DDR" von Joachim Gauck und Ehrhart Neubert, München 1998; samt Diskussion, zusammengestellt in: H. Moeller: Der Rote Holocaust, München 1999; G. Koenen: Utopie der Säuberung. Was war der Kommunismus? Berlin 1998.

8 Übersichten über die endlosen einschlägigen philosophisch-theoretischen Debatten des 19. Jahrhunderts finden sich u.a. bei A.Walicki: The Controversy over Capitalism. Studies in the Social Philosophy of the Russian Populists, Oxford 1969; ders.: A History of Russian Thought from the Enlightenment to Marxism, Oxford 1980; ders.: The Slavophile Controversy, Oxford 1975; P. K. Christoff: An Introduction to 19th Century Russian Slavophilism. Bd. 1–4, Den Haag 1982–1991; A. v. Schelting: Rußland und der Westen im russischen Geschichtsdenken der zweiten Hälfte des 19. Jahrhunderts. Aus dem Nachlaß hg. und bearb. von H.-J. Torke, Berlin 1989; C. Read: Religion, Revolution, and the Russian Intelligensia 1900–1912, London 1979; ders.: Culture and Power in Revolutionary Russia: The Intelligentsia and the Transition from Tsarism to Communism, New York 1990; D. Groh: Rußland im Blick Europas. 300 Jahre historische Perspektiven, Frankfurt/Main 1988 (Neuaufl. von: Rußland und das Selbstverständnis Europas, Neuwied 1961); Texte bei D. Tschischewskij/D. Groh (Hg.): Europa und Rußland. Texte zum Problem des westeuropäischen und russischen Selbstverständnisses, Darmstadt 1959; unverzichtbare Lektüre K. Schlögel (Hg.): Wegzeichen. Zur Krise der russischen Intelligenz, Frankfurt/Main 1990.

9 Vgl. K.v. Beyme: Systemwechsel in Osteuropa. 2. Aufl. Frankfurt/Main 1994, S. 100 ff.

10 Vgl. R. Sakwa: A Cleansing Storm: The August Coup and the Triumph of Perestroika, in: Journal of Communist Studies 9 (1993), S. 131–149; ders.: Russian Politics and Society, London 1993, S. 15 f.; weitere Literatur: M. Hildermeier: Geschichte der Sowjetunion 1917–1991. Entstehung und Niedergang des ersten sozialistischen Staates, München 1998, S. 1052 ff.

11 Erster nützlicher Quellenband: R. Denber (Hg.): The Soviet Nationality Reader. The Disintegration in Context, Boulder/Colo. 1992.

12 Offizielle, von beiden Seiten herausgegebene Dokumentation jetzt: Katyn'. Plenniki neob'javlennoj vojny. Hg. v. R. Pichoja, A. Giesztor u. a., Moskau 1997.

13 Vgl. O. V. Chlewnjuk [Chlevnjuk]: Das Politbüro. Mechanismen der politischen Macht in der Sowjetunion der dreißiger Jahre, Hamburg 1998, S. 270 ff.

14 Korrekturen an der bisherigen Sichtweise haben bislang am ehesten hinsichtlich des Umgangs der Bolschewiki mit den Bauern stattgefunden. In jedem Fall ist das Ausmaß an Gewalt und Unterdrückung durch die ersten Quellenpublikationen, die zu einer umfassenden Dokumentation erweitert werden sollen, entschieden deutlicher geworden. Vgl. Rjazanskaja derevnja v 1929–1930 gg. Chronika golovokruženija. Dokumenty i materialy [Das Dorf im Gouvernement Rjazan 1929–1930. Chronik der schwindelerregenden Ereignisse (Anspielung auf den Titel eines berühmten Artikels von Stalin in der ‚Pravda‘, der Ende März 1930 die erste und schlimmste Welle der Zwangskollektivierung beendete), hg. v. L. Viola/T. MacDonald u. a., Moskau 1998; A. Berelovič/V. P. Danilov (Hg.): Sovetskaja derevnja glazami VČK-OGPU- NKVD. Dokumenty i materialy v 4 tomach [Das sowjetische Dorf in der Sicht der Tscheka, OGPU-NKVD. Dokumente und Materialien in 4 Bänden]. Bd. 1: 1918–1922, Moskau 1998. S. auch neue

Dokumente zur Kirchenpolitik aus dem Präsidentenarchiv: N. N. Pokrovs-kij/S. G. Petrov (Hg.): Archivy Kremlja. V 2-ch knigach. Kn.1: Politbjuro i cerkov, 1922–1925 gg. [Die Archive des Kreml. In 2 Bdn., Bd. 1: Das Polit-büro und die Kirche 1922–1925, Moskau 1997.

15 Vgl. u. a.: N. J. Guščin, „Raskulačivanie" v Sibiri (1928–1934 gg.): metody, ètapy, social'noèkonomičeskie i demografičeskie posledstvija [Die „Entku-lakisierung" in Sibirien (1928–1934): Methoden, Etappen, sozioökono-mische und demographische Folgen], Novosibirsk 1996; S. A. Pankov, Sta-linskij terror v Sibiri 1928–1941 [Der Stalinsche Terror in Sibirien 1928–1941]. Novosibirsk 1997; V. I. Šiškin (Hg.), Sibirskaja vandeja: Vooružen-noe soprotivlenie kommunističeskomu režimu v 1920 godu [Die sibirische Vendée. Bewaffneter Widerstand gegen das kommunistische Regime 1920], Novosibirsk 1997; V. P. Danilov, S. A. Krasil'nikov (Hg.): Specpereselency v Zapadnoj Sibiri. Sbornik dokumentov [Die Sondersiedler in Westsibirien. Dokumentenband]. Bd. 1–4, Novosibirsk 1992–1996; Ne predat' zabveniju. Kniga pamjati repressirovannych v 30-e–40-e i načale 50-ch godov, svja-zannych sud'bami s Jaroslavskoj Oblast'ju. [Nicht dem Vergessen überge-ben. Erinnerungsbuch der in den 1930er, 1940er und zu Beginn der 1950er Jahre Bestraften, deren Schicksal mit dem Gebiet Jaroslavl' verbunden war, Jaroslavl' 1993.

16 Zur Debatte: M. Hildermeier: Interpretationen des Stalinismus, in: Histori-sche Zeitschrift 264 (1997), S. 660 f.

17 Vgl. neben dem Buch von Chlewnjuk (wie Anm. 13): Stalinskoe Politbjuro v 30-e gody. Sbornik dokumentov, Moskau 1995.

Gerald D. Feldman

Unternehmensgeschichte im Dritten Reich und die Verantwortung der Historiker

Raubgold und Versicherungen, Arisierung und Zwangsarbeit[1]

Lassen Sie mich diesen Aufsatz mit einer persönlichen Anekdote über ein kürzliches Zusammentreffen mit einem Berliner Taxifahrer beginnen. Vor einigen Monaten bat mich das amerikanische Auswärtige Amt in Washington, an einem in Prag anberaumten Seminar über Versicherungsfragen teilzunehmen, versäumte aber, mir mitzuteilen, daß die Flüge zwischen Berlin und Prag von Tempelhof statt Tegel starteten. Als ich in Tegel diese Entdeckung machte, stürzte ich mich ins nächste Taxi, das – passend zu meiner gegenwärtigen Tätigkeit – zum ehemaligen Hauptflughafen des Dritten Reichs raste. Der Fahrer war ein angenehmer, lebhafter Mensch mit großem Interesse an Geschichte und der festen Überzeugung, daß Taxifahrer und Friseure die zwei Gruppen seien, die über die Gedankengänge des Durchschnittsmenschen genau Bescheid wüßten. Nachdem ich seine Frage, was ich denn hier tue, gelassen beantwortet hatte, erklärte er ohne zu zögern, daß die Leute, mit denen er sich in diesen Tagen unterhalte, in zunehmendem Maße eine echte Feindseligkeit gegenüber den Juden zum Ausdruck brächten. Denn diese stellten sichtlich unerfüllbare Forderungen nach Wiedergutmachung für Dinge, die sich vor fünfzig und mehr Jahren ereignet hatten. Dabei hätten doch zahllose andere auch gelitten, zum Beispiel im Jahre 1945 die zwölf Millionen Heimatvertriebenen aus Gebieten, die jetzt zu Polen und Tschechien gehören, und außerdem litten zur Zeit immer noch viele andere mehr, so in den vormals kommunistischen Ländern, dem früheren Jugoslawien und, nicht zu vergessen, in Afrika, Asien usw. Warum sollten die Juden besondere Forderungen stellen, und warum stellten sie andauernd besondere Forderungen? Sie täten, als besäßen sie ein Monopol des Leidens, wo sie doch in Wirklichkeit über eine Heerschar aggressiver Anwälte und ein weltweites Netz von Organisationen verfügten, die sich alle um ihre Interessen kümmerten. Am Ende seien sie nur an einer Sache interessiert, an Geld.

Auf diese Weise hatte die List der historischen Vernunft wieder einmal zugeschlagen und gab mir auf dem Weg nach Prag etwas zum Nachdenken. Hatten mir doch etliche Leute berichtet, sie befürchteten eine neue Welle von Antisemitismus, ausgelöst durch mehrfache Sammelklagen und andere Gerichtsverfahren in New York und anderswo, bei denen hohe Geldsummen gefordert würden. Auch aus der Schweiz vermehren sich Berichte über einen zunehmenden Antisemitismus, der durch die Anschuldigungen gegen die Schweizer aufgrund ihres Verhaltens während des Zweiten Weltkriegs immer wieder neu entfacht wird. Sicher sind diese Bemerkungen und Animositäten gegenüber Juden nicht schrecklich neu, doch sollten uns die Reaktionen auf die gegenwärtigen Restitutionsansprüche, die in Verbindung mit den materiellen Verlusten im Holocaust erhoben werden, aufmerksam machen und zum Nachdenken veranlassen.

Für jemanden, der sich von Berufs wegen mit der historischen Erforschung dieser Probleme befaßt, müssen solche Reflexionen von der Erfahrung des materiellen Verlusts ausgehen, der den Juden vom nationalsozialistischen Regime systematisch, vorsätzlich und auf brutale Weise aufgezwungen wurde und an dem auch eine ansehnliche Zahl gewöhnlicher Deutscher teilnahm. Nehmen wir zum Beispiel den Fall eines Juristen aus Duisburg, den wir, um seinen Namen zu schützen, Dr. Jakob Rosenberg nennen. 1886 geboren, hatte sich Rosenberg 1913 als Anwalt und Notar etabliert. Er besaß eine gutgehende Kanzlei, seine Klienten kamen hauptsächlich aus Industrie und Handel, und er war als Justitiar für die örtliche DANAT-Bank und die Dresdner Bank tätig. In den frühen dreißiger Jahren verdiente er immerhin 35 000 RM allein mit seiner Anwaltskanzlei.

In einem Schreiben aus dem Jahre 1949 an die amerikanischen Militärbehörden in Deutschland forderte Rosenberg, der mittlerweile in Honduras ein kleines Geschäft betrieb, Schadensersatz in mehrfacher Hinsicht. In der Hauptsache ging es ihm zunächst um den Verlust seines Berufs, aus dem er seit 1933 konsequent vertrieben worden war. Bis 1938 waren seine notariellen Einnahmen auf 7775 RM gesunken, nach 1938 erhielt er Berufsverbot. Da seine beruflichen Qualifikationen nicht auf andere Länder übertragbar waren, forderte er für den Verlust in dieser Kategorie Schadensersatz in Höhe von 500 000 RM. Wie bei vielen deutschen Juden, die Nazi-Deutschland aus beruflichen, persönlichen und emotionalen Gründen nur zögernd verlassen hatten, bewirkten der Pogrom vom 9./10. November 1938 und verschiedene andere NS-Maßnahmen auch bei Rosenberg eine entschiedene Kehrtwende. Die Beweggründe dazu beschrieb er in seiner Schadensersatzforderung von 1949: „Am 10. November 1938 drangen auf Veranlassung der damaligen Regierung bzw. Partei einige Räuber gewaltsam in unsere Wohnung, zerstörten mutwillig die Möbel und vor allem alle erreichbaren Glas-Porzellan, usw. Gegenstände, durchstachen mit scharfen Gegenständen die Bilder, usw. Der uns dadurch zugefügte Schaden betrug mehr als 5000 RM, zumal sich unter den völlig zerstörten Sachen eine wertvolle Porzellansammlung befand. Gemäß para. 14 der Verordnung vom 3. 12. 38 mußten wir alle unsere Wertgegenstände in Gold, Silber, Perlen, Edelmetallen abliefern. Wir lassen in der Anlage die beiden darüber ausgestellten Aufstellungen folgen. Die dort festgesetzten Preise entsprechen natürlich in keiner Weise auch nur im Entferntesten dem wahren Werte, sondern dienten nur dazu, dem gesetzlich angeordneten Raub ein Mäntelchen umzuhängen. So hatte ich einige Jahre zuvor für die Anschaffung der unter Nr. 9 aufgeführten Perlenkette selbst einen Betrag von 5000 RM gezahlt und die Kette zu diesem Werte, solange es möglich war, bei Lloyds Bank in London versichert. Der Wert der vorerwähnten Gegenstände überstieg den von der Abnahmestelle ausgezahlten Betrag von nicht ganz 900 RM um mehr als 15 000 RM. *In erster Linie verlangen wir aber anstelle Wertersatzes die Herausgabe der Gegenstände, soweit sie vorhanden sind.*"

Rosenberg forderte auch Entschädigung für den Rückkauf seiner umfassenden Lebensversicherungspolicen und die Veräußerung seiner Wertpapiere, die es ihm damals ermöglicht hatten, die Reichsfluchtsteuer, die den Juden auferlegte Sühneabgabe für den 9. November, und verschiedene andere zwangsweise von Juden erhobene örtliche Sondersteuern zu bestreiten. Rosenberg berechnete auch den Preis für den Aufwand an Zeit, Arbeit und Geld, um mit seiner Familie emigrieren zu können, und für den durch den Staat betriebenen Raub seiner Güter, der mit der Auswanderung einhergegangen war. „Unter normalem Verlauf unseres Lebens," erklärte er, „wären wir nie auf den Gedanken gekommen, auszuwandern, zumal ich als Rechtsanwalt nirgendwo im Ausland eine Aussicht auf Erlangung der Berufsausübung hatte. Deshalb sind alle durch die Auswanderung entstandenen Aufwendungen erstattungspflichtig. Ich [...] kam im November 1938 im Verfolg der von der kochenden Volksseele angeblich verlangten Novemberaktion nach Dachau. Bei unserer Entlassung daselbst hielt der Lagerkommandant folgende Ansprache an uns: ‚Der Zweck Eures Hierseins war es, Euch zu zwingen, Deutschland so rasch wie möglich zu verlassen. Dieses Mal kommt Ihr noch lebend heraus. Wer aber ein zweites Mal hierherkommt, braucht nicht damit zu rechnen, daß er jemals lebend zurückkommt!‘ Durch diese unter Todesdrohung erzwungene Auswanderung waren wir genötigt, Hals über Kopf, alles irgendwie draußen nicht unbedingt Benötigte zu verkaufen oder, richtiger gesagt, zu verschleudern, teilweise auch herzuschenken, da sich nicht genügend Käufer fanden. So mußten wir Möbel, die Bibliothek meiner juristischen Bücher und die außerordentlich wertvolle kunstgeschichtliche Bibliothek meiner Frau fast verschenken, um sie überhaupt loszuwerden. Die, die damals Gegenstände irgendwelcher Art von Juden zu kaufen wagten, zahlten natürlich bei Weitem nicht die wahren Preise, sondern solche, die sich aus unserer Notlage und dem Überangebot ergaben. Teilweise zwang auch die damalige Gesetzgebung zu einem unnatürlich niedrigen Preis, indem angeordnet wurde, daß Gegenstände im Werte von über 1000 RM nur mit besonderer Genehmigung verkäuflich sein sollten. Wir waren dadurch z.B. gezwungen, einen den ganzen Fußboden bedeckenden echten Teppich, der einen Wert von über 4000 RM hatte, für etwas weniger als 1000 RM zu verkaufen. Ähnlich ging es mit unserem, aus Edelhölzern eigens für uns angefertigten Schlafzimmer. Aber auch die übrigen Zimmer, Wohneinrichtungsgegenstände, wie Lampen usw. konnten nur zu unglaublich niedrigen Preisen versilbert werden. Dadurch ist uns ein weiterer Schaden von mindestens 15000 RM entstanden. Für die Beschaffung der Visen, die wir nach den verschiedensten Ländern versuchten, für zahlreiche Fahrten nach Hamburg, Bremen, Köln usw. zwecks Erlangung von Schiffspassage, Besprechungen mit dem honduranischen Konsul in Hamburg, für die Schiffspassagen selbst einschließlich Gepäckfracht, Anschaffung besonderer, für die Tropen benötigten Gegenstände, Kleidung usw. Und zwar für uns und unsere beiden minderjährigen Söhne im damaligen Alter von 11 und 14 Jahren, haben wir außerordentliche Aufwendungen machen müssen, die den Betrag von 12 000 RM sicher übersteigen. Auch deren Ersatz wird verlangt."

Schließlich verlangte Rosenberg Ersatz für die 14 702 RM Reichsfluchtsteuer, die er am 29. März 1939 bezahlt hatte, für die zwecks Freigabe des Umzugsgutes entrichtete Summe von 3550 RM, für die Auswandererabgabe in Höhe von 1501,50 RM sowie für die von ihm als Judenvermögenssteuer aufgebrachte Summe von 16 500 RM. Von den 24 128 RM, die ihm verblieben, durfte er gemäß der Golddiskontbank lediglich 1447,80 RM mitnehmen, in anderen Worten: sechs Prozent. Er forderte jetzt, im Jahre 1949, die Rückgabe der fehlenden 22 680 RM.

Leider fehlt mir der Nachweis darüber, wieviel Rosenberg für seine Forderungen erstattet wurde. Es scheint, daß er sich nach dem Entschädigungsgesetz von 1953 gemeldet hat und für seine Versicherungspolice bei der Allianz im Wert von mehr als ca. 11 000 RM einen Betrag in Höhe von 105,67 DM rückerstattet bekam, das heißt, den Wert der Versicherungspolice, wenn sie fällig geworden wäre, minus der noch zu zahlenden Prämien sowie der bereits ausgezahlten Summe. Er und andere erhielten damals 10% der Nominalsumme, die im Zuge der Währungsreform ermittelt worden war. Für die restlichen Forderungen bekam er vermutlich eine Abfindung, die nach verschiedenen Formeln zur Handhabung verlustig gegangener Berufsmöglichkeiten und anderer materieller Verluste ausgearbeitet worden war. Man kann mit Sicherheit davon ausgehen, daß er nicht den ursprünglichen Wert zurückerhalten hat.

Es ist natürlich möglich, den Fall Rosenberg als einen Glücksfall zu betrachten. Er und seine Familie kamen mit dem Leben davon. Das Gold, das er und seine Familienangehörigen in den Zähnen gehabt haben mögen, wurde nicht von ihren toten oder sterbenden Körpern weggerissen, um unter Aufsicht des höchst verläßlichen und völlig unbestechlichen SS-Offiziers Bruno Melmer an die Degussa zum Schmelzen weitergeleitet zu werden und schließlich als ein Teil der Goldbarren, mit deren Hilfe die deutschen Kriegsanstrengungen finanziert wurden, an die Reichsbank, an andere deutsche, Schweizer und österreichische Banken sowie an türkische Goldhändler transferiert zu werden. Rosenberg war ein kluger Anwalt, er wußte zu rechnen, und er holte wahrscheinlich so viel aus den Entschädigungsgesetzen heraus, wie ihm rechtlich zustand.

Dieser Fall ist allerdings deshalb bezeichnend, weil er uns daran erinnert, warum die jüdischen Forderungen von besonderer Beschaffenheit sind und worum es bei diesen Forderungen eigentlich geht. Erstens lag es nicht an den Juden, daß sie ausgesondert wurden. Ihre Aussonderung wurde angeordnet, um sie auf die Art und Weise, wie Rosenberg dies erlebte, zu verfolgen. Zweitens erinnert uns Rosenbergs Auflistung seiner Entschädigungsansprüche an die gesamte Vielfalt seiner Verfolgungen sowohl im materiellen als auch im immateriellen Sinne – was es bedeutete, ohne Mittel nach Honduras aufbrechen zu müssen, weggerissen zu werden von einem ausgefüllten Leben und einem Beruf, den man in Ehre, Ansehen und verdientem Wohlstand ausübte. Drittens könnte nur ein Simpel glauben, die von Rosenberg erlittenen materiellen und immateriellen Verluste ließen sich durch Bargeld ausgleichen. Dennoch ist der Versuch, einen solchen Geldwert festzusetzen, durchaus angemessen, zumindest was die den Opfern zugefügten materiellen Verluste betrifft. Die Verbrecher – um dies in unser Gedächtnis zurückzurufen – waren weder primitive Waldbewohner noch mittelalterliche Kreuzritter, was auch immer sie gelegentlich phantasierten, wenn sie anläßlich öffentlicher Nazifestlichkeiten auf Pferden umherritten. Im Gegenteil: Sie waren Mitglieder einer Industriegesellschaft mit einer langen, wenn auch manchmal problematischen Tradition anerkannter Eigentumsrechte, einer erfahrenen Verwaltungsbürokratie und wirksamen Überwachungsinstitutionen. Die Entscheidung der Behörden, Vandalismus zu entfachen und gutzuheißen, um dann in einen organisierten bürokratischen Diebstahl überzugehen, dem sich ein Teil der Bevölkerung anschloß, war ein krasser Verstoß nicht nur gegen alle Normen und Werte, mit denen diese Beamten aufgewachsen waren. Vielmehr verletzte ihr verbrecherisches Verhalten die Maßstäbe der meisten anderen Gesellschaften, mit denen sie Beziehungen pflegten.

Ohne die Bedeutung der Ideologie zu unterschätzen, ist gleichwohl die Erkenntnis wesentlich, daß das Regime und seine Vertreter – gemeinsam mit den Privatpersonen, die aus der Notsituation der Juden ihren eigenen Vorteil schlugen – versessen auf Diebstahl waren und maßlos begierig nach Geld. Göring sprach klar und deutlich über sein Vorhaben, jüdischen Besitz für seinen Vier-Jahres-Plan zu mobilisieren, ebenso wie er und das Regime diesen Besitz schließlich zur Kriegführung benutzten, um grandiose Eroberungs- und Kolonisierungsabsichten zu verwirklichen. In der Zeit der Massenmorde waren sie es, die – weit über die alten Bräuche der Grabplünderei hinausgehend – die Idee umsetzten, die Nebenprodukte des Massenmordes, wie Goldzähne, Haar, Schuhe, alte Kleidung etc., zu verwerten, als käme dies der Verwertung von Kohlennebenprodukten gleich, oder als ob es sich darum handele, den Massenmord mit einem umweltbezogenen Ansatz zu verbinden. Aus diesem Grund war und ist es für Juden von damals und heute in keiner Weise unangebracht, die gleichwertige Rückgabe wenigstens des materiellen Besitzes zu fordern. Ebenso angemessen ist es in der Tat für Roma und Sinti, die auch selektiert wurden, sowie für die Zwangsarbeiter aller Nationalitäten und Volksgruppen, entsprechende Entschädigungs- und Restitutionsforderungen zu stellen, sofern diese nicht schon erfüllt worden sind. Ferner war und ist es durchaus richtig, solche Ansprüche an Firmen, ob deutsche oder nichtdeutsche, zu erheben, sofern sie sich in bewußter Absicht an diesen Ausbeutungs-Aktionen beteiligt haben oder sich hineinziehen ließen, um daraus Profit zu schlagen. Ebenso wie wir bislang feststellen konnten, daß sich eine große Zahl gewöhnlicher Deutscher sowie Nicht-Deutscher am Holocaust beteiligten, so sind wir nunmehr zu der Erkenntnis gelangt, daß Unternehmen in Deutschland (allerdings auch in den besetzten und neutralen Ländern) gleicherweise in die finanziellen und wirtschaftlichen Untaten des nationalsozialistischen Regimes – oftmals wissentlich und willens – verstrickt waren. Während der letzten paar Jahre sind diese finanziellen Verpflichtungen zur Einlösung aufgerufen worden, und es gibt keinen Grund, diejenigen zu kritisieren, die an diesem Aufruf mitwirkten, auch wenn die Art und Weise, in der die Entschädigungsansprüche gestellt worden sind, Fragen und Probleme nach sich zieht.[2]

Ein allseits anerkanntes Kernproblem ist, daß diese Konten und Verträge schon seit geraumer Zeit bestehen, was zwangsläufig zu der Frage führt, warum die diesbezüglichen Forderungen nicht schon früher vorgebracht wurden und wie sich, mehr als fünfzig

Jahre nach dem Geschehen, die gegenwärtige Explosion von Forderungen und Rechtsfällen erklären läßt. Im einzelnen würde ich folgende Argumente erwägen, von denen das wichtigste und umfassendste sicherlich das Ende des Kalten Krieges betrifft. Mit dem Ende des Kalten Krieges entstand eine kritische Masse von Umständen, die es möglich machte, diese Themen auf die Tagesordnung zu setzen. Ursprünglich war es ja der Kalte Krieg – und das ist eine Tatsache, die unbedingt im Auge behalten werden muß – der sie davon abgesetzt hat. Unterstaatssekretär Stuart Eizenstat selbst, die Schlüsselfigur in der amerikanischen Regierung, die sich mit diesen Fragen auseinandersetzt, hat den Mißerfolg, viele der gestohlenen Güter und das Nazi-Vermögen von den neutralen und anderen Ländern zurückzuerlangen, folgendem Umstand zugeschrieben: „[W]ahrscheinlich [haben] die Politiker nach dem Krieg ihr Augenmerk vornehmlich auf die Drohung eines kommunistischen Umsturzes und auf einen Angriff auf eben diese Länder und Westeuropa generell gerichtet und sich während des Kalten Krieges um die Eingliederung dieser Neutralen in die westliche Völkerfamilie bemüht."[3] Der Kalte Krieg, zusammen mit dem Primat des deutschen und westeuropäischen Wiederaufbaus, hatte nicht allein sämtliche Fragen, die derzeit zur Diskussion stehen, auf Eis gelegt; er diente auch als wirksame Schranke gegen den Versuch, sie in ihrer gegenseitigen Wechselwirkung zu durchleuchten, sobald an dem Problem der Rolle der Wirtschaftsunternehmen im Nationalsozialismus gerührt wurde.

Nicht nur wurde das Gesamtproblem ideologisiert, es wurde auch vornehmlich auf die Frage konzentriert, ob sich die Großunternehmen für Hitlers Machtantritt zu verantworten hatten oder nicht. Die Position, die im kommunistischen Lager und in vielen linksgerichteten Kreisen im Westen vertreten wurde, ist weithin bekannt. Das nationalsozialistische Regime und andere faschistische Regierungsformen galten als die Agenten der Kapitalistenklasse, infolgedessen wurde diese für die Existenz solcher Regime sowie für die Verbrechen, die diese begingen, unmittelbar verantwortlich gemacht. Hätte man sich von dieser Einstellung eine besonders hohe Produktion politisch-historischer Literatur erwartet, die auf den reichhaltigen, in der ehemaligen Sowjetunion und der DDR verfügbaren Archivquellen gründete, so war das Gegenteil der Fall. Die marxistisch-leninistische Interpretation wurde als die richtige akzeptiert, gleichwohl blieb die wissenschaftliche Forschung selbst aus vielerlei Gründen sehr beschränkt. So erhielten sogar Wissenschaftler aus dem kommunistischen Lager niemals vollen Zugang zu den Materialien in ihren eigenen Archiven, und Forschungsschwerpunkte wurden auf andere, vorwiegend ideologische Fragen und Probleme der Arbeiterbewegung gesetzt. Im übrigen gab es nur vereinzelt kommunistische Historiker, die sich auf dem Gebiet der Wirtschaft, mit Sicherheit aber nicht auf dem der kapitalistischen Wirtschaft, auskannten.

Im Westen kam es zu einer grundsätzlichen Debatte über die Rolle der Großunternehmen bei der nationalsozialistischen Machtergreifung, doch die Art und Weise, wie die Fragen gestellt wurden, und die Fortdauer des Kalten Krieges ließen die Banken und Industriekonzerne lange zögern, ihre Archive zu öffnen. Während sie dies mehr und mehr für die Zeit vor 1933 taten, was ihnen schließlich eher zum Vorteil als zum Schaden gereichte, konnten sie sich vielfach nicht dazu entschließen, Einblick in die Akten der NS-Zeit zu gewähren. Sofern sie sich mit Geschichte beschäftigten, vertraten Generationen von Managern in deutschen Unternehmen bis vor kurzem den verständlichen und – wie gezeigt worden ist – historisch richtigen Standpunkt, Hitler nicht an die Macht gebracht zu haben. Dies besagt freilich nicht, daß viele Unternehmer nicht auf wirksamste Weise dazu beitrugen, die Weimarer Republik zu untergraben. Außerdem versuchte so mancher von ihnen, sich als Opfer des Nationalsozialismus zu stilisieren, der ihn angeblich dazu gezwungen hatte, alles mögliche zu tun, was er nicht gewollt und ansonsten auch nie getan hätte. Insofern sich die Unternehmer der einen oder der anderen nationalsozialistischen Maßnahme widersetzt haben mochten, betrachteten sich einige sogar tatsächlich als Widerstandskämpfer. Zur gleichen Zeit richteten westliche Historiker ihr Augenmerk vornehmlich auf das Problem, wer Hitler an die Macht gebracht hatte, eine Frage also, mit der aufgrund der verfügbaren Archivquellen leichter umzugehen war. Das Maß der Vernachlässigung der Finanz- und Wirtschaftsgeschichte des nationalsozialistischen Regimes und des Zweiten Weltkrieges läßt sich an der Tatsache zeigen, daß 75% des einschlägigen Quellenmaterials für Nazigold-Fragen im U.S. National Archive bereits 1982 zugänglich war und daß bis zum Jahre 1989 insgesamt 90% und seit 1989 lediglich 10% dieses Materials klassifiziert worden sind. Kurzum, seit über einem Jahrzehnt stand eine große Menge Archivmaterial zur Verfügung, dem die Historiker aber so gut wie keine Aufmerksamkeit schenkten.

Aus dieser Perspektive wird leicht verständlich, von welch ausschlaggebender Bedeutung der Zerfall der UdSSR und der Fall der Mauer sowohl für die historische Forschung wie für den Zugriff auf diese Fragen wurden. Der ideologischen Debatte gaben die beiden Ereignisse den Todesstoß, denn die Hinterlassenschaft des Kommunismus, namentlich die wirtschaftliche Verwüstung und die in seinem Namen begangenen Verbrechen, verbieten es nahezu, den Kommunismus als moralische und politische Alternative zum Kapitalismus zu betrachten. Die Dichotomie Kapitalismus – Kommunismus ist schlichtweg uninteressant geworden und spielt eine sehr geringe Rolle in der gegenwärtigen Diskussion, was darüber hinaus noch den Vorteil hat, daß man von altem Ballast, so dem Streit über die Rolle des „big business" bei Hitlers Machtergreifung oder der Interpretation von Unternehmern als Opfer der Nazis, befreit ist. Es waren nicht die Großunternehmer, die Hitler an die Macht brachten, und wie auch immer man ihre Rolle zwischen 1933 und 1945 einschätzt, es wäre geradezu absurd, sie nach unserem heutigen Kenntnisstand als Opfer zu begreifen.

Zur gleichen Zeit trug der Niedergang des Kommunismus dazu bei, die Archive sowohl in den früheren Ostblockstaaten wie vor allem auch in der ehemaligen DDR zu öffnen. Nicht nur ist inzwischen eine ungeheure Menge vorher nicht bekannter Quellen über die Nazizeit in den früheren DDR-Archiven zugänglich, auch das unentbehrliche historische Material über Banken, Versicherungsgesellschaften, Nazi-Treuhandgesellschaften, die SS und andere Einrichtungen im Moskauer Sonderarchiv kann derzeit eingesehen und ausgewertet werden, wenn auch mit vielen Schwierigkeiten und hohen Kosten. Der Zerfall des Kommunismus hat eine potentielle Informationslawine bewirkt.

Allerdings wurden die Schüsse, die die Lawine ins Rollen brachte, im Westen – mit den Schweizern – und nicht im Osten abgefeuert, obwohl der Zusammenbruch des Kommunismus auch hier den Weg dazu ebnete. Erstens waren die jüdischen Überlebenden hinter dem Eisernen Vorhang, denen jegliche Entschädigungs- und Restitutionszahlungen verweigert worden waren, nunmehr endlich in der Lage, einige echte Zugeständnisse zu erhalten. Die Bemühungen, etwas zugunsten dieser jüdischen Forderungen zu unternehmen, setzten gleichzeitig mit dem Zerfall der DDR ein. Zweitens war man sich allgemein bewußt, wie sehr die Zeit drängte, zumal es ja um die letzte Opfergeneration ging, von der viele Mitglieder in Armut und Vergessenheit lebten. Drittens war unter den Juden, besonders denen in den Vereinigten Staaten, das verzweifelte Gefühl entstanden, die Erinnerung müsse erhalten und – nicht weniger wichtig – für Gerechtigkeit müsse gesorgt werden, ehe es zu spät ist. Mit seiner Forderung an die Schweizer, Licht in ihre namenlosen und nichtbeanspruchten Konten zu bringen, hatte der World Jewish Congress – wie gut bekannt ist – einen wesentlichen Anteil daran, den Ball ins Rollen zu bringen. Von nicht geringer Bedeutung war allerdings auch der von den Schweizern selbst geleistete Beitrag in dieser Sache, zum einen, weil sie unglaublich plump reagierten, und zum anderen, weil sie aufgrund ihrer Kriegsfunktion als Drehscheibe für Nazigold schnell ins Kreuzfeuer der Kritik gerieten. Diese Verwundbarkeit der Schweizer war – nebenbei bemerkt – ganz außergewöhnlich, zumal Schweizer Bankinstitute 70% des Raubgoldes im Wert von 630 Millionen Dollar (im Dollarwert von 1945), das die Deutschen seit Kriegsanfang, doch hauptsächlich nach 1942 gestohlen hatten, an sich genommen hatten. Jedenfalls wurde nun dank der Dynamik des amerikanischen Justiz- und politischen Systems, noch verstärkt durch die Mitwirkung der Medien, die Lawine vollends ausgelöst. Ich werde später wegen der wichtigen Folgen für die Rolle, die Historikern wie mir in dieser Sache zufällt, darauf zurückkommen, möchte aber vorerst kurz die Bedingungen beschreiben, unter denen sich die neue historische Forschungsarbeit von Wissenschaftlern, die sich wie ich damit befassen, entwickelt hat.

Wie außergewöhnlich und sensationell die von den Schweizern ausgeübte Funktion im Zweiten Weltkrieg eigentlich war, läßt sich an der Tatsache messen, daß die Deutschen bei der in London stattfindenden sogenannten Nazigold-Konferenz vom Dezember 1997 regelrecht vernachlässigt und ignoriert wurden. Dies ist allein schon deshalb erstaunlich, weil das deutsche Verhalten durch die Androhung einer Sammelklage gegen die Allianz und eine Anzahl schweizerischer und italienischer Versicherungsgesell-

schaften im Frühjahr 1997 erneut und mit großer Intensität offen-
gelegt wurde. Die den Schweizern gewidmete Aufmerksamkeit
war freilich verständlich. Da sie als einzige eine unter den krieg-
führenden Mächten konvertible Währung besaßen, spielten die
Schweizer eine schlechthin entscheidende Rolle in der deutschen
Kriegswirtschaft, wobei aber die Deutschen gleicherweise maßge-
bend waren für die schweizerische Wirtschaft. Aus diesem Grund
machten einige leitende Direktoren schweizerischer Versicherungen verzweifelte Anstrengungen, die Geschäftsbeziehungen mit
der Reichsbank und ihren deutschen Kollegen sogar noch in den
ersten Monaten des Jahres 1945 aufrechtzuerhalten.

Die Rolle der Schweizer Banken und Bankkonten hatte schon
seit langem Verdacht erregt und Kritik ausgelöst. Die auf Quellen
basierenden Informationen hinsichtlich des Verhaltens der Banken gegenüber ihren jüdischen Klienten und deren Erben, die sich
um die Rückerstattung ihrer Vermögen bemühten, schienen jegli-
chen Verdacht zu bestätigen. Höchst sensationell und zugleich
bedenklich war allerdings die Nazigold-Frage, eine mit ziemlicher
Sicherheit noch nicht abgeschlossene Angelegenheit, worüber in
den US-Archiven Berge von Quellenmaterial Auskunft gaben.
Jetzt tauchte die schon im Jahre 1945 wohlbekannte Tatsache erneut auf, daß das NS-Regime seit Jahren bankrott gewesen war
und seine lebensnotwendigsten Rohstoffe mit Gold erkaufte. Dieses Gold bestand aus dem von den Zentralbanken im besetzten
Europa gestohlenen sogenannten monetären Gold und dem sogenannten nicht-monetären Gold, namentlich dem Raubgold, das
den Juden und anderen Opfern des Regimes entwendet wurde.
Wenn auch die aufsehenerregendste Form des Raubgolds von den
Zähnen der Ermordeten stammte, so waren es doch vorwiegend
die von den Juden nach 1938 und 1939 unter Zwang ausgelieferten
Wertsachen und Edelmetalle, die den Hauptteil des Raubgoldes
ausmachten. Allerdings stellt das Raubgold nur einen kleinen Teil
dessen dar, was den Juden während der Nazijahre geraubt worden
war. Gold lenkt unweigerlich die Aufmerksamkeit mehr auf sich
als andere Dinge, eben weil es Gold ist, aber auch, weil es auf
so furchtbare Weise in Verbindung mit dem Holocaust steht.
Jedenfalls führten das Problem Schweiz und die Gold-Frage
zur Gründung einer Vielzahl von Kommissionen in den Vereinigten Staaten und in Deutschland – so die von Eizenstat geführte

Interagency Commission, das Independent Committee of Distinguished Persons unter Leitung von Paul Volcker und die von Jean-François Bergier geleitete Schweizer Unabhängige Historikerkommission. Auch die zu erforschenden Themen vervielfachten sich und umfaßten nunmehr Versicherungen, Kunst, Kriegsindustrie und die Behandlung von Flüchtlingen. Gleichzeitig wurden immer mehr Länder wegen ihres Geschäftsverkehrs mit dem nationalsozialistischen Deutschland untersucht, so die Türkei, Schweden, Portugal, Spanien, um nur einige zu nennen. Von größter Tragweite war die Öffnung immer weiterer Archive. Die Vereinigten Staaten zentralisierten ihre Finanz- und Wirtschaftsakten aus dem Zweiten Weltkrieg, während die Schweizer Firmen und Regierungsämter dazu verpflichtet wurden, ihre Akten der Bergier-Kommission zugänglich zu machen.

In Deutschland freilich konnten die Regierungsakten im großen und ganzen bereits eingesehen werden, und sie wurden auch in zunehmendem Maß ausgewertet. Bei privaten Firmenarchiven war es allerdings anders, obwohl die Deutschen – im Gegensatz zu den Schweizern – den Ruf hatten, offener mit ihrer Vergangenheit umzugehen. Das glänzende Beispiel hierfür war die Deutsche Bank. Lange bevor sie dazu verpflichtet war, beauftragte sie eine Gruppe von Historikern, mich eingeschlossen, die Geschichte der Deutschen Bank anläßlich ihres 125. Gründungsjahres zu schreiben, wobei uns vollständiger und freier Zugang zu allem verfügbaren Material gewährt wurde. Nach meinem Dafürhalten setzte der im Jahre 1995 auf deutsch erschienene Band neue Maßstäbe für solche Arbeiten. In diesem Zusammenhang möchte ich zwei Bemerkungen machen zur kürzlich geäußerten Kritik, wir hätten es versäumt, uns mit der Raubgold-Frage zu beschäftigen, und hätten auch andere Probleme, die mittlerweile in den Mittelpunkt gerückt sind, nicht angesprochen. Erstens sollte das Buch nie das letzte Wort zur Geschichte der Deutschen Bank, als vielmehr Ausgangspunkt für weitere wissenschaftliche Untersuchungen sein. Zweitens kam die Gold-Frage im Buch nicht zur Sprache, weil weder Harold James, der das entsprechende Kapitel schrieb, noch irgendeiner von uns sich der Tragweite dieser Frage voll bewußt war. Die Entdeckung im Jahre 1998, daß die Deutsche Bank sowie die Dresdner und die Privatbank Sponholz mit Gold, das inzwischen als Raubgold identifiziert worden ist, gehandelt hatten, und die sich als ergiebig erweisende Suche nach weiteren Archivquellen zur Gold-Frage führten zur Gründung einer Sonderkommission von Historikern, der auch ich angehöre. Wir wurden mit einem Bericht über die Raubgold-Frage beauftragt – er wurde auf der „web-site" des Beck-Verlags veröffentlicht und erschien 1999 als Buch[4]. Auch sollten wir die Forschung über die Rolle der Deutschen Bank im Dritten Reich im Hinblick auf die Arisierung und andere Fragen intensiver vorantreiben. Auf unseren von Jonathan Steinberg verfaßten Bericht wurde in einer Sammelklage gegen die Deutsche Bank Anfang November 1998 weitgehend Bezug genommen. Doch selbst wenn wir die im Jahre 1998 gefundenen Dokumente bereits vor 1995 zur Einsicht gehabt hätten, ist es sehr zweifelhaft, ob wir die Bedeutung des in den Bilanzen aufgeführten Goldes verstanden hätten. Aus der Perspektive der Geschichte der Bank betrachtet sind es in der Tat die Bilanzen selber, die die wichtigsten Aspekte dieser Dokumente ausmachen. Diese Goldtransaktionen seitens der deutschen Privatbanken, über die es seit 1945 grundlegende Informationen gab, waren weder bemerkenswert noch von irgendeiner militärischen oder strategischen Bedeutung an sich. Was sie historisch bedeutsam macht, ist die Herkunft des Goldes und die moralische Gleichgültigkeit derjenigen, die über den Ursprung des Goldes, das sie verkauften, informiert waren. Als die Geschichte der Deutschen Bank 1995 veröffentlicht wurde, wurden wir nicht kritisiert, daß wir es versäumt hätten, uns mit diesem Thema zu befassen, da der Kontext, in dem dieses Thema wichtig werden sollte, bis zur Veröffentlichung des Buches noch nicht erkannt worden war. Zudem war und blieb unter dem Aspekt einer allgemeinen Geschichte der Bank – des Projektes, mit dem wir uns befaßten – das Thema Gold weniger bedeutsam als die Zusammenarbeit der Bank und des NS-Regimes auf anderen Gebieten. Wie schrecklich auch immer die Schlußfolgerungen sein mögen, die wir in Verbindung mit dem fraglichen Gold und dem vermutlichen Wissen der betreffenden Direktoren um die Herkunft des Goldes ziehen, so sind doch sicherlich die Arisierungen, an denen die Deutsche Bank mitwirkte und deretwegen jetzt Ermittlungen laufen, ein viel bedeutsamerer und schwerwiegenderer Aspekt der Mitschuld der Bank an den Verbrechen des Regimes als die Gold-Transaktionen, die so viel Beachtung gefunden haben.

Dies ist freilich die Perspektive eines Historikers, aber eine Perspektive, die in letzter Zeit von großer öffentlicher Bedeutung geworden ist. Bis vor kurzem haben Historiker, die sich wie ich für Wirtschafts- und Unternehmensgeschichte interessieren, eine kleine und eher isolierte Gruppe innerhalb des Faches gebildet. Wie die meisten Intellektuellen neigen auch Geschichtswissenschaftler dazu, dem eigentlichen Objekt unseres Forschungsinteresses, nämlich dem Wirtschaftsunternehmen, skeptisch gegenüberzustehen und es mit geistiger Verachtung oder gar – wie es Linksintellektuelle tun – mit tiefem Mißtrauen zu betrachten. In den letzten Jahren ist jedoch eine seltsame Entwicklung eingetreten, als deutsche Großunternehmen und westeuropäische Regierungen – zum Beispiel die Schweiz – Historiker wie mich beauftragt haben, die Geschichte von Finanz- und Wirtschaftsunternehmen zu untersuchen, um deren Vergangenheit in den trostlosesten Jahren unseres Jahrhunderts, nämlich der nationalsozialistischen Zeit zwischen 1933 und 1945, offenkundig zu machen. Dies ist in der Tat eine revolutionäre Entwicklung sowohl in bezug auf die Großkonzerne als auch auf die Historiker. Früher war es bei Großunternehmen üblich, anläßlich irgendeines runden oder halbrunden Jubiläumsdatums historische Darstellungen ihrer Firma in Auftrag zu geben, oft mit dem Ergebnis, daß der wichtigste Teil dieser Jubiläumsbände aus Abbildungen bestand. Zur gleichen Zeit hatten es die Historiker in diesen Jahren alles andere als einfach, die Firmen davon zu überzeugen, ihre Archive der Forschung zu öffnen, sogar wenn es sich um Bestände aus dem 19. Jahrhundert handelte, mit Sicherheit aber in bezug auf Quellen aus der NS-Zeit. Nun jedoch ist die Situation fast umgekehrt: Eine Firma nach der anderen öffnet den Historikern ihre Archive und stellt ihnen gleichzeitig sogar beachtliche Mittel und Hilfen zur Verfügung, um die Rolle und das Verhalten des zu untersuchenden Unternehmens in der NS-Zeit in allen Einzelheiten ans Licht zu bringen.

Die Gründe für diese Zuvorkommenheit sind mittlerweile gut bekannt. Viele deutsche Wirtschaftsunternehmen stehen in den Vereinigten Staaten unter der Anklage, ihren Verpflichtungen gegenüber ehemaligen jüdischen Kunden und Klienten nicht nachzukommen – Verpflichtungen, die dadurch entstanden sind, daß sich die Großunternehmen an dem durch das NS-Regime initiierten systematischen Raub an den Juden beteiligt hatten und sich in die ungeheuerliche Kriminalität des Regimes verstrickten, indem sie mit der SS verhandelten und Fremdarbeiter als Sklaven ausbeuteten. Sie weigern sich immer noch, die Opfer des Nationalsozialismus zu entschädigen oder sind den Juden gegenüber nur zu geringfügigen Entschädigungen für gestohlenes Vermögen und zugefügtes Leid bereit. Die angeklagten Firmen sehen sich deshalb gezwungen, hochdotierte Rechtsanwälte zu ihrer Verteidigung und Wirtschaftsprüfer zur Überprüfung ihrer Firmennachlässe einzustellen. Andere ziehen es vor zu warten, bis sie unter Anklage stehen. Es sind freilich nicht nur rechtliche, sondern auch politische und moralische Probleme, mit denen sie konfrontiert werden. So müssen deutsche Firmen befürchten, daß die amerikanischen Aufsichtsbehörden ihnen das Recht entziehen, weiterhin in den Staaten Geschäfte zu machen, daß ihnen aufgrund von Boykott und einem ungünstigen öffentlichen Image Kunden verloren gehen und daß ihre eigenen Angestellten demoralisiert werden. Auch fürchten sie die Medien, die oftmals über neue Quellenfunde aus Archiven und anderen Institutionen in sensationeller und schädigender Weise Bericht erstatten.

Historiker werden deshalb aus verschiedenen Gründen zu Rate gezogen. Oftmals weiß die Unternehmensleitung nur wenig über das Verhalten ihres Betriebes in der NS-Zeit – schon allein deshalb, weil dies bislang kaum untersucht worden ist. Deshalb sind Unternehmer kaum oder gar nicht in der Lage, sich gegen die in den Gerichten und – insbesondere – in den Medien erhobenen Anklagen zu verteidigen. Sie müssen die Vergangenheit ihrer Firmen ermitteln und offenlegen, und dies auf schnellstem Wege. Gleichzeitig aber erkennen sie, daß vielen der in Presse und Fernsehen verbreiteten Informationen der historische Kontext fehlt, was zur Folge hat, daß sie immer wieder einen Anstrich des Sensationellen erhalten. Die unter Beschuß geratenen Unternehmer stehen so vor der Wahl, entweder hinzunehmen, daß die Medien Informationen über sie verbreiten, die wie Hammerschläge auf ihre Köpfe niederprasseln, oder darauf zu bestehen, daß ihre Geschichte, wie schrecklich sie auch gewesen sein mag, nüchtern und kontextbezogen dargestellt wird. Zur Aufarbeitung ihrer Vergangenheit benötigen diese Unternehmer eine professionelle Hilfestellung, die nur von Geschichtswissenschaftlern gegeben werden kann, die etwas von Wirtschaft und Wirtschaftsunternehmen verstehen und gute Kenntnisse sowohl über die Geschichte der NS-Zeit als auch die Bedingungen haben, unter denen die Firmen zwischen 1933 und 1945 operierten. Die Alternative zu einem solchen Vorgehen wäre für die Unternehmensleitungen zu mauern, die Dinge in die Hände ihrer Rechtsanwälte zu legen und zu versuchen durchzuhalten, bis das ganze Problem einfach verschwindet. Doch wäre eine solche Handlungsweise besonders in der jetzigen Atmosphäre sehr fragwürdig. Außerdem – und dies ist ein Faktor, der beachtet werden muß – ist die heutige Generation deutscher Wirtschaftsmanager eine andere Generation als die, die verstrickt war, und als deren Nachfolger. Die Vorstände heutiger Großunternehmen sind gut ausgebildete, intelligente Männer und Frauen mit besseren Kenntnissen über die deutsche Geschichte als ihre Vorgänger. Sie sind persönlich viel unbelasteter durch die Vergangenheit als diese und viel eher dazu bereit, sich ihr zu stellen. Insoweit sie sich nicht unnötig nervös machen lassen von den verständlicherweise nervösen Rechtsabteilungen, sind sie selbst daran interessiert, mehr über ihre Geschichte zu lernen. Den Eindruck, den diejenigen auf mich machen, mit denen ich in dieser Sache zusammenarbeite, ist der der Ehrlichkeit und Ehrbarkeit und ein aufrichtiges Bemühen, das Richtige zu tun.

Es braucht nicht eigens erwähnt zu werden, wie sehr es schmeichelt, daß zur Abwechslung einmal auch Historiker gebraucht werden, und wie willkommen uns die Honorare für unsere Dienste sind. Freilich sind sie nicht in der für Rechtsanwälte, Wirtschaftsprüfer und Berater üblichen Höhe, aber immerhin höher als die, die wir für die Erstellung von Gutachten über Kollegen erhalten. Dies sind ungewohnte Umstände, an die man sich aber leicht gewöhnen kann, obschon sie – zum Teil bereits offenkundige – Gefahren in sich bergen. Auf der einen Seite werden wir von Kollegen kritisiert, aus denen Neid oder Selbstgerechtigkeit spricht, auf der anderen Seite von der Presse angegriffen, weil wir angeblich der Verlockung, das Geld zu scheffeln und bessere Arbeitsbedingungen zu wollen, anheimgefallen sind. Nichtsdestotrotz ist es absurd zu behaupten, daß ernsthafte Historiker für ihre Leistungen nicht ebenso wie die Angehörigen anderer Berufe bezahlt werden sollten, die als Sachverständige vor Gericht tätig sind oder ihr Fachwissen Regierungsbehörden und privaten Organisationen anbieten. Niemand käme auf die Idee, daß Anwälte oder Wirtschaftsprüfer für ihre Dienste nicht bezahlt werden sollten. Solche Berufsstände werden nicht beschäftigt, um gute Nachrichten zu verbreiten, sondern um exakte Informationen zu liefern. Es ist schwierig, sich vorzustellen, daß angesehene Historiker, die gebeten werden, die Geschichte einer Firma während des Dritten Reiches zu untersuchen, ihre Reputation verlieren, wenn sie für diese Arbeit bezahlt werden. Es ist auch schwierig zu verstehen, welchen Vorteil eine Firma bei diesem Stand der Dinge von einer „Reinwaschung" haben sollte. Nicht nur, daß jetzt eine Unmenge von Informationen in öffentlichen Archiven zugänglich sind – die meisten Historiker, die auf diesem Gebiet arbeiten, haben darauf bestanden, daß die privaten Materialien, die sie benutzten, nach Beendigung ihrer Arbeit auch anderen Wissenschaftlern zur Verfügung stehen.

Doch tauchen hier weitaus schwierigere und wichtigere Probleme auf. Zunächst ist es die Forschungsarbeit der Historiker selbst, die unmittelbare und ernsthafte Folgen nach sich ziehen kann. Das Problem ist nicht nur, daß unsere Forschungsergebnisse in den Anklagen gegen die Firmen, deren Geschichte wir schreiben, zitiert werden. Ein Großteil der laufenden Diskussionen über die Entschädigung der Opfer des Nationalsozialismus hat eher mit moralischer als mit rechtlicher Haftbarkeit zu tun, das heißt, mit dem Preis, der den Unternehmen abverlangt werden müßte für ihre Verstrickung in das NS-Regime und ihre Mitwirkung an den Prozessen, die von der Verarmung der Juden durch Raub und Enteignung über die entsetzlichen Qualen der Zwangsarbeit bis hin zum eigentlichen Holocaust führten. Hier werden Historiker zumindest in mancher Hinsicht dazu aufgerufen, Richter zu sein, aber nicht in dem Sinn, daß sie direkt über die zu zahlenden Restitutionssummen entscheiden sollen. Sie sollen vielmehr ein Urteil darüber abgeben, was vor sich ging, um damit an eine Jury – die ebenso gut die öffentliche Meinung wie Regierungsbehörden, Gerichte oder Firmen selbst sein kann – grundlegende Informationen zu liefern, auf deren Basis die Höhe der zu zahlenden Entschädigungen bestimmt werden kann. Gleichzeitig nähren die Firmen auch die verständliche Hoffnung, daß, wenn der geschichtswissenschaftliche Teil einmal abgeschlossen und der Umfang der Entschädigungen festgelegt ist, sie gewissermaßen alles hinter sich gebracht und so etwas ähnliches wie eine bewältigte Vergangenheit erreicht haben, mit der sie die Öffentlichkeit wieder konfrontieren können. Hier ist man an die Frau erinnert, die einen Ehepartner suchte und ein Inserat mit der Aussage „Ich heirate keinen Mann mit einer unbewältigten Vergangenheit" in die Zeitung setzte.

Allerdings sind Historiker weder Richter noch Psychiater, und die Aufforderung, eine solche Rolle anzunehmen, kann erhebliche Probleme nach sich ziehen. Zum Beispiel erwarten Firmen von Historikern, daß sie schnell produzieren, eine Erwartung, die sie nie in bezug auf Richter oder Psychiater hegen würden. Wenn Historiker Aufsätze und Bücher schreiben, dann sind diese nicht in der Art laufender Berichte oder Memoranden zum Tagesgeschäft, wie sie von Abteilungsleitern gewünscht werden. Wie wir alle wissen, kann das Forschen recht langsam und zähflüssig vorangehen. Ähnlich verhält es sich mit der Interpretation. Das nationalsozialistische Deutschland war ein totalitärer Staat, in dem sich die Menschen weder in Schrift noch in Rede frei äußerten oder äußern konnten. Zu verstehen, was wirklich vor sich ging, erfordert deshalb große Geduld. Ferner sind die quellenkritischen Probleme auch mit dem Ende des Hitler-Staates noch nicht gelöst, zumal die Entnazifizierungszeit nicht gerade ein überwältigendes Verlangen erzeugte, die Wahrheit zu sagen. Die Fragestellungen von Historikern richten sich selten an den Anklagen aus, die in Gerichten verhandelt werden, und die Antworten, die sich aus der historischen Forschung ergeben, sind selten einfach mit „schuldig" oder „unschuldig" zu etikettieren. Historiker sind keine Richter und können dies auch nicht sein. Sicherlich fällen sie wie die Richter auch Urteile, die auf den zur Verfügung stehenden Beweisen aufbauen und einer Revidierung unterzogen werden können; doch sie betreiben keine Entscheidungsfindung, denn ihr oberstes Ziel ist nicht, über die Frage „schuldig oder unschuldig" zu befinden, als vielmehr zu historisieren, in anderen Worten, die Frage von Schuld und Unschuld zu überschreiten und zu Erkenntnissen über das menschliche Verhalten in einem bestimmten Kontext zu kommen. Die Fragen, die sich Historiker stellen, sind von dieser Zielsetzung bestimmt. Es braucht nicht erwähnt zu werden, daß das Vorgehen der Historiker auch von moralischer Sensibilität und ethischen Werten bestimmt sein muß. Die Erklärung oder Darstellung der Habsucht eines Hermann Göring oder der Treuhandstelle Ost heißt noch nicht, daß damit Mitgefühl oder gar „Verständnis" für solches Verhalten dokumentiert wird. Hier geht es vielmehr um den Versuch, Mentalitäten zu verstehen. Von daher wird es zeitweise notwendig, Distanz zu wahren, zumindest die bei diesem Thema unweigerlich auftretende Abscheu zu suspendieren. Es bringt einen nicht viel weiter, über die Kooperation der Unternehmer mit Görings Vierjahresplan zu moralisieren; weitaus wichtiger ist der Versuch herauszufinden, ob sie diese Zusammenarbeit aus Begeisterung oder aus Notwendigkeit leisteten und auf welchen Vorstellungen ihre beruflichen Verpflichtungen beruhten. Keine Antwort wird die exakt richtige sein, und wahrscheinlich könnten die Akteure selbst keine klare Antwort auf diese Fragen geben.

Auch die psychiatrische Metapher ist nur begrenzt nutzbar und irreführend. Konzerne sind nicht Patienten, und Erkenntnisse über das Verhalten eines Konzerns und seiner Mitarbeiter in der NS-Zeit erklären noch nicht das Verhalten in der heutigen Zeit. Auch wenn die Unternehmer in ihrer Gesamtheit und als Individuen aus dem Verhalten ihrer Vorgänger gelernt haben und sich viel eher als diese der Gefahren bewußt sind, denen Unternehmen in den verschiedenen politischen Kontexten ausgesetzt sind, so haben wir es trotzdem nicht mit einer Vergangenheit zu tun, die von den heutigen Unternehmern geschaffen worden ist. Die Metapher ist vor allem aber deshalb irreführend, weil sich Historiker mit politischen, finanziellen und moralischen Fragen auseinandersetzen – und auch wenn sie dies als Wissenschaftler tun, müssen sie Stellung beziehen. Was sind unsere Verpflichtungen gegenüber diesen Firmen, die unsere Klienten sind? Davon sind wohl die eindeutigsten, daß wir als Geschichtswissenschaftler vorgehen, unsere Unabhängigkeit so weit wie möglich wahren, über unser Untersuchungsobjekt so die Wahrheit schreiben, wie wir dies in anderer Hinsicht auch tun würden und unseren Prinzipien in der Darstellung unserer Forschungsergebnisse treu bleiben – ohne Rücksicht darauf zu nehmen, wie die Firmen, die Öffentlichkeit, die Opfer oder sonst wer unsere Ergebnisse betrachten.

Wir können allerdings nicht so tun, als ob wir im Elfenbeinturm lebten und eine andere als die öffentliche Funktion im öffentlichen Kontext ausübten. Es ist naiv zu denken, daß wir völlig gleichgültig gegenüber verschiedenen Anklagen gegen Firmen und Konzerne in den Medien, an Gerichtshöfen und vor öffentlichen Körperschaften bleiben können. Das amerikanische Rechts- und politische System wirkt auf Europäer eher fremd; darüber hinaus ist es den unter Beschuß geratenen Firmen und Konzernen nur ein geringer Trost, daß dem Präsidenten der Vereinigten Staaten eine weitaus unangenehmere Behandlung widerfahren ist. Auch das Gerichtsverfahren der Sammelklage ist in Deutschland unbekannt. Ähnlich ungewohnt ist das im amerikanischen Zivilrecht angewandte „adversarial" System, ein auf der Methode der Gegensätzlichkeit beruhendes Streitverfahren, das den Rechtsanwälten ermöglicht, breitgefächerte Anklagen vorzubringen, dem Beschuldigten alle Arten von Fehlverhalten zu unterstellen und sehr vage, ja sogar nichtplausible Argumente zu präsentieren. Die Taktik des Klägers ist es, alle Bereiche so weitgehend wie möglich offenzulegen und den Gegner zu zwingen, Informationen preiszugeben, um auf diese Weise den eigenen Anklagefall zu verbessern. Zum Hauptziel wird bei solchen Verfahren, den Angeklagten zu einem außergerichtlichen Vergleich anzuregen, um auf diese Weise langwierige und kostspielige Gerichtsverfahren zu vermeiden, auch wenn die entsprechenden Bedingungen ungünstig erscheinen.

Ein weiterer Unterschied zum deutschen System liegt darin, daß die amerikanischen, zumeist gewählten – und nicht wie in Europa ernannten – Bank- und Versicherungsaufsichtsbehörden zwangsläufig um die Zufriedenstellung ihrer Wählerschaft besorgt sind. Damit soll freilich nicht gesagt werden, daß eine bedeutende Anzahl von ihnen nicht zutiefst erregt ist über die in den Anhörungen dargebotenen Berichte über Verfolgung und Unrecht oder nicht aufrichtig um eine angemessene Regelung der noch ausstehenden Fragen bemüht ist. Eine wichtige Rolle in diesen Verfahren fällt auch prominenten Politikern wie Senator D'Amato mit seiner ehemals zahlreichen jüdischen Wählerschaft zu. Die amerikanische Politik ist sehr theatralisch, und die theatralische Atmosphäre, die die Anhörungen, politischen Reden und Gerichtsprozesse umgibt und von der sogar die vom US-State-Department oder dem britischen Auswärtigen Amt organisierten großen internationalen Konferenzen nicht frei sind, kann einschüchternd und furchterregend wirken; manchmal ist sie auch schlichtweg ärgerlich. Schließlich gibt es noch die Medien mit ihren Fluten von Artikeln und Berichten, die oft unreflektiert, zuweilen direkt falsch und regelmäßig aus dem Kontext gerissen sind. Diese beängstigenden Bedingungen haben nicht nur ein beträchtliches Maß an Ressentiments hervorgerufen, sondern zum Teil auch das Aufflackern antisemitischer Gefühle bewirkt. Die Geschichte hat gezeigt, daß die Juden gar nichts erreichen, wenn sie sich still und inaktiv zurückziehen, um solchen Gefühlen und Ressentiments aus dem Weg zu gehen. Gleichzeitig ist es aber auch wichtig, das Vorhandensein dieser Gefühle nicht zu ignorieren und effektive Strategien zu entwickeln, um ihnen zu begegnen. Man sollte sich erinnern, daß die gestohlenen jüdischen Werte nur ein Thema sind, bei dem politische und juristische Widersprüche zwischen den USA und anderen Nationen aufeinanderprallen, und daß diese Probleme sich im Zeitalter der Globalisierung wahrscheinlich noch vertiefen werden.

Angesichts dieser Umstände ist jedoch die Vorstellung schwer möglich, der gegenwärtige Drang nach Gerechtigkeit für die Holocaust-Opfer wäre auch ohne den von New York und Washington ausgehenden Druck entstanden. Das heißt jedoch nicht, daß die Historiker in stiller Dankbarkeit für das somit geschaffene Arbeitsbeschaffungsprogramm einfach müßig dastehen sollen. Je mehr ich meiner eigenen Arbeit nachgehe, desto mehr komme ich zumindest für meinen Fall zu dem Schluß, daß die Historiker dem öffentlichen Diskurs nicht einfach ausweichen können und so den Vorwurf riskieren müssen, sich entweder gegenüber dem belasteten Unternehmen oder gegenüber den Klägern zu zuvorkommend zu verhalten. Die Schriftsätze mancher dieser Sammelklagen lassen gelegentlich bei mir das Gefühl aufkommen, daß unsere schlechtesten Geschichtsstudenten sich für das Jura-Studium entschieden haben. Absurd ist zum Beispiel das Argument, daß die in der sogenannten Reichskristallnacht zerstörten oder beschädigten – insgesamt 7500 – Geschäfte deshalb arisiert wurden, weil ihnen eine Feuer- und Diebstahlversicherung versagt wurde, wenn doch das Gegenteil der Fall war: Eben weil diese Geschäfte Juden gehörten, wurde ihnen keine derartige Versicherung gewährt. Es ist Unsinn, die Banken deswegen für die Zwangsarbeit verantwortlich zu machen, weil sie in den Aufsichtsräten von Firmen saßen, die Zwangsarbeiter einsetzten. In der Tat werden in den Sammelklagen Aufsichtsrat und Vorstand und die Funktionen ihrer jeweiligen Mitglieder immer wieder verwechselt. Auch ist es eine Unsitte, Dokumente amerikanischer Besatzungsbehörden, die 1945 um ein Verständnis der Geschehnisse im Dritten Reich ringen, so zu bewerten, als ob deren Ad-hoc-Entscheidungen grundlegende Tatbestände seien. Ähnlich verdienen die bewegenden Zeugnisse von Holocaust-Überlebenden bei öffentlichen Anhörungen unser Mitgefühl und Verständnis, doch stellen sie nicht immer die eigentlichen Beweise für die erhobenen Anklagen dar. Darüber hinaus – mein abschließender Punkt – liegt die Verantwortung, die in Presse und Medien vorkommenden Fehlinformationen zu berichtigen, bei uns; diese können oft sehr ärgerlich sein, zumal Presse und Medien zum historischen Verständnis beisteuern sollten, statt es zu behindern. Es irritiert zum Beispiel, wenn Amerikas führende Tageszeitung die Behauptung, ein neues Dokument sei gefunden worden, das die geheime Zusammenarbeit zwischen einer Firma und der Gestapo bei der Beschlagnahme eines jüdischen Besitzes belegt, als Tatsache berichtet – obwohl das Dokument weder neu ist noch in einem Archiv von den Leuten gefunden wurde, die behaupteten, es gefunden zu haben. Vielmehr publizierte es die diesbezügliche Firma in ihrer eigenen Jubiläumsschrift, um das Unrecht zu veranschaulichen, das den Juden zugefügt wurde. Unter den gegenwärtigen Umständen ist die Vorstellung schwierig, wann und wie alle Entschädigungs- und Restitutionsfragen je gelöst werden sollen. Das Problem, so wie ich es sehe, besteht darin, daß die Umstände und Institutionen selbst, die diese Fragen ans Tageslicht brachten, aufgrund ihrer eigenen Dynamik, der privaten und der Gruppeninteressen jetzt deren Lösung verhindern könnten.

Auch in dieser Hinsicht müssen Historiker einen Teil der öffentlichen Verantwortung auf sich nehmen. Ich bin oft gefragt worden, was ich als zufriedenstellende Lösung, ja selbst, was ich als gerechte Entschädigung empfände. Im großen und ganzen teile ich die Position meines Kollegen Christopher Kopper – ich glaube, sie ist auch die von Unterstaatssekretär Eizenstat sowie von führenden Persönlichkeiten in der deutschen Regierung –, daß die betreffenden Firmen oder Firmengruppen in den Verhandlungen mit prominenten jüdischen Organisationen zu irgendeiner Übereinkunft hinsichtlich der Wiedergutmachungsfragen kommen sollten. Solche Vereinbarungen müssen nicht nur auf einer kritischen Würdigung der gerechtfertigten und noch offenen Ansprüche beruhen, die freilich direkt entschädigt werden sollten, sondern müssen sich auch nach den Kriterien menschlicher Gerechtigkeit und Vernunft bzw. des gesunden Menschenverstandes richten, denen ein aufgeklärtes historisches Urteil über die Rolle der Unternehmen im Dritten Reich zugrunde liegt. Die Internationale Kommission unter Leitung des Staatssekretärs Lawrence Eagleburger, die sich mit diesen Versicherungsfragen befaßt, ist beispielhaft für solche Bemühungen sowie ihre Probleme. Einerseits ist es entmutigend, daß die einzigen Firmen, die sich an solchen Bemühungen beteiligen wollen, Firmen mit Niederlassungen oder Tochtergesellschaften in den USA sind. Andererseits könnte die Teilnahmebereitschaft der Firmen erhöht und eine Klärung erleichtert werden, wenn Ökonomen und Wirtschaftshistoriker bei der Festlegung des heutigen Wertes der nicht ausgezahlten Policen helfen würden und wenn die Kosten-Nutzen-Relation eine größere Rolle bei der Festlegung spielen würde, was gegenwärtig sinnvollerweise erforscht werden kann und was nicht.

Ein Beispiel für diese Art nutzbringender Unterstützung durch Wissenschaftler war die Arbeitstagung „Daten und Begriffe in der NS-Zwangsarbeiterfrage" im Juli 1999 in der Gedenkstätte Buchenwald. Sie wurde von Lutz Niethammer organisiert und sollte die Arbeit der Stiftungsinitiative deutscher Unternehmen „Erinnerung, Verantwortung und Zukunft" unterstützen, die ein vielversprechendes Beispiel für den Umgang mit Fragen der Entschädigung und Restitution ist. Aufgrund des gegenwärtigen Forschungsstandes waren die Wissenschaftler auf dieser Tagung in der Lage, die Kategorien von Zwangsarbeitern zu definieren, die den größten Anspruch auf Entschädigung haben, und auf eine fundierte Schätzung der Zahl der noch lebenden Zwangsarbeiter hinzuarbeiten. Die Stiftungsinitiative bestand ursprünglich aus 18 führenden deutschen Unternehmen und schafft die Möglichkeit, rasch und unbürokratisch jüdische und nichtjüdische Zwangsarbeiter zu entschädigen und zu unterstützen. Der Erfolg der Stiftung hängt davon ab, inwieweit das Streben der deutschen Unternehmen nach Rechtssicherheit einerseits und die Erwartungen der Überlebenden, ihrer Organisationen und Anwälte andererseits sich auf vernünftige, realisierbare Weise annähern können. Es wird niemals eine perfekte Rechtssicherheit und niemals eine perfekte Gerechtigkeit geben. Diese Fragen sollten abgeschlossen werden, wenn auch aus keinem anderen Grund als dem der Opfer selbst, denn dies ist der einzige Weg, ihre Leiden zu lindern, während sie noch am Leben sind. Ziehen sich die Gerichtsverfahren weiterhin in die Länge, wird dies nicht mehr der Fall sein können.

Gleichzeitig müssen solche Regelungen, sollten sie moralisches Gewicht besitzen, endgültig sein. Allerdings bedeutet dies, daß keine Regelung gerecht sein wird, die sich lediglich auf die Überprüfung von Handlungen beschränkt, für die eine Firma rechtlich verantwortlich oder nicht verantwortlich sein könnte. Hier sehen sich die Historiker vor eine große Verantwortung gestellt und müssen in ihrer Forschung und in der Darstellung ihrer Forschungsergebnisse äußerste Vorsicht walten lassen. Wir können nicht zweifelsfrei beweisen, daß die Vorstandsmitglieder der Deutschen Bank, vor allem Hermann Josef Abs, Kenntnis davon hatten, daß sie mit Raubgold handelten, obwohl unsere historischen Beweise auf eine solche Kenntnis hindeuten. Wir sind allerdings verpflichtet, diesen Verdacht zu äußern. Sicherlich können wir annehmen, daß die Direktoren der Filiale der Deutschen Bank in Kattowitz, die verschiedenen Baufirmen, die die IG-Farben-Fabrik in Monowitz bauten, Kredite gab, und natürlich die Direktoren der Baufirmen selbst die Bedingungen kannten, unter denen die Zwangsarbeiter von Auschwitz ihr Dasein fristeten.

Gegenwärtig kann ich nicht nachweisen, daß die Direktoren der Allianz über die Versicherungsverträge mit den SS- und Wehrmachtsstellen in Verbindung mit dem Ghetto in Lodz und den Fabriken in den Konzentrationslagern informiert waren; trotzdem scheint eine solche Interpretation aufgrund der Indizien durchaus angezeigt. Was ich indes dokumentieren kann, ist, daß es keine Sicherheit bedeutete, wenn man mit der Regierung des Dritten Reichs nichts zu tun haben wollte, und daß aber umgekehrt Sicherheit darin lag, nicht Bescheid wissen zu wollen. Welchen Preis also sollen wir festsetzen für das Wissen, welchen Preis für das Nicht-Wissen-Wollen? Die Beantwortung dieser Frage liegt sicherlich nicht an mir, dem Historiker. Eher ist es Sache derer, die mich und meine Kollegen ersucht haben, ihre Geschichte zu schreiben, und Sache derer, die mit ihnen in Verhandlung treten.

Abschließend möchte ich die einfache Beobachtung anstellen, daß dies Fragen sind, die sich noch wiederholen werden. Ist die den Unternehmen obliegende soziale Verantwortung zu einem höchst aktuellen Problem geworden, so ist zu vermuten, daß künftig auch andere Fragen, zum Beispiel in bezug auf die Umwelt, an die Historiker herangetragen werden mit der Aufforderung, die einschlägige Geschichte zu untersuchen, Motive zu erhellen und vergangenes Verhalten in einem historischen Kontext zu orten. Unbestreitbar ist dies ein Bereich, in dem wir tätig sein sollen, doch ergibt sich daraus auch die Schlußfolgerung, daß wir unsere eigene soziale Verantwortung klar und deutlich vor Augen haben müssen. Dies bedeutet Respekt und Verständnis für Privatinteressen und eine vom Geist der Aufklärung bestimmte Sorge um den Ausgleich von individuellem Interesse und öffentlichem Erfordernis.

Anmerkungen

1 Eine frühe Version dieses Aufsatzes wurde unter dem Titel „Historiker und die Unternehmensgeschichte der NS-Zeit: Richter oder Psychiater?" auf dem 3. Kolloquium der Mitglieder des Historischen Kollegs am 20. November 1998 vorgestellt. Die hier vorgelegte überarbeitete Darstellung wurde als Vortrag an der American Academy in Berlin und beim Gesprächskreis Geschichte der Friedrich-Ebert-Stiftung in Bonn im Dezember 1998 gehalten. Sie wurde anschließend in der Reihe Gesprächskreis Geschichte, Heft 23, vom Forschungsinstitut der Friedrich-Ebert-Stiftung, Bonn, und im Januar 1999 als occasional paper am Center for German und European Studies der Universität von California in Berkeley unter dem Titel „The Business History of the ‚Third Reich' and the Responsibilities of the Historian: Gold, Insurance, ‚Aryanization', and Forced Labor" veröffentlicht. Diese Version ist eine leichte Überarbeitung der ursprünglichen Fassung, die kritische Kommentare und neuere Entwicklungen zu berücksichtigen sucht. Ich habe Fußnoten sparsam verwendet und sie vor allem für Hinweise auf gegenwärtige Auseinandersetzungen und Entwicklungen benutzt.

2 Angesichts dieser Anmerkungen war es von Michael Pinto-Duschinsky geradezu unverantwortlich und in die Irre führend, zu behaupten, daß ich diesen Aufsatz dazu benutzt hätte, der Kritik an jüdischen Ansprüchen ein Ventil zu verschaffen, so wie es sich in den Bemerkungen des Berliner Taxifahrers darstellt, den ich eingangs erwähnte. Vgl. dazu seinen schlechtinformierten Leserbrief „Historians and their Sponsors" im „Times Literary Supplement" (TLS) vom 4. Mai 1999, S. 17, und meine Erwiderung im TLS vom 16. Juli 1999, S. 17. In einer Erwiderung dazu im TLS vom 6. August 1999, S. 17, behauptet Pinto-Duschinsky, daß ich meinen Widerspruch gegen die Ansichten des Taxifahrers und anderer Kritiker der jüdischen An-

sprüche nicht „klar" genug dargelegt hätte. Die Leser dieses Aufsatzes können sich ihr eigenes Urteil über meine Worte und Absichten bilden.

3 Stuart Eizenstat, Under Secretary of State for Economic, Business and
Agricultural Affairs: On-the-record briefing ... 2. Juni 1998, S. 7 (Website of
the U.S. Dept. of State).

4 Jonathan Steinberg: Die Deutsche Bank und ihre Goldtransaktionen während des Zweiten Weltkrieges, München 1999 (engl.: The Deutsche Bank
and its Gold Transactions during the Second World War). Kurz danach erschien Johannes Bähr: Der Goldhandel der Dresdner Bank im Zweiten
Weltkrieg. Ein Bericht des Hannah-Arendt-Instituts, Leipzig 1999.

Harold James

Die Bergier-Kommission als Wahrheits-Kommission

Die „Unabhängige Experten Kommission Schweiz – Zweiter Weltkrieg" (UEK, aber nach ihrem Vorsitzenden Jean-François Bergier oft Bergier-Kommission genannt) wurde Ende 1996 vom schweizerischen Parlament und der schweizerischen Regierung einberufen, um ein aktuelles politisches Problem – den rapiden Image-Verlust der Schweiz im Ausland, besonders in den Vereinigten Staaten, als Folge der kurzsichtigen Handlungen der schweizerischen Banken in der Frage der „nachrichtenlosen Gelder" oder „dormant accounts" – zu beantworten. Sie hatte aber ein viel umfangreicheres Gebiet zu bearbeiten. Die Kommission soll nach dem Mandat des Bundesrats vom 19. Dezember 1996 so vollständig und umfassend wie möglich die politischen, wirtschaftlichen und finanziellen Beziehungen der Schweiz zu den Achsenmächten, den Alliierten sowie anderen neutralen Staaten untersuchen. Untersuchungsgegenstand sind weiter auch die Flüchtlingspolitik und die offizielle Aufarbeitung der schweizerischen Vergangenheit. Das sind große Erwartungen – Erwartungen, die selbstverständlich leicht in eine Enttäuschung einmünden können.

Die vergangenheitspolitische Debatte in der Schweiz

Nach dem Jahr 1996 entzündete sich eine weit ausgreifende und international Beachtung findende Debatte über die Verstrickung der Schweiz in die Gewaltverbrechen des Nationalsozialismus. Gegenstand der Diskussion war neben dem Umgang der schweizerischen Banken mit jüdischen Konten die angebliche finanzielle und wirtschaftliche Hilfeleistung der Schweiz für das NS-Regime, also einerseits die Möglichkeit für Gold- und Devisentransaktionen auf dem schweizerischen Markt, die die Grundlage für Einfuhren kriegswichtiger Rohstoffe (Wolfram- und Manganerze) und anderer Materialien nach Deutschland bildeten, andererseits die direkte Lieferung von Rüstungs- und anderen notwendigen Gütern direkt aus der Schweiz. Aber bei der Debatte ging es auch um die Einstellung der Schweiz zu den Opfern des NS-Regimes. Dabei waren vor allem zwei Entscheidungen der damaligen Schweiz von besonderer Bedeutung. Einerseits der schweizerische Beitrag zur Diskriminierung von deutschen und österreichischen Juden durch die deutsche Einführung eines „J"-Stempels im Paß 1938 und andererseits die Schließung der schweizerischen Grenzen, hierbei insbesondere die Entscheidung vom August 1942, jüdische Flüchtlinge nicht als politisch Verfolgte anzuerkennen – zu einem Zeitpunkt, als die Deportationen aus dem besetzten Westeuropa und die Mordaktion in den östlichen Vernichtungslagern voll im Gang waren. Die abgewiesenen Flüchtlinge mußten aufgrund dieser Entscheidung von der Schweizer Grenze den Weg in die nationalsozialistischen Vernichtungslager antreten. Diesen Vorwürfen gegenüber hatte jene ältere Generation, die sich aus ihrer Kindheit noch gut an die Bedrohung durch eine mögliche Invasion und die kriegsbedingten Versorgungsengpässe erinnern konnte, wenig Verständnis entgegengebracht. Zudem war diese Generation mit dem Stolz auf eine Schweiz der humanitären Rettungsaktionen aufgewachsen.

Fast alle Aspekte dieser historischen Diskussion hatten einen direkten Bezug zur schweizerischen Gegenwart. Die Debatte um das Verhalten gegenüber den jüdischen Flüchtlingen verband sich mit einem aktuellen Problem der schweizerischen Gesellschaft. Die Schweiz war Mitte der neunziger Jahre das europäische Land mit der mit Abstand höchsten Quote ausländischer Einwohner – darunter auch viele albanische Flüchtlinge aus dem Krisengebiet im Kosovo –, und Diskussionen über die Reizthemen Einwanderung und Fremdenhaß prägten die Tagespolitik.

Auch die Diskussion über die Rolle der Finanzwelt bzw. der Banken verschob sich immer mehr in Richtung auf tagespolitische Kontroversen. So hatte sich der vielleicht prominenteste heutige Kritiker der Politik seines Landes für die Jahre 1939-45, der Genfer Professor und Nationalrat Jean Ziegler, auch als Ankläger der offiziellen Schweiz und besonders der Banken als Ausbeutungs- und Unterdrückungsgehilfen der Dritten Welt profiliert.[1] Seiner Auffassung nach diente das berühmte Bankgeheimnis dazu, die Gelder der Diktaturen in Afrika, Südamerika und Asien zu waschen, die mit Unterstützung des westlichen Kapitalismus und der westlichen Geheimdienste (CIA) unter Mißachtung der Menschenrechte enorme Gewinne in der Schweiz anhäuften. Daß das endlich von schweizerischen Behörden sichergestellte Vermögen des zairischen Diktators Mobutu keineswegs die geschätzten vier Milliarden Franken erreichte, nährte nur den Zieglerschen Vorwurf der schweizerischen Komplizenschaft. Es besteht seiner Meinung nach ein direkter Zusammenhang zwischen der vermeintlichen finanziellen Anbiederung an die Nationalsozialisten, der Hilfe bei NS-Absetzbewegungen angesichts des sich abzeichnenden Kriegsendes und dem gegenwärtigen Profit der schweizerischen Banken aus dem Elend anderer. Die Banken hatten ihre damalige Politik mit dem Argument des (1934 entstandenen) Bankgeheimisses verteidigt. Die Kritiker äußerten die Befürchtung, daß dieses Geheimnis nur dazu dienen solle, Steuerflucht und noch viel schwerer wiegende Verbrechen in anderen Ländern zu verschleiern.

Es gibt aber noch eine weitere und weiterreichende Gegenwartsdebatte. Hierbei geht es um das Selbstbild der Schweizer. Die Neutralität gehört zum historischen Selbstverständnis der Schweiz. Sie erschien als Ausdruck eines moralisch legitimierten Standpunktes, der sich vor einer Involvierung in externe Konflikte scheute, aber dafür auch gute Dienste – zum Beispiel das Internationale Komitee des Roten Kreuzes – bereitstellte. In letzter Zeit erschienen jedoch auch kritische Berichte über die Rolle des Roten Kreuzes bei der Geheimhaltung des nationalsozialistischen Genozids.[3] Während der Epoche des Kalten Krieges waren die Neutralität der Schweiz und ihre Vermittlerdienste besonders nützlich, nicht nur für die Schweiz, sondern auch für die sich feindlich gegenüberstehenden Lager. Es ist oft mit Recht darauf hingewiesen worden, daß das Interesse der Vereinigten Staaten an der Klärung der schweizerischen Rolle im Zweiten Weltkrieg mit dem Ausbruch des Kalten Krieges schnell nachließ. Nach dem Jahr 1990 verlor die Schweiz ihre privilegierte Stellung. Es stellte sich nun erneut das alte Problem: Welche moralischen Argumente kann und soll man zur Untermauerung einer Politik des Beiseitestehens vorbringen? Dies wurde um so schwieriger, als die internationale Gemeinschaft immer deutlicher die Bereitschaft erkennen ließ, bei neu auftretenden Konflikten eine Intervention zu befürworten, wie beispielsweise im Golfkrieg, in Somalia, Ruanda, Bosnien oder im Kosovo.

Zugleich schuf die wirtschaftliche Entwicklung des ausgehenden 20. Jahrhunderts Herausforderungen, die nicht mehr nur im Rahmen des Nationalstaates gelöst werden konnten. Ein kleiner Staat, vom Außenhandel abhängig und in der Mitte Europas gelegen, tat sich da besonders schwer. Das führte zu einer lebhaften Debatte über eine mögliche Mitgliedschaft der Schweiz in der Europäischen Gemeinschaft (nach 1994 Europäische Union). Solchen Bestrebungen wurde vorerst durch ein Referendum ein Ende gesetzt. Wie sollte es mit der Schweiz weitergehen? Sollte sie nicht besser ihren traditionellen Weg verlassen und neue Pfade einschlagen? Eine Problematisierung der Vergangenheit könnte vielleicht eine europäische Neuorientierung herbeiführen. Vor diesem Hintergrund ist es nicht verwunderlich, daß der schweizerische Politiker, der sich am schärfsten und nachdrücklichsten gegen eine EU-Mitgliedschaft ausspricht, der Industrielle Christoph Blocher, sich auch sehr ablehnend gegenüber Versuchen der historischen Aufarbeitung verhält.

Diese Probleme in der Mitte der neunziger Jahre sind nun zum Teil schon selbst zu historischen Tatsachen geworden. Nachdem im Sommer 1998 die schweizerischen Banken vor einem amerikanischen Gericht mit den Anwälten der Sammelklagen jüdischer Opfer eine Übereinkunft erzielten, wobei der amerikanische Unterhändler, Unterstaatssekretär Stuart Eizenstat, die ersten vorläufigen Berichte der Bergier-Kommission hoch gelobt hatte, ließ das internationale Interesse an der Aufarbeitung der schweizerischen Geschichte erkenntlich nach. Vielfach war nun zu hören, die Kommission sollte mit ihrer Arbeit ganz aufhören oder sie zumindest radikal verkürzen und nur einen belanglosen Mini-Bericht veröffentlichen.

Nach der Erfahrung der ersten zwei Jahre der UEK und der damit einhergehenden Ausweitung der Diskussion auf die Rolle anderer Länder – neutraler Länder wie Schweden, Spanien oder Portugal, aber auch der von Deutschland besetzten Länder – hat sich im internationalen Umfeld einiges geändert. Obgleich nun zwar viele Länder ihre Geschichte aufarbeiten wollen, ist keines bereit, dies mit der Gründlichkeit der Schweiz zu tun. Kein anderes Land hat eine historische Kommission mit so weitreichenden gesetzlichen Mitteln ausgestattet: Weder die französische (Mattéoli-)Kommission noch die viel später eingesetzte österreichische

Kommission (bei der ein Mitglied, Bertrand Perz, vorher als Mitarbeiter bei der UEK tätig war) haben das Recht, nicht-öffentliche Privatarchive zu benützen. Die private Wirtschaft in Österreich und Frankreich – und auch in anderen Ländern – blockiert eine solche Ausweitung der historischen Forschung. Folglich wird notwendigerweise ein sehr bedeutender Aspekt der historischen Problematik, das Zusammenwirken staatlicher Organe mit Einzelpersonen und Firmen – und damit die Rolle der Wirtschaftsinteressen in einer Diktatur –, unterbelichtet bleiben müssen. Um so mehr hat die UEK die Möglichkeit und sogleich auch die Verpflichtung, vorbildliche historische Arbeit zu leisten.

Aber es ging nicht nur um eine rein historische Arbeit. Die Einsetzung der Kommission hat, soweit man es jedenfalls als Außenstehender beurteilen kann, aus politischer Sicht eine doppelte Funktion gehabt: Erstens sollte sie einen Beweis dafür liefern, daß die offizielle Schweiz jetzt politisch keineswegs so abgeschirmt und moralisch kurzsichtig sei, wie ihr oft vorgeworfen wurde. Zweitens sollte sie durch ihre Berichte und Befunde der schweizerischen Bevölkerung klar machen, daß es tatsächlich ein historisches Problem gab, deren heutige Lösung auch möglicherweise finanzielle Konsequenzen nicht nur für schweizerische Firmen, sondern auch für öffentliche Institutionen – z. B. die Nationalbank – haben könnte. Es war nämlich innerhalb der Schweiz zu einem heftigen Streit über den „Mythos Zweiter Weltkrieg" gekommen. Viele wollten ein, wie sie meinten, idealisiertes Geschichtsbild revidieren, während andere den Mythos einfach für die Wahrheit hielten. Die Kommission sollte diesen Streit schlichten und ein Gesamturteil fällen.

Was ist Wahrheit?

Für den einfachen Historiker, der Mitglied einer solchen Kommission ist, ist es keineswegs unproblematisch, die nicht immer vollständig formulierten oder ausgesprochenen politischen Erwartungen mit der gewohnten Aufgabenstellung, historische Vorgänge zu rekonstruieren und zu deuten, zu vereinen. Am besten verhält er sich, wenn er die gegenwartsbezogenen Aspekte der historischen Problematik bei der konkreten Arbeit einfach ausblendet. Wie aber sieht ein solches historisches Arbeiten aus?

Es gibt zwei allgemeine, typisch akademische Probleme, die die Arbeit der Kommission erschweren. Erstens: Mit fast 40 wissenschaftlichen Mitarbeitern hat sich die Kommission als eine Art akademische Arbeitsbeschaffungsmaßnahme erwiesen. Die schweizerischen Historiker, die nicht dabei sind bzw. glauben, daß ihre Schüler nicht genügend von der Kommission herangezogen werden, fühlen sich bei der Umsetzung dieser Arbeitsbeschaffung benachteiligt und äußern sich folglich zum Teil sehr kritisch in der Öffentlichkeit. Es gab z.B. einen großen öffentlichen Streit darüber, ob die Kommission den Arbeiten von Philip Marguerat und seinem Schüler Michel Fior[2] (der kurzfristig auch für die Kommission gearbeitet hat) über die Motive der Schweizerischen Nationalbank bei den Goldkäufen von Deutschland genügend Aufmerksamkeit geschenkt habe. Solche Auseinandersetzungen sind bei einer durch Rivalitäten und persönliche Animositäten gespaltenen Zunft unvermeidlich.

Zweitens: Die langsame Arbeit der Kommission und die Verzögerungen bei der Fertigstellung der zwei vorläufigen Berichte – über die Goldproblematik und über die schweizerische Flüchtlingspolitik – sind zum Teil eine Folge der Schwierigkeit, bei einer Vielzahl von Meinungen und Interpretationen innerhalb der Kommission zu einem ausgewogenen Urteil zu gelangen. Die Texte werden oftmals überarbeitet und immer wieder in Details abgeändert. Die sich daraus zwangsläufig ergebende Schwerfälligkeit des Unternehmens läßt bei einigen Kommissionsmitgliedern in Anbetracht der Brisanz der Thematik und der aktuellen Debatten, die mit der Arbeit der Kommission verbunden sind, eine gewisse Ungeduld entstehen.

Der Vorsitzende der Kommission hat oft davon gesprochen, daß er lieber den Begriff „Klarheit" als den der „Wahrheit" gebrauche. Denn die „Wahrheit" läßt sich nicht immer eindeutig ermitteln. Es kann sich ja aus der je unterschiedlichen Sicht der handelnden Personen und Institutionen eine Vielzahl sich widersprechender Wahrheiten ergeben. Trotzdem glaube ich, daß der Begriff „Wahrheitskommission" für eine so gestaltete Kommission nicht fehl am Platze ist, denn wir sollen ja mehr tun, als die Vielzahl der Wahrheiten einfach darstellen. Die Kommission soll eine juristische Wertung abgeben, und zusätzlich zu den acht Historikern ist daher auch ein Jurist Mitglied der Kommission.

Nun hat die Kommission im Mai 1998 einen ersten vorläufigen Bericht – über das relativ begrenzte Problem des Goldhandels, insbesondere der Nationalbank im Zweiten Weltkrieg – geliefert.[4] Dabei klammerte sie die juristische Bewertung der Neutralitätspolitik in bezug auf das Vorgehen der Zentralbank ganz bewußt aus. Wir fällten noch kein Urteil über das Handeln eines Landes und seiner Eliten. Wir lieferten nur ein kleines Teilbild.

Im Bericht wurden die „Fakten" – der Umfang des Goldhandels – dargestellt und die Motive geprüft, aber auch bewertet. So formulierte die Kommission ihre Schlußfolgerungen: „Aus heutiger Sicht sind die Argumente der Gutgläubigkeit und der neutralitätspolitischen Verpflichtungen zu den Goldübernahmen nicht stichhaltig. Wie sich anläßlich der Verhandlungen des Washingtoner Abkommens (1946) herausstellte, wußten die Verantwortlichen der SNB schon während des Krieges, daß die Reichsbank auch Raubgold in die Schweiz lieferte. Eine neutralitätspolitische Verpflichtung zur Annahme gestohlenen Goldes gab es nicht. Zudem erwies sich die Gutgläubigkeitsthese als argumentative Falle. Ohne Verlust ihrer Glaubwürdigkeit konnte die SNB nicht von ihr abrücken." (S. 211)

Dieser Bericht hat einige Kontroversen in der Schweiz ausgelöst, weniger im Ausland, wo er relativ unproblematisch als schweizerisches Bekenntnis zum Unrecht in der eigenen Geschichte interpretiert wurde. In der Schweiz jedenfalls hat er keine Fragen endgültig geklärt. Im Gegenteil, es wurde verlangt, daß die Kommission sich erweitern solle und daß mehr Meinungen und unterschiedliche Weltanschauungen bei der Urteilsbildung berücksichtigt werden sollten.

Erstens wurde uns vorgeworfen, wir betrieben eine zu stark moralisierende – „billig moralisierend" war ein Lieblingsausdruck – Geschichtsschreibung. Dieser Vorwurf kam hauptsächlich aus der Suisse romande, wo der moralisierenden deutschen oder schweizerdeutschen Auffassung eine erklärende und verstehende französische Version gegenübergestellt wurde. Wir würden, so die Kritik, ausschließlich mit den Maßstäben von heute werten.

Zweitens hätten wir uns in die mentale Lage der damaligen Schweiz nicht richtig einfühlen können. Ein „Arbeitskreis gelebte

Geschichte", der aus ehemaligen Bankiers und Beamten besteht und der sich als Verteidiger der damaligen Schweiz versteht, warf uns vor, daß wir „auf Grund unvollständiger Akten" gearbeitet hätten und daher „den damaligen Zeitgeist, die damalige Wertordnung ebenso schlecht wie die Atmosphäre und die Arbeitsweise der Behörden und der Wirtschaft in den Kriegsjahren" verstanden hätten.

Drittens fehle es uns an wirtschaftlichem Sachverstand. Wir hätten nicht eingesehen, daß die Goldkäufe der Nationalbank für eine stabile Geldpolitik unter den Bedingungen des Goldstandardsystems notwendig waren. (Dieser Vorwurf, der auch von seiten der Nationalbank vorgebracht wurde, beruht aber auf einem recht seltsamen Verständnis von Ökonomie. Denn Goldkäufe führen ja zu einem Anwachsen der Geldmenge und schaffen dadurch inflationäres Potential, das nicht als Teil einer Stabilitätspolitik verstanden werden sollte.) Im übrigen hieß es, die Goldtransaktionen würden von uns nicht angemessen im Kontext der Devisenbewirtschaftung und des europäischen Clearing-Systems verstanden. (Der Vorwurf ist berechtigt, nur muß man bei einem sehr komplexen Thema irgendwo anfangen.)

Viertens würden wir zu langsam arbeiten. Die Schweiz und die übrige Welt bräuchten eine schnelle Antwort auf die ausstehenden Probleme. Die lange Archivarbeit sei nur eine Verschleppungstaktik, die der notwendigen Klärung im Weg stehe. Die ganze Angelegenheit war durch politische und juristische Maßnahmen in den Vereinigten Staaten angestoßen worden, die immer weitere Kreise zogen und sich auf immer mehr Personen und Institutionen ausweiteten. Aber schon im Sommer 1998 stimmten die Schweizer Banken einem Abkommen zu, so daß die *Class Action Suits* gegen sie eingestellt wurden. Man brauche deshalb vielleicht nicht mehr die lange und aufwendige Arbeit der Historiker.

Fünftens sagten wir sowieso nichts Neues. Der Goldbericht biete nur längst Bekanntes: Die Goldkäufe der SNB seien ja aus vielen journalistischen und wissenschaftlichen Büchern seit den achtziger Jahren gut bekannt. Nach dem Erscheinen des UEK-Berichtes kam die SNB in einem eigenen Bericht zu erstaunlich ähnlichen Resultaten.

Der Hauptgrund für die zunehmende Kritik ist jedoch an anderer Stelle zu finden: Es handelt sich um die Frage nach der Machbarkeit einer rein wissenschaftlichen Aufarbeitung der Vergangenheit.

Geschichte und Erinnerung

Es braucht hier nicht näher ausgeführt zu werden, wie irreführend die Kritik ist. Sie erhellt aber das Problem der Vermischung von historischen und juristischen Urteilen. Der Haupteinwand gegen eine historische Aufarbeitung besteht wohl darin, daß Dokumente interpretierende Historiker die Sache notwendigerweise anders sehen und beurteilen als die damals direkt Beteiligten. Wir werden der Macht der Erinnerung nicht gerecht. Nun ist dies auch ein Kritikpunkt, der gerade bei den jetzt eingesetzten Kommissionen zum Thema Zweiter Weltkrieg oft auch von den Opfern vorgebracht wird: daß die Dokumente alleine ihr Leid nicht vermitteln können.

Die neuartige Diskussion der neunziger Jahre über den Holocaust ist nicht leicht zu erklären. Zum Teil ist sie dadurch entstanden, daß wir seit der Öffnung der Archive nach Beendigung des „Kalten Krieges" erheblich mehr wissen als früher. Die Belebung der Diskussion dürfte auch in erheblichem Maße dadurch motiviert sein, daß die direkte Erinnerung bald aus biologischen Gründen erlöschen wird.

Wenn Historiker versuchen, alle erlebten „Wahrheiten" der damals Beteiligten ausführlich darzustellen, würden sie das Bild der Geschichte verwischen und nicht erklären. Erinnerung ist selektiv: Für den einzelnen macht Erinnerung nur Sinn auf Grund des Vergessens, aber Historiker können eben nicht in dieser Weise vorgehen, wenn sie nicht in einem postmodernen Sumpf von ‚Nichterklärenwollen' versinken sollen. Die Darstellung einer Reihe von widersprüchlichen Erinnerungen wäre eine Art, Geschichte unverständlich zu machen. Die Geschichte wird zwischen zwei Aufgaben hin- und hergerissen: Sie soll Teil der Erinnerung sein, und zur gleichen Zeit soll sie die Vielzahl der Erinnerungen entpersonalisieren und verewigen. Es herrscht die Vorstellung vor, daß Historiker Erinnerungen irgendwie zu einem fertigen und verständlichen Produkt verarbeiten könnten. Aber dann ist das Produkt kein ‚Erinnern' mehr.

Hierin besteht die Analogie zu richterlichem Vorgehen. Rechtsprechung bedeutet die Zurückstellung von privaten Meinungen zugunsten der Gerechtigkeit. Wir sind aber in letzter Zeit sehr skeptisch gegenüber diesen Objektivitätsansprüchen der Justiz geworden. Wir haben uns durch „Critical Legal Studies" von der Zeitgebundenheit der Justiz überzeugen lassen. Während juristische Prozesse dafür bekannt sind, daß sie sich endlos hinziehen – man denke nur an die kaum übertriebene Karikatur der englischen Ziviljustiz im 19. Jahrhundert in Charles Dickens' *Bleak House* –, haben historische Urteile in der Vergangenheit oft den Vorteil gehabt, daß sie schnell die Sicht aus *einer* Perspektive gaben. Sie sind aber nicht für die Ewigkeit geschrieben: Sie fordern andauernd zur Revision des überlieferten Geschichtsbildes auf. Unsere Disziplin besteht aus einem ununterbrochenen Revisionismus. Die Kommissionen sollen aber – so die politische Erwartung – ein ausgewogenes und endgültiges Urteil fällen. Sie sollen dem inflationären Revisionismus Einhalt gebieten. Mit dieser Forderung laufen sie vielen Anstrengungen zur Mobilisierung von Erfahrung und Erinnerung – es kann heute ja schon von einer „Wissenschaft des Erinnerns" gesprochen werden – zuwider. In der heute verbreiteten Neigung zur Einsetzung historischer Kommissionen werden die traditionellen Rollen von Historikern und Richtern vertauscht.

Jetzt arbeiten die Juristen flink, und es sind die Historiker, die langsam sind. Jetzt sind es die Historiker, die Erinnerung verarbeiten und dabei zu einem endgültigen Urteil kommen sollen. Die juristische Lösung wird heute mittels einer Einigung schnell herbeigeführt, kann aber die moralischen und politischen Probleme nicht lösen. Wir – die Historiker – müssen nun schnell handeln. Sonst setzen wir uns der Gefahr aus, daß die involvierten Personen und Institutionen – die Schweizer Banken und die europäischen Versicherungen, die unausbezahlte Policen haben, oder die deutschen Unternehmen, die Zwangsarbeiter ausgenutzt haben – Abkommen schließen, lange bevor die Historiker und ihre Kommissionen ihre Untersuchungen abgeschlossen haben. Diese Abkommen würden dann geschlossen, ohne daß es zur wirklichen Klärung der historischen Vorgänge gekommen wäre. Dann wären die Historiker mit ihrer Aufgabe gescheitert. Sie wären der Erwartungshaltung, die die Gesellschaft jetzt gegenüber der Geschichte einnimmt, nicht gerecht geworden.

Anmerkungen

1 Jean Ziegler: Die Schweiz wäscht weisser, München/Zürich 1990, ²1992. Ders.: Wie herrlich, Schweizer zu sein, München 1993. Ders.: Die Schweiz, das Gold und die Toten, München 1997. Ders.: Die Barbaren kommen: Kapitalismus und organisiertes Verbrechen, München 1998.

2 Jean Claude Favez: Das internationale Rote Kreuz und das Dritte Reich, München 1988. Ders.: Warum schwieg das Rote Kreuz?, München 1994. Ders.: Une mission imposible?: le CICR, les déportations et les camps de concentration nazis, Lausanne 1996. Paul Stauffer: Sechs furchtbare Jahre: Auf den Spuren Carl J. Burckhardts durch den Zweiten Weltkrieg, Zürich 1998.

3 Michel Fior: Die Schweiz und das Gold der Reichsbank, Zürich 1997. Ders.: L'or de la Reichsbank: que savait la Banque Nationale Suisse (1939–1945)?, Neuchâtel 1997.

4 Die Schweiz und die Goldtransaktionen im Zweiten Weltkrieg: Zwischenbericht, Bern 1998.

Henry Rousso

Justiz, Geschichte und Erinnerung in Frankreich

Überlegungen zum Papon-Prozeß[1]

Am 31. Oktober 1997, drei Wochen nach der Eröffnung des Pa-pon-Prozesses, begann die Vernehmung der „Zeugen-Historiker" mit dem amerikanischen Historiker Robert Paxton. Als er seine „Aussage", ein Referat über die Politik des Vichy-Regimes zwischen 1942 und 1944, beendet hatte, fragte ihn der Verteidiger Jean-Marc Varaut: „Ist es ihrer Meinung nach die Aufgabe eines Historikers, bei einem Prozeß vor Gericht als Zeuge auszusa-gen?" Paxton, der schon im Jahre 1994 im Prozeß gegen den ehemaligen Milizsoldaten Paul Touvier als Zeuge aufgerufen worden war, antwortete: „Ich glaube tatsächlich, daß Histo-riker diese Rolle einnehmen können. Wahrscheinlich wäre mein Leben einfacher, wenn ich es abgelehnt hätte. Ein Historiker ist kein Augenzeuge, und er gibt kein Urteil ab. Doch bei einem Prozeß kann er eine sehr spezifische Aufgabe erfüllen. Lassen Sie mich als Beispiel den Touvier-Prozeß anführen: Die Historiker haben als Zeugen ausgesagt, doch bestand ihre Aufgabe nicht darin, über das zu sprechen, was sie gesehen haben, sondern darin, das Umfeld zu erläutern. Das hat so umfassend und erhellend wie möglich zu geschehen, damit bestimmte Behauptungen wider-legt und bestimmte Erläuterungen klarer werden. Die Historiker haben die Aufgabe, den Kontext der Tatsachen zu beschreiben; sie haben eine authentische Rolle, und ich habe sie angenom-men."[2]

Drei Monate später antwortete Paxton, von einer Journalistin mit der gleichen Frage konfrontiert, bereits nuancierter: „Die Hi-storiker urteilen nicht über die Schuld oder die Unschuld eines Individuums, indem sie das Strafgesetzbuch zu Rate ziehen. Sie versuchen, die Vergangenheit zu verstehen und sie verständlich zu machen. Doch natürlich urteilen auch sie – darüber nämlich, ob eine Person sich angemessen verhalten hat, eine andere dagegen nicht."[3] Diese beiden Bemerkungen – die eine vor Gericht, die andere mit einem gewissen zeitlichen Abstand – beleuchten schlaglichtartig den Konflikt der Historiker, die bei dieser Art von Prozessen als Zeugen aufgerufen werden.

Indem sie die Rolle des Sachverständigen übernahmen, haben sie sich einem Dilemma ausgesetzt: zwischen ihrer eigenen wissenschaftlichen Arbeit und der des Gerichts, zwischen ihren eigenen Interpretationen und Werturteilen und denjenigen der Justiz, die ein Urteil über die Schuld eines Individuums aufgrund feststehender Tatsachen fällen muß. Lehnten die Historiker es ab, vor Gericht zu erscheinen, setzen sie sich dem Vorwurf aus, sich einer Aufgabe zu entziehen, die ihnen nicht nur von der Justiz, sondern auch durch die Erwartung der Öffentlichkeit zugewiesen wird. Die Aufgabe bestand im Falle des Papon-Prozesses darin, das Gericht und die Geschworenen mit dem verfügbaren Wissen über die Vichy-Zeit vertraut zu machen, um dem Gericht zu helfen, historische Fehler und unzutreffende Schlußfolgerungen aus feststellbaren Fakten zu vermeiden.[4]

Zum zweiten Mal innerhalb weniger Jahre sind in Frankreich Historiker als Sachverständige zu einem Strafprozeß hinzugezogen worden. In beiden Fällen, dem Touvier- wie auch dem Papon-Prozeß, ging es um die Feststellung von Verbrechen, die während des Zweiten Weltkrieges an Juden verübt worden waren. Und in beiden Prozessen handelten die angeforderten Gutachten weder von technischen Problemen noch von bestimmten Detailfragen, wie es etwa im Jahre 1898 der Fall gewesen war, als Archivare und Historiker bei den Dreyfus-Prozessen Gutachten über die Aktennotizen *("bordereau")* abgaben.[5] Bei dem jetzigen Prozeß in Bordeaux jedoch bezogen sich die historischen „Gutachten", die von der Staatsanwaltschaft und den Nebenklägern angefordert worden waren, auf die Tathergänge selbst. Fragen nach Verantwortung und Schuld eines hohen Beamten – und folglich des Regimes, dem er gedient hatte – waren dabei zu bewerten. Die Historiker waren zweifellos wichtig, befanden sich aber auch deshalb in einer heiklen Situation, weil die Anschuldigungen eine Zeit betrafen, die mit Ausnahme des Angeklagten selbst – und einiger noch lebender Opfer – keiner der Anwesenden mehr persönlich erlebt hatte. Ihre Bedeutung war um so größer, weil sowohl die französische Justiz als auch einflußreiche Kreise der Politik seit längerem angekündigt hatten, diesen Prozeß nach dem Muster der Touvier- und Barbie-Prozesse zu einem exemplarischen „Anschauungsunterricht", zu einem Prozeß zugunsten „der Geschichte" und „der Erinnerung" zu machen.

Die Rolle der Historiker hat aber sowohl methodische als auch wissenschaftlich-ethische Fragen aufgeworfen. Vor allem unterstrich sie die Schwierigkeit, aus der Distanz eines halben Jahrhunderts nicht nur über einen Mann, sondern über ein Regime, ja eine ganze Epoche ein Urteil zu fällen. Da die Justiz sich im wesentlichen auf Archivdokumente statt auf die geringe Zahl unmittelbarer Zeitzeugen stützte, entstand zugleich unter der Hand eine Art „historischer Erzählung". Diese mag zwar auf den ersten Blick derjenigen der Historiker ähneln. Tatsächlich ist sie davon aber weit entfernt, denn sie war zwangsläufig einer juristischen Lesart verpflichtet (der Anklage „Verbrechen gegen die Menschlichkeit") und mußte sich daher den strengen Verfahrensregeln eines *Strafprozesses* unterwerfen – so außergewöhnlicher Natur er in diesem Fall auch immer gewesen sein mag.

Daraus ergeben sich aber zahlreiche Fragen: Wie kann man eine „gerichtliche" und eine „historische Wahrheit" in Übereinstimmung bringen? Kann Geschichte überhaupt nach normativen Kriterien beurteilt werden? Sind es Richter oder Historiker, die berechtigt sind, über die Vergangenheit zu urteilen? Bis zu welchem Grade war der Fall Maurice Papon repräsentativ für das Regime, dem er gedient hatte, und wie exemplarisch war daher der Prozeß? Und schließlich: Was ist der Sinn eines solchen Verfahrens, nicht nur im Hinblick auf die Rechtsprechung oder die den Opfern geschuldete Wiedergutmachung, sondern auch im Hinblick auf das kollektive Gedächtnis der Franzosen, dem zu dienen ebenfalls eine der stillschweigenden Aufgaben dieses Prozesses war?

Ein ungewöhnlicher Angeklagter und ein ungewöhnlicher Prozeß

Unter all denjenigen, die seit Anfang der siebziger Jahren in Frankreich wegen Verbrechen gegen die Menschlichkeit angeklagt worden sind, ist Maurice Papon eine herausragende Figur, weniger wegen seiner Rolle im Krieg selbst als vielmehr aufgrund der bemerkenswerten Karriere, die er anschließend machte. Den früheren Nationalsozialisten Klaus Barbie kannte, bevor Bolivien ihn 1983 an Frankreich auslieferte und 1987 der Prozeß gegen ihn begann, nur ein Teil der französischen Öffentlichkeit als den ehemaligen Folterer Jean Moulins, eines Anführers des französischen Widerstandes. Noch unbekannter war der Milizsoldat Paul Touvier, der am Ende des Krieges untergetaucht war, bis er im Jahre 1973 als erster Franzose wegen Verbrechen gegen die Menschlichkeit angeklagt und 1994 verurteilt wurde. René Bousquet, der ehemalige Polizeichef der Regierung Laval, hatte eine zwar sehr erfolgreiche, aber weitgehend im verborgenen verlaufene Karriere als Geschäftsmann hinter sich, bevor er 1991 in einem vielbeachteten Prozeß angeklagt wurde. Erst sehr spät war seine entscheidende Rolle in der Beteiligung des Vichy-Regimes an der „Endlösung" aufgedeckt worden. Auch seine kontinuierlichen Beziehungen zu François Mitterrand machten ihn mit einem Schlag bekannt, bevor er 1993 ermordet wurde.

Dagegen bekleidete Maurice Papon schon bald nach dem Krieg wieder einflußreiche Positionen als Beamter und Politiker. Im Juni 1942 war er zum Chef der Präfektur der Gironde ernannt worden – eine ziemlich einflußreiche Stelle, da die Präfekturen während der Besatzungszeit eine zentrale Rolle spielten und entscheidende Schaltstellen im gesamten Vichy-Regime und besonders in der besetzten Zone waren. Die Präfekten selbst übten auf lokaler Ebene große Macht aus, da alle gewählten Repräsentanten (Abgeordnete, Bürgermeister etc.) ihrer Ämter enthoben waren. Aufgrund ihrer zentralen administrativen Position, besonders als Straf- und Verfolgungsbehörden, waren sie für die deutschen Militär- und Polizeibehörden die bevorzugten Ansprechpartner.

Nach der *Libération* hat der als Verwaltungsfachmann bekannte Maurice Papon seine Laufbahn fortsetzen können. Allen Strafmaßnahmen während der „Säuberung" (*Épuration*) war er durch die Behauptung entgangen, in einem lokalen Widerstandskreis mitgearbeitet zu haben. Dafür konnte jedoch niemals ein eindeutiger Beweis erbracht werden. Im Jahre 1949 wurde er Präfekt von Constantine in Algerien, im Jahre 1954 Generalsekretär des französischen Protektorates in Marokko. Im März 1958, kurz vor der Rückkehr General de Gaulles an die Macht, wurde er zum Pariser Polizeipräfekten ernannt – eine Schlüsselstellung, die er bis 1967 innehatte. Während seiner Amtszeit kam es am 17. Oktober 1961, auf dem Höhepunkt des Algerien-Krieges, in Paris zur gewaltsamen Zerschlagung einer Demonstration von Algeriern mit mehreren Dutzend, vielleicht sogar über hundert Toten – ein Vorfall, der im Prozeß ausführlich behandelt wurde. Danach machte Papon eine politische Karriere bei den Gaullisten, bis er schließlich 1978 Finanzminister in der Regierung Raymond Barre wurde. Erst 1981, mitten im Wahlkampf um das Präsidentenamt, berichtete die Presse, die von den Opferverbänden ehemaliger Deportierter informiert worden war, über seine Rolle während der Okkupation. Der nachfolgende Skandal führte schließlich zum Prozeß von Bordeaux.

Im Jahre 1997 war Maurice Papon also weder ein aus der Vergangenheit aufgetauchter Unbekannter noch ein bußfertiger Faschist wie Touvier. Trotz seiner Vergangenheit repräsentierte er nicht das Vichy-Regime, sondern weitaus eher das französische Staatsbeamtentum. Aber er stand auch für die gaullistische Fünfte Republik, deren Legitimation sich zu einem nicht unbeträchtlichen Teil auf die Résistance gründete.

Doch auch unabhängig von der Person des Angeklagten war das Verfahren aus mancherlei Gründen ein öffentliches Ereignis. Mit seiner Dauer von über sechs Monaten wurde es zum längsten Prozeß der französischen Geschichte. Zum Vergleich: Der Prozeß gegen Marschall Pétain im Juli 1945 hatte gerade drei Wochen gedauert. Die gerichtlichen Voruntersuchungen und unvorhergesehene Wendungen eingerechnet, begann der Papon-Prozeß nach über fünfzehn Jahren – ein in der Strafjustiz äußerst ungewöhnlicher Zeitraum. Niemals zuvor war in Frankreich ein Angeklagter wegen derart weit zurückliegender Vorgänge angeklagt worden. Und niemals zuvor war ein Angeklagter, der für Verbrechen dieser Schwere vor ein Schwurgericht gezogen worden war, nicht auch zugleich in Untersuchungshaft genommen worden. Und schließlich wurde wohl zum ersten Mal, zumindest in Friedenszeiten, ein Beamter mit solch einer politischen und administrativen Verantwortung wegen Taten vor Gericht gestellt, die er in Erfüllung seiner Verwaltungsaufgaben begangen hatte.

In dieser Hinsicht war der Papon-Prozeß vor allem ein Prozeß gegen die Vichy-Regierung und deren unmittelbare Verstrickung in die Judenverfolgungen. Stillschweigend war er aber auch ein Prozeß gegen das tatsächliche oder doch vermutete Ausbleiben einer grundlegenden „Säuberung". Weite Teile der französischen Öffentlichkeit, insbesondere die jüngere Generation, waren davon überzeugt, daß die Verantwortlichen des Vichy-Regimes nach der *Libération* nicht oder nicht ausreichend zur Rechenschaft gezogen worden waren. Unausgesprochen wurde dabei auch eine bestimmte Sichtweise auf die Okkupationszeit in Frage gestellt, die seit dem Ende des Krieges und bis weit in die sechziger Jahre hinein vorgeherrscht hatte. Diese war vornehmlich darum bemüht gewesen, die nationale Einheit zu wahren, indem man sich demonstrativ den Aufgaben der Zukunft widmete.

Mit anderen Worten: Der Papon-Prozeß hatte auch eine symbolische Bedeutung, weil er nicht nur das Verhalten der französischen Eliten während der Besatzung thematisierte, sondern auch das Verhalten eines großen Teils der Franzosen nach dem Krieg. Er war daher ebenso ein Prozeß gegen Vichy wie ein Prozeß gegen das Vergessen. Darüber hinaus hat die Biographie Maurice Papons dazu geführt, daß im Prozeß auch die von der französischen Republik im Algerien-Krieg begangenen Verbrechen zur Sprache kamen. So sind durch den Prozeß nicht zuletzt auch die traditionellen französischen Vorstellungen über die Aufgaben des Staates und die Bedeutung der Staatsräson in Frage gestellt worden.

Der Papon-Prozeß in der langen Geschichte der Erinnerung an Vichy

Der Papon-Prozeß war eine entscheidende Etappe und zugleich ein Katalysator in der noch keineswegs abgeschlossenen Geschichte des problematischen Umgangs, den die Franzosen mit ihrer Vergangenheit seit 1944/45 pflegen; dies sind im übrigen Schwierigkeiten, die auch andere Länder haben, die in den Zweiten Weltkrieg verwickelt waren.

Ausgangspunkt dieses Prozesses und der beiden früheren Verfahren ist der Grundsatz der „Unverjährbarkeit" von „Verbrechen gegen die Menschlichkeit". Die Unverjährbarkeit, die ausschließlich auf einen solchen Tatbestand Anwendung findet, war dem französischen Recht lange fremd. Erst im Dezember 1964 hatte die französische Nationalversammlung einstimmig eine Novelle verabschiedet, durch die sich Frankreich in dieser Frage den meisten übrigen europäischen Ländern angleichen sollte. In keiner Weise war dieses Gesetz, das von der Linken und der Rechten im Konsens verabschiedet wurde, dazu gedacht, Prozesse gegen ehemalige französische Kollaborateure wieder aufzurollen. Diese hatten weitgehend von Amnestiegesetzen der Jahre 1951 und 1954 profitiert, nach denen Anklagen wegen Hochverrats im französischen Strafgesetz prinzipiell nach zwanzig Jahren verjährten. Die Abgeordneten und Senatoren, unter denen sich zahlreiche Widerstandskämpfer befanden und die vor allem auf seiten der Gaullisten mehrheitlich für die Amnestiegesetze stimmten, hatten wohl niemals daran gedacht, daß gerade dieses Gesetz dreißig Jahre später eine neue Phase der „Säuberung" einleiten würde.

Die französischen Abgeordneten befürchteten 1964, daß deutsche Kriegsverbrecher weiteren Verurteilungen entgehen würden, sollte in der Bundesrepublik eine Verjährung in Kraft treten. In Frankreich waren aus politischen und juristischen Gründen bereits Mitte der fünfziger Jahre die Prozesse gegen Naziverbrecher eingestellt worden. Karl Oberg und Helmut Knochen, zwei der wichtigsten Polizei- und SS-Führer im besetzten Frankreich, waren 1962 auf Initiative von General de Gaulle aus der Haft entlassen worden. Nun befürchtete die französische Nationalversammlung, daß deutsche Staatsangehörige, die im besetzten Frankreich an Naziverbrechen beteiligt gewesen waren (unter ihnen Klaus Barbie, der in der entsprechenden Parlamentsdebatte häufig angeführt wurde), auch vor deutschen Gerichten nicht mehr zur Verantwortung gezogen werden könnten. Daher entschloß man sich zu diesem Gesetz, das aus einem einzigen Artikel besteht: „Die Verbrechen gegen die Menschlichkeit, so wie sie in einer Resolution der Vereinten Nationen vom 13. Februar 1946 definiert wurden, die sich auf die Definition der Verbrechen gegen die Menschlichkeit beruft, wie sie die Charta des Internationalen Gerichtshofs vom 8. August 1945 verabschiedet hat, sind ihrem Wesen nach unverjährbar."[6]

Ohne daß sich die Urheber über sämtliche Konsequenzen bewußt waren, hat dieses Gesetz langfristig zu wesentlichen Veränderungen in der französischen Rechtspraxis geführt. Auch war es mitverantwortlich dafür, daß sich das kollektive Gedächtnis der Franzosen in bezug auf ihre jüngste Vergangenheit deutlich gewandelt hat. Das ist deshalb besonders hervorzuheben, weil ein

Teil der öffentlichen Meinung der neunziger Jahre den Begriff der Unverjährbarkeit inzwischen ebenso für selbstverständlich hält wie die Tatsache, daß diese gesetzliche Regelung dazu führt, Konflikte zu lösen, die weniger auf die feindliche Besatzung als vielmehr auf die Existenz des Vichy-Regimes zurückgingen und zwischen 1940 und 1944 die französische Gesellschaft wie in einem Bürgerkrieg tief gespalten hatten.

Wenn dies auch nicht die Absicht dieses Gesetzes war, so zeigte es doch, daß Vorstellungen des Rechtes und solche der kollektiven Erinnerung nicht deckungsgleich sind. Es war von einer Generation verabschiedet worden, die den Krieg noch persönlich erlebt hatte und die zwar die Notwendigkeit anerkannte, die Nazi-Barbarei niemals zu vergessen, sich aber zugleich für eine deutsch-französische wie auch für die innerfranzösische Versöhnung einsetzte. Später ist das Gesetz jedoch von Generationen angewandt worden, die die Meinung vertraten, daß von Deutschen oder Franzosen begangene Verbrechen unvergessen bleiben sollten, auch wenn sie nach dem Krieg schon aufgrund anderer gesetzlicher Regelungen verfolgt worden waren.

Das Gesetz vom Dezember 1964 bewirkte letztlich also einen grundsätzlichen Wandel im juristischen und kulturellen Umgang mit der Vergangenheit. Seine Anwendung in der juristischen Praxis hat während der letzten 20 Jahre jedoch besondere Probleme hervorgebracht. Sie beruhten auf der spezifischen Definition eines „Verbrechens gegen die Menschlichkeit", die zu verschiedenen Opferkategorien der deutschen Besatzung und des Vichy-Regimes geführt hat und damit bewußt oder unbewußt zu Diskriminierungen. Aus juristischen, politischen und moralischen Erwägungen heraus hatte das Gesetz zu Gerichtsverfahren geführt, in denen ausschließlich die an Juden, nicht aber die an Widerstandskämpfern begangenen Verbrechen verfolgt wurden. Auch wenn einige juristische Bestimmungen, besonders ein 1985, kurz vor dem Barbie-Prozeß ergangenes Urteil des Kassationshofes, auch Prozesse wegen Verbrechen gegen die Widerstandskämpfer formal ermöglichten, ist bislang nur die judenfeindliche Politik der Nationalsozialisten sowie die Beihilfe der *vichystes* und der Kollaborateure berücksichtigt worden.

Dieser Tatbestand, der ganz offensichtlich aus dem verspäteten Bewußtsein der Bedeutung des Völkermordes an den Juden erwachsen ist, hat zu zahlreichen Polemiken und manchmal auch zu Mißverständnissen in einem Land geführt, dem es immer sehr schwer fiel, allen Opfern der Okkupation einen eindeutigen Status im nationalen Gedächtnis zuzuweisen. Trotz der offiziellen Formel von der „Leidensgemeinschaft" hatte sich in der Nachkriegszeit allmählich eine Hierarchie der Opfer herausgebildet. An deren Spitze standen die Märtyrer des Widerstandes, also die etwa 50 000 Personen, die erschossen wurden oder während ihrer Deportation verstarben. Die jüdischen Opfer, etwa 75 000 Personen (Frauen und Kinder eingerechnet), sind als Gruppe weder eindeutig identifiziert noch in gesonderter Weise anerkannt worden.[7] Erst seit den achtziger Jahren ist die Judendeportation auch in Frankreich zum beherrschenden Gegenstand des Diskurses über den Zweiten Weltkrieg geworden. Diese Tendenz ist von den Prozessen, die ausschließlich solche Verbrechen zum Gegenstand hatten, noch einmal verstärkt worden. So hat sich während der letzten Jahre die „Konkurrenz der Opfer" in einem Land, in dem der größte Teil der Bevölkerung unter der NS-Besatzung gelitten hatte, umgekehrt, sind die Opfer des Widerstandes gegenüber den jüdischen Opfern nach und nach in den Hintergrund getreten.

In dieser Hinsicht spiegelt der Papon-Prozeß die auffällige Wandlung, die das kollektive Gedächtnis der Franzosen während den letzten 30 Jahre vollzogen hat. Während die Frage nach dem Antisemitismus der vierziger Jahre – und besonders auch des *französischen* Antisemitismus – in der Nachkriegszeit verdrängt, ja geradezu aus den Augen verloren wurde, stand sie seit dem Ende der siebziger Jahre im Zentrum der Debatten über die Erinnerung. Ähnlich wie in Deutschland und in vielen anderen Ländern wurde sie auch in Frankreich zu einem beherrschenden Topos der politischen Rhetorik. So hat sie schließlich zu einer Art „zweiten Säuberung" beigetragen, die freilich auf einer ganz anderen Basis und in einem ganz anderen Kontext stand als die „Säuberungen" nach der Befreiung.

Die Gerichtsverfahren, in denen die Verbrechen gegen die Menschlichkeit verhandelt wurden, betrafen insgesamt bislang lediglich einen Deutschen, Klaus Barbie, und fünf Franzosen. Davon sind nur zwei verurteilt worden. Außer Paul Touvier und Maurice Papon wurden zwischen 1973 und 1991 René Bousquet,

Jean Leguay (sein Stellvertreter in der Besatzungszone) und Maurice Sabatier, der Präfekt der Gironde, im Rahmen der Ermittlung gegen Papon angeklagt. Alle drei verstarben noch vor dem Ende der Ermittlungsverfahren.

Von ihrem Umfang her ist diese zweite „Säuberung" mit derjenigen der Nachkriegszeit kaum zu vergleichen. Diese hatte etwa zehn Jahre angedauert, dabei waren ungefähr 130000 Prozesse geführt und etwa 1500 Todesurteile vollstreckt worden – nicht eingerechnet die Zehntausende von Toten, die den „wilden", also außergerichtlichen „Säuberungen" zum Opfer gefallen waren.[8] Die erhebliche symbolische Bedeutung der jüngeren Prozesse und die große öffentliche Aufmerksamkeit, die sie erregten, rechtfertigen das Interesse daran, die juristischen und kulturellen Unterschiede zwischen den beiden Verfahren zu charakterisieren.

Nach dem Krieg sind fast alle Verfahren auf staatliche Initiative hin von Regierungskommissaren auf den Weg gebracht worden, die gleichsam als Staatsanwälte operierten. Nur ein geringer Teil der Anklagen war von Widerstandskämpfern oder den Opfern selbst ausgegangen. Die politische „Säuberung" – ein Begriff, dessen Ursprung bis zur Französischen Revolution zurückreicht – strebte danach, die Nation zu „reinigen" und Grundlagen für einen politischen und sozialen Wiederaufbau der Republik zu legen. Sie verstand sich also als nationale Aufgabe, im Namen der Staatsräson und von Regierungen durchgeführt, die den Anspruch erhoben, selbst Widerstand geleistet zu haben. Ihre Absicht war es, die Täter so schnell wie möglich zu bestrafen, die übrigen zu entlasten und den Bürgerkrieg in ähnlicher Weise zu beenden, wie dies bei vergleichbaren innerstaatlichen Konflikten (1848, der *Commune*, der Dreyfus-Affäre usw.) in der Vergangenheit bereits der Fall gewesen war.

Alle seit 1973 eingeleiteten Ermittlungsverfahren waren dagegen Folge von Strafanträgen, die von den Verbänden der ehemaligen Widerstandskämpfer oder Zwangsdeportierten gestellt worden waren. Sie gingen aus zivilen Aktionen hervor, bei denen Serge Klarsfeld eine entscheidende Rolle spielte, waren also Ergebnis gesellschaftlicher Initiativen, nicht das Resultat staatlicher Ermittlungen. Die staatlichen Behörden hatten, so etwa im Falle René Bousquet, anfänglich vielmehr versucht, den Aktenzugang zu behindern, bevor sie die Verfahren schließlich ihren Gang nehmen ließen. Die Aufnahme der Verfahren entstammte daher nicht der Staatsräson, sondern dem Willen, den Opfern endlich Gerechtigkeit widerfahren zu lassen. Dies geschah unter Berufung auf eine „Verpflichtung zur Erinnerung", deren Ziel das Bewahren der Erinnerung gegen jede Art des Vergessens war und bei der jede Form des Vergessens nun geradezu als verbrecherisch gebrandmarkt wurde.

In diesem Sinn markiert der Papon-Prozeß eine Entwicklung innerhalb der französischen Gesellschaft nicht nur in bezug auf die Sicht der eigenen nationalen Vergangenheit, sondern auch auf die Beziehungen zwischen Staat und Gesellschaft insgesamt sowie auf das zunehmende Gewicht religiöser, kultureller oder regionaler Identitäten in einem Land, das diese bislang größtenteils negiert hatte. Die wiederholte Verurteilung des Antisemitismus von Vichy während der letzten fünfzehn Jahre vor allem durch die jüngeren Generationen erklärt sich auch damit, daß sich die auch von vielen Juden mit einer gewissen Starrheit genährten Vorstellungen von der Laizität der Republik gewandelt haben und durch konfliktreichere ersetzt worden sind. In dieser Hinsicht war der Prozeß auch ein Symptom für die fortschreitende Entsakralisierung der staatlichen Macht und des überlieferten französischen Nationalbewußtseins – eine Entwicklung, die auch im Zusammenhang mit dem politischen Aufbau eines neuen europäischen Raumes gesehen werden muß.

In den Prozessen der Nachkriegszeit war die Frage des Antisemitismus nur beiläufig behandelt, wenn auch nicht vollkommen ignoriert worden – ein weiterer entscheidender Unterschied zwischen den beiden „Säuberungen". Allgemein hatten Justiz, Politik und Öffentlichkeit die Kollaboration mit dem Feind als das entscheidende Vergehen angesehen. In dieser Sichtweise schienen Antisemitismus und Judenverfolgung im wesentlichen entweder aus den unmittelbaren Handlungen der Besatzungsmacht hervorgegangen zu sein oder zum weiteren Kontext der Kollaboration zu gehören. Der erste Generalkommissar für Judenfragen, Xavier Vallat, Anhänger von Charles Maurras, einem der Gründer der *Action française*, dem seine Ankläger 1947 bei seinem Prozeß vorgeworfen hatten, sich äußerst eifrig für antisemitische Verfolgungsmaßnahmen eingesetzt zu haben, hatte sich beispielsweise zu seiner Verteidigung noch darauf berufen können, daß ihn ein genuin französischer Antisemitismus geleitet habe und keinesfalls Übereinstimmungen mit der Ideologie des Feindes. Nicht seinen Antisemitismus versuchte er also zu leugnen, sondern lediglich die Tatsache der Kollaboration.[9]

Die Beteiligung an der Judenverfolgung dagegen war der ausschließliche Anklagepunkt, der gegen Barbie, Touvier und Papon aufrechterhalten wurde. Die gegen die Widerstandskämpfer oder die Gesellschaft insgesamt begangenen Verbrechen waren dagegen nicht weiterverfolgt worden. Infolgedessen konnte diese „zweite Säuberung" den Eindruck erwecken, als sei die Frage der Judenverfolgung in der damaligen Zeit genauso zentral gewesen, wie sie heute namentlich auf moralischer Ebene, in der nationalen und internationalen Erinnerung sowie in der kollektiven Wahrnehmung der Vergangenheit, erscheint. Dabei ist doch eines der Hauptprobleme der Judenverfolgung die Tatsache gewesen, daß weder die politischen Eliten noch die Franzosen insgesamt die Einzigartigkeit dieser rassistischen Verfolgungsmaßnahme damals wirklich wahrgenommen haben. Im Frühling und Sommer 1942 hatte nur ein kleiner Teil der französischen Öffentlichkeit auf die ersten Deportationen der Juden reagiert. Die Einführung von Zwangsarbeit *(Service de travail obligatoire)* dagegen, die Hunderttausende von Arbeitern betraf, zog Anfang 1943 die massivsten Reaktionen gegen die Besatzer nach sich.

Schließlich gibt es einen dritten Unterschied: Bei den Nachkriegsprozessen wurden die meisten Angeklagten wegen ihrer Verbindungen zum Feind und wegen ihres Mangels an Patriotismus verurteilt. Die Tatsache der deutschen Besatzung war also das entscheidende Kriterium. In den jüngeren Prozessen dagegen – die doch ein exemplarischer „Anschauungsunterricht" sein wollten – ist die Besatzung in eher ambivalenter Weise zur Sprache gekommen, wenn sie nicht sogar überhaupt vernachlässigt wurde. Beim Touvier-Prozeß wollte das Gericht aus streng juristischen Gründen um jeden Preis nachweisen, daß der Milizsoldat, der des Mordes an sieben jüdischen Geiseln im Juni 1944 angeklagt war, auf Betreiben des Sipo-SD von Lyon gehandelt hatte. Das französische Recht stützt sich hier auf die Definition des Londoner Abkommens vom 8. August 1945, nach dem ein Franzose sich nicht *alleine* eines „Verbrechens gegen die Menschlichkeit" schuldig gemacht haben kann. Solche Verbrechen hatten nur vom „Dritten Reich" begangen werden können, ein französischer Staatsangehöriger konnte allenfalls im Rahmen einer *Beihilfe* gehandelt haben.[10]

Nun hatte Touvier aber ohne deutschen Befehl und im Rahmen der von der französischen Miliz selbständig gegen die Juden geführten Verfolgung gehandelt. Der Widerspruch zur Rechtslage war um so größer, als der Prozeß – der erste seiner Art gegen einen Franzosen und nach damaliger Erwartung auch der letzte – gemäß einer „Verpflichtung zur Erinnerung" ja hatte beweisen sollen, daß die Nazis eben nicht die einzigen gewesen waren, die Juden verfolgt hatten, und daß Franzosen diese Verbrechen auch ohne den Druck der deutschen Besatzer begangen hatten. Dies war einer der krassesten Widersprüche dieses Prozesses zwischen der offensichtlichen historischen Wahrheit einerseits und einer vorgeschriebenen gerichtlichen und juristischen Wahrheit andererseits.

Der Papon-Prozeß dagegen warf andere Fragen auf. Nicht ein einziger deutscher Zeuge wurde verhört, nicht einmal einer derjenigen Richter, die in Deutschland mit der Verhandlung gegen Verantwortliche des in Bordeaux operierenden Sipo-SD befaßt gewesen waren. Generell trat die Verantwortung der deutschen Besatzer, die Tatsache, daß diese es gewesen waren, die die Deportation der Juden angeordnet hatten, in den Hintergrund, und so entstand der Eindruck, als ob das Vichy-Regime, und im besonderen seine Beamten, in diesen Angelegenheiten über eine weitgehende Entscheidungsautonomie verfügt hätten. Davon konnte natürlich keine Rede sein. So spiegelte der Prozeß aktuelle Wahrnehmungen von Vichy wider, denen es darum ging, die Verantwortung des Pétain-Regimes zu unterstreichen, die schließlich aber zu vergessen drohten, daß das eigentliche Zentrum der Macht im besetzten Frankreich in den Händen der Nationalsozialisten lag. Denn schließlich war es das „Dritte Reich" gewesen, das die Ausrottung der Juden gewollt und geplant hatte, während das Vichy-Regime sich darauf einließ, als kollaborierende Macht seinen Beitrag dazu zu leisten. Dies mildert aber weder den verbrecherischen Charakter dieser Politik insgesamt noch die erdrückende Verantwortung eines offen antisemitischen Regimes.

Insgesamt waren der Papon- wie auch der Touvier-Prozeß Ergebnisse eines langen Bewußtseinswandels, der von der Vorstellung getragen war, daß die Justiz ein Hauptagent der Erinnerung sei, das adäquate Instrument, an die von Vichy begangenen Verbrechen zu gemahnen. Trotz der von solchen Prozessen aufgeworfenen Schwierigkeiten, trotz des seit 30 Jahren über diese Epoche angesammelten Wissens, trotz der Vielfalt der öffentlichen Debatten und der Neueinrichtung nationaler Gedenktage (wie des im Jahre 1993 eingeführten 16. Juli, der die *Razzia vom Vel d'Hiv* im Jahre 1942 in Erinnerung ruft) wurde der Papon-Prozeß als Kristallisationspunkt einer neuen Wahrnehmung von Erinnerung und Geschichte aufgefaßt und sollte auch so aufgefaßt werden. Die Großzügigkeit, mit der hier sowohl mit der historischen Wahrheit als auch mit gesetzlichen Bestimmungen (die Definition der „Verbrechen gegen die Menschlichkeit" ist insgesamt dreimal modifiziert worden) und mit der Autorität des Gerichts (Angriffe von Anwälten gegen Justizbeamte, eidesstattliche Falschaussagen mancher Zeugen auf beiden Seiten usw.) umgegangen wurde, erscheinen geradezu nebensächlich gegenüber dem Gewinn, der darin besteht, daß Frankreich seiner Vergangenheit ins Gesicht zu sehen vermochte. Lediglich Claude Lanzmann und einigen wenigen Beobachtern war wirklich bewußt, daß dieser Prozeß auch symbolisch etwas zum „Abschluß" brachte. Nachdem die Justiz die Akten von Vichy erneut geöffnet hatte, sollten sie nach der Urteilsverkündung (zehn Jahre Haft) wieder geschlossen werden. Das stand jedoch im Widerspruch zu der Auffassung, welche die Justiz mittlerweile als Hauptagenten der Erinnerung sah. Offensichtlich waren aber ihre Möglichkeiten, das Gedächtnis zu stützen, aufgrund ihres eigentlichen Auftrags an Grenzen gestoßen. Da über Tote nicht mehr zu Gericht gesessen werden kann, muß die Erinnerung von anderen Agenten gestützt werden. Hierfür ist von Bedeutung, daß das Urteil im Papon-Prozeß die Vichy-Akten zwar in juristischer, nicht aber in politischer Hinsicht geschlossen hat. Gleichzeitig ist nämlich vom jüdischen Weltkongreß die Frage der materiellen Beraubungen erneut ins Gespräch gebracht worden. In absehbarer Zeit wird daher auch die Entschädigungsfrage aufgerollt werden und nicht nur eine politische (durch ihre staatliche Anerkennung und neue Formen des Gedenkens), sondern auch eine juristische (durch Zivilprozesse) und schließlich eine finanzielle und materielle Dimension erhalten. Aufgrund der Komplexität der Materie ist dies alles von einem Abschluß noch weit entfernt.

Die erste „Säuberung" hatte überwiegend der Staatsräson gedient und unausweichlich eine ganze Reihe von Ungerechtigkeiten und Unvollkommenheiten mit sich gebracht. Die zweite „Säuberung" war einem anderen Imperativ und anderen Zwängen unterworfen. Sie beruhte auf der Räson einer Moral, die sich zwar mit der Tugend einer „Verpflichtung zur Erinnerung" umkleidete, die aber in nichts weniger problematisch war als die erste.

Die Historiker und die Justiz

Stellt man die symbolische Bedeutung des Prozesses gegen Papon (wie auch gegen Touvier) in Rechnung, dann war die Anwesenheit der Historiker kein bloßes Randphänomen. Im Gegenteil: Innerhalb eines an sich schon ungewöhnlichen Vorgangs hat sie nicht nur in der Justizgeschichte Frankreichs völlig neue Tatsachen geschaffen, sondern auch in der Geschichte des Historikers als Beruf.

Die Vorladung von Historikern vor Gericht steht dabei in einem übergeordneten Zusammenhang. Rückgriffe auf scheinbar unbestreitbare und unwiderlegbare Erkenntnisse der historischen Wissenschaft über die Vergangenheit sind letzthin immer häufiger erfolgt, gerade in Hinblick auf das Erbe des Nationalsozialismus und des Zweiten Weltkriegs und erst recht in Verbindung mit der Erinnerung an die Judenvernichtung. Der für Historiker relativ neuartige gesellschaftliche Erwartungsdruck geht meist von staatlichen Institutionen aus, die diese im Rahmen öffentlicher Ausschüsse damit beauftragen, einen bestimmten historischen Sachverhalt zu erhellen. Dies war beispielsweise der Fall beim Ausschuß über die „Judenkartei" Vichys,[11] beim Ausschuß, der beim *INSEE* über Fragen des Gebrauchs statistischer Karteien während der Okkupationszeit gebildet wurde, beim Ausschuß über den Raub jüdischen Besitzes in Frankreich (dem Mattéoli-Ausschuß über die Arisierungen in Frankreich), beim Ausschuß der Stadt Paris über Immobilien-Fragen, dem Ausschuß in der *Caisse des dépôts et consignations* usw. Der Erwartungsdruck geht darüber hinaus von staatlichen oder privaten Einrichtungen aus, wie etwa dem Ausschuß, der im Auftrag der französischen Kirche aufzuklären versuchte, inwieweit Paul Touvier in der Nachkriegszeit von katholischen Kreisen geschützt worden war,[12] nicht zu reden von der Vielzahl weniger prominenter Anträge, die aus einzelnen Verbänden der Widerstandskämpfer oder Zwangsdeportierten oder sogar von Privatpersonen ausgegangen sind. Hierbei handelt es sich zweifellos um ein internationales Phänomen, das aber in Frankreich eine seit Anfang der neunziger Jahre frühzeitige und relativ breite Entwicklung genommen hat.

Der Appell und die Erwartung an die Historiker stehen außerdem im Zusammenhang mit der Idee einer „Entschädigung" für Versäumnisse und Verbrechen der Vergangenheit, die mittlerweile eine immer stärker ins Formale gehende Wendung nimmt und sich sogar in einer rückwirkenden Gesetzgebung niedergeschlagen hat. 1999 verabschiedete die französische Nationalversammlung Gesetze, nach denen nicht nur der Massenmord an den Armeniern „Völkermord" und ein „Verbrechen gegen die Menschlichkeit" gewesen sei; auch die zwischen 1954 und 1962 in Algerien durchgeführten Strafmaßnahmen sollen im Zusammenhang eines „Krieges" gestanden haben und daher nicht lediglich Maßnahmen zur „Erhaltung der Ordnung" gewesen sein.

Ohne die Rechtmäßigkeit solcher Entscheidungen in Frage zu stellen, wird man doch festhalten müssen, daß bei politischen und gesellschaftlichen Vorgängen immer öfter der Anspruch erhoben wird, Ereignisse der älteren und jüngeren Vergangenheit erklären und ihnen einen öffentlichen und juristischen Charakter verleihen zu können. Hierbei sind die Historiker zu tragenden Akteuren geworden, da man ihnen die Kompetenz und das Wissen zuschreibt, solche Vorgänge angemessen einschätzen zu können.

Die im Rahmen des Papon-Prozesses angefragten Expertisen standen von vornherein unter besonderen Vorzeichen. In Frankreich sind Gutachten vor Gericht seit mehr als einem Jahrhundert Gegenstand zahlloser Debatten und Reformversuche.[13] Sie stehen unter strikter Observanz der Strafprozeßordnung. Meist sind sie den Prozessen vorgeschaltet und entstehen im Zuge der juristischen Vorermittlungen. In der Regel handelt es sich dabei um schriftliche Ausarbeitungen, die folglich belegbar und eventuell auch widerlegbar sind und die den Gerichtsakten beigefügt werden.

Im Rahmen des Papon-Prozesses ist nichts derartiges geschehen. Die meisten Historiker, die vor Gericht erschienen, sind nicht oder nur am Rande in die Voruntersuchungen eingeschaltet worden. Sie hatten also keine ausreichende Zeit, die Archivunterlagen zu sichten und zu begutachten, mit denen die Anklage hauptsächlich begründet wurde. Sie wurden vielmehr als *Zeugen* eines Schwurgerichtsverfahrens geladen, und das ermöglicht es allein den Richtern, den Anwälten der Prozeßbeteiligten und den Angeklagten selbst, Einsicht in die Akten zu nehmen. Den Zeugen (auch den Historiker-Zeugen) ist dies untersagt. Daher sagen sie zwar unter Eid aus, dürfen aber keinerlei schriftliche Unterlagen heranziehen, denn französische Schwurgerichtsverfahren beruhen auf einem geradezu sakrosankten Respekt vor der „Mündlichkeit des Verfahrens".

Mit anderen Worten: Die geladenen Historiker verfügten über keinerlei Aktenkenntnis, da die meisten Dokumente der Präfektur der Gironde aufgrund der juristischen Voruntersuchungen und der sich hieraus ergebenden Nichteinsehbarkeit über Jahre hinweg gesperrt waren. Jeder der Zeugen äußerte sich über mehrere Stunden, konnte sich aber dabei weder auf Notizen noch auf Unterlagen stützen, und seien sie noch so allgemeiner Art – eine für Historiker recht unübliche Art der Berufsausübung. Dem Staatsanwalt und den Verteidigern gegenüber befanden sie sich daher absolut im Nachteil, denn diese konnten bei ihren Einwänden in aller Ruhe auf mehr als tausendseitige Unterlagen zurückgreifen.

Nur ein einziger unter den Historikern, der Politikwissenschaftler Michel Bergès, verfügte über eine solide Aktenkenntnis. Im Jahre 1980 hatte er selbst dazu beigetragen, die Affäre Papon in Gang zu bringen. Er hatte es damals einigen Opferverbänden ermöglicht zu klagen, weil er ihnen Dokumente zugänglich machte, die er bei eigenen Recherchen in Archiven gefunden hatte. Nachdem er längere Zeit die Anklage unterstützt hatte, änderte er seine Ansichten und wurde 1997 sogar vom Angeklagten vor Gericht geladen, der auf ihn als Entlastungszeugen hoffte. Weil er sich bei seiner Vernehmung nicht auf generelle Aussagen einlassen wollte, sondern lediglich auf den Fall Papon zu sprechen kam, wurde er vom Generalstaatsanwalt und von Nebenklägern heftig kritisiert; mit dem Hinweis, er sei nur Politikwissenschaftler, wurde ihm sogar seine Eignung als Historiker abgesprochen.[14] Ohne hier seine persönliche Haltung bewerten zu wollen, muß doch darauf

hingewiesen werden, daß Bergès der einzige der vor Gericht geladenen Historiker war, der direkt auf die Arbeit der Präfektur in
der Gironde eingegangen ist, also auf Tatbestände zu sprechen
kam, die in Bordeaux *eigentlich* zu beurteilen waren. Keiner der
anderen historischen Experten konnte oder wollte dies tun.

Das verweist auf weiter reichende Fragen als diejenigen nach
den Bedingungen der historischen Gutachten, nämlich auf generelle Fragen nach ihrer Natur, ihrem Gegenstand und ihren eigentlichen Zielen. Wenn man den Juristen Glauben schenken darf,
dann gibt es zwei Idealtypen von Gerichtsgutachten.[15] Die ersten
behandeln die Tatsachen selbst und die Bedingungen ihrer Er-
möglichung, also objektive Sachverhalte, wie sie die Toxikologie,
die Biologie, die Ballistik usw. analysieren. Diese Art von Fach-
gutachten beruht auf mehr oder weniger feststehenden und wis-
senschaftlich akzeptierten Gesetzen. Unter der Anleitung des
Untersuchungsrichters wird der Sachverständige diese dann auf
eine besondere Situation anwenden. Dabei muß er mögliche Feh-
lerquellen benennen und die verbleibende Unsicherheitsquote
nach Möglichkeit präzise ausweisen. Die zweite Art von Gutachten, wie zum Beispiel die psychiatrischen Expertisen, handelt von
den Urhebern eines Verbrechens oder einer Rechtsverletzung.

Im Falle des historischen Gutachtens können die Sachverständigen aber weder eindeutig die eine oder die andere Art von Aussage liefern. Weder können sie allgemeine Gesetze geltend machen,
noch können sie die *Absichten* des Angeklagten, seine tieferen
Beweggründe usw. wirklich einschätzen. Ihre Kompetenz liegt
ausschließlich in den mehr oder weniger genauen Kenntnissen
über Ereignisse, die zwangsläufig einmalig waren – es sei denn,
man ist der Ansicht, daß die Geschichte natürlichen und wieder-
holbaren Gesetzen unterworfen ist.

Die einzig mögliche Expertise der Historiker besteht also darin,
die Handlungen des Generalssekretärs der Gironde selbst sorgfäl-
tig zu analysieren. Dazu freilich hätten sämtliche Archive und alle
verfügbaren Zeugenaussagen genutzt und in den allgemeinen
Kontext der Okkupation gestellt werden müssen. Genau dies war
ihnen aber wegen der Art des Strafverfahrens untersagt. Und hier
liegt der Hauptwiderspruch dieses Prozesses: Die Historiker waren von vornherein an der einzigen Form des Gutachtens gehindert, das sie wirklich sachverständig hätten abgeben können.

Aus anderen Gründen hat sich ihre Anwesenheit aber dennoch als sinnvoll erwiesen. Zwar wurden sie weder über den Fall Papon noch darüber befragt, was in Bordeaux zwischen 1942 und 1944 geschehen ist. Statt dessen sollten sie über den Kontext der Okkupation referieren, und das in denkbar allgemeiner und unspezifischer Weise. Die Staatsanwaltschaft, die auch in Abstimmung mit der Verteidigung und den Nebenklägern die Initiative ergriffen hatte, Historiker überhaupt vorzuladen, hatte diese sogar stillschweigend gedrängt, sich die Aufgaben untereinander zu teilen. So referierten sie nacheinander über die allgemeine Politik Vichys (Robert Paxton), die Ideologie der *Révolution nationale* und den Antisemitismus (Jean-Pierre Azéma), die Kollaboration im öffentlichen Dienst (Philippe Burrin), die Vichy-Verwaltung (Marc Olivier Baruch) usw. Es handelte sich also eher um eine Reihe von Vorträgen, die den Geschworenen in einer Art Intensivkurs eine Einführung in die allgemeine Geschichte der damaligen Zeit ermöglichten.

Daraus folgt ein erstes Grundproblem: Ist es einem Historiker überhaupt möglich, einen historischen Zusammenhang zu rekonstruieren, ohne daß er sich eine Vorfrage zurechtlegt und *a priori* bestimmt, welches Ziel er verfolgt? Denn Kontexte „an sich" existieren ja nicht, ohne daß man sie zuvor problematisiert. Jede historische Darlegung und jede Argumentation setzt eine bewußte oder implizite Auswahl voraus. An dem zu erforschenden Ziel orientiert sich die Forschung – dies ist fast eine Binsenwahrheit. In Bordeaux jedoch bestimmte der Gerichtshof allein die Vorfragen, die sich in einer schrecklich simplen Alternative zusammenfassen ließen: Ist der Angeklagte im Sinne der juristischen Anklage schuldig oder nicht?

Diese Abhängigkeit von einer Ausgangsfrage, die nicht von den Historikern selbst formuliert wurde, ist an zwei wesentlichen Punkten deutlich sichtbar geworden. Einerseits haben einige Prozeßbeobachter bemängelt, daß es unter den von den Historikern behandelten Themen keinen eigens ausgewiesenen Vortrag über die deutschen Besatzungsbehörden, über die nationalsozialistische Politik in Frankreich oder auch die Geschichte der „Endlösung" gab. Andererseits hat keiner der Historiker von sich aus die Frage aufzuwerfen gewagt, was „Widerstands"-Handlungen von seiten einiger Vichy-Beamten 1943/44, zu Beginn der Landung der Alliierten, bedeuten könnten; eine recht banale Forschungsfrage, die aber zum Verteidigungssystem Maurice Papons gehörte. Solche Fragen zu behandeln, vielleicht sogar in einem ebenso nuancierten wie entschiedenen Redebeitrag, hätte möglicherweise in beiden Fällen der Verteidigung geholfen und die Anklage in Verlegenheit gebracht.

Hier rührt man an den Kern der Problematik dieser Gutachten. Außer einigen Historikern, die offen für den Angeklagten Stellung bezogen hatten, haben alle anderen, darunter die besten Kenner der Materie, offenbar befürchtet, daß ihre Zeugenaussage Papon entlasten und so dazu beitragen könnte, ihn freizusprechen, oder doch wenigstens dazu, die gegen ihn erhobene Anklage einzuschränken. Dies war zumindest zu Beginn des Prozesses auch keineswegs auszuschließen. Was auch immer ihre Kompetenz und offenbare Bereitwilligkeit sein mochte, die Historiker haben sich nicht in voller Freiheit ausdrücken können, wie sie es anderenorts hätten tun können. Die symbolische Last eines Strafgerichtshofes und der auf sie ausgeübte Druck haben die erforderliche Distanz der Historiker zum Gegenstand ihrer Gutachten nicht eben begünstigt. Und da sie alle einen Großteil ihres Berufslebens darauf verwendet hatten, die in Vichy begangenen und in der Öffentlichkeit viel zu lange verkannten oder unterbewerteten Verbrechen zu rekonstruieren, war es wohl psychologisch für sie mehr als problematisch, möglicherweise dazu beizutragen, denjenigen zu entlasten, der mit Recht oder Unrecht zum lebenden Symbol dieser Zeit geworden war.

Eine zweite und ebenso wichtige Problematik betrifft die Möglichkeit, in einem solchen Zusammenhang überhaupt einen historischen Kontext zu erläutern. Im allgemeinen gehen Historiker vom einzelnen zum allgemeinen über, von einer Fallstudie zu einer „umfassenderen Darstellung". Aber auch wenn sie über einen ausreichenden Kenntnisstand für eine solche Gesamtanalyse verfügen, beispielsweise über die Judenverfolgung in Vichy, können sie nicht einfach vom Allgemeinen zum Einzelnen zurückgehen, ohne „den Fall" gründlich untersucht zu haben. Mit anderen Worten: Was auf das besetzte Frankreich zutraf, mußte nicht *a priori* auch auf die besondere Situation in Bordeaux zutreffen, natürlich vorbehaltlich einer Untersuchung *sui generis*. Doch erneut war es ausschließlich dem Gerichtshof zugestanden, zwischen dem allgemeinen und dem besonderen Fall zu vergleichen, und die Historiker waren einmal mehr an einem entscheidenden Arbeitsschritt der historischen Interpretation gehindert. Statt dessen haben die Historiker in idealtypischer Weise eine allgemeine Sicht der Dinge präsentieren müssen, ohne anschließend die Gültigkeit dieses Idealtyps auf die singuläre historische Situation in Bordeaux 1942–1944 anwenden zu dürfen. Auf dieser Ebene ist die „Konkurrenz" zwischen Richtern und Historikern am offensichtlichsten gewesen. Dies muß natürlich keinesfalls bedeuten, daß sich die Richter über die Sachverhalte geirrt haben. Aber es muß doch gefragt werden, inwieweit die Historiker hier gegen ihren Willen in gerichtliche Strategien eingebunden wurden, die sich ihrem Einfluß vollkommen entzogen.

Am Ende hat diese Art von Expertise mehr dazu gedient, den vermeintlich historischen Charakter des Prozesses zu veranschaulichen, als den Gerichtshof über präzise Fragen aufzuklären. Die Anwesenheit der Historiker war geradezu unumgänglich. Ihre Aufgabe bestand darin, zu verschleiern, daß die meisten beteiligten Akteure dieses Prozesses keine Zeitgenossen der Tathergänge mehr gewesen sind. Sie waren ein wichtiges Faustpfand für den Anspruch, daß ein so verspäteter Prozeß nicht nur auf einer ethischen, sondern auch auf einer praktischen Ebene noch möglich war, was freilich erst noch zu beweisen ist. Die Rolle, die sie spielten, war zwar symbolisch sicher bedeutsam, aber zugleich auch nur eingeschränkt nützlich. Sie hat in Erinnerung gerufen, daß Historiker nur einige unter vielen Trägern des Wissens über die Vergangenheit sind, die ein gemeinsames Gut bleibt und bleiben soll. Doch hat ihre Anwesenheit offenbart, welchen Grenzen und Widersprüchen ein solcher Prozeß unterworfen bleibt.

(Übersetzung: Agnès Pilleul)

Anmerkungen

1 Dieser Text ist ein überarbeiteter Beitrag zu einer Konferenz, die auf Einladung von Prof. Ora Avni am 2. Februar 1999 im Französisch-Department der Yale University stattfand. Für ihre aufmerksame Durchsicht möchte ich mich bei Jacqueline Sichler und Joachim Kersten herzlich bedanken.

2 Le Procès de Maurice Papon, Bd. 1: 8. Oktober 1997–8. Januar 1998, Paris 1998, coll. „Les grands procès contemporains", S. 317 (vgl. auch Le Monde

vom 2. November 1997). Dieses Werk gibt vor, ein „stenographischer Bericht" des Papon-Prozesses zu sein. Es besitzt aber keinen offiziellen Charakter. In Frankreich ist es nicht üblich, daß in Schwurgerichtsprozessen offiziell mitstenographiert wird. Doch bei den Prozessen gegen „Verbrechen gegen die Menschlichkeit" ist eine Ausnahme gemacht worden. Diese Prozesse wurden zudem vollständig gefilmt – eine echte Neuerung. Allerdings sind die offizielle Stenographie wie die Aufnahme im Prinzip (eine Ausnahmegenehmigung vorbehalten) erst nach dreißig Jahren zugänglich. Daher ist dieses Werk dennoch ein sinnvolles Hilfsmittel. Es empfiehlt sich aber, die Aussagen mittels anderer Quellen – etwa den Sitzungsberichten der Presse – nachzuprüfen. Hier sind aus der Vielzahl der nach dem Prozeß erschienenen Bücher besonders zu empfehlen die der Gerichtsberichterstatter der Wochenzeitschrift L'Express: Eric Conan: Le Procès Papon. Un journal d'audience, Paris 1998, sowie der Tageszeitung Le Monde: Jean-Michel Dumay: Le Procès de Maurice Papon. La chronique de Jean-Michel Dumay, Paris 1998.

3 Interview mit Elisabeth Bumiller, in: The New York Times vom 31. Januar 1998.

4 Etwa zehn Historiker sind in diesem Prozeß vor Gericht geladen worden. Zugesagt haben: die Wissenschaftler Robert Paxton, Jean-Pierre Azéma, Marc Olivier Baruch, Philippe Burrin, René Rémond, Michel Bergès sowie die Schriftsteller und Journalisten Henri Amouroux, Jean Lacouture und Jean-Luc Einaudi. Andere Historiker haben aus unterschiedlichen Gründen ihr Erscheinen vor Gericht abgelehnt, unter ihnen der Schriftsteller Maurice Rajsfus (weil seine Eltern deportiert wurden), der deutsche Historiker Eberhard Jäckel (der seine Forschungsarbeiten über Frankreich für „überholt" hielt, vgl. sein Interview in Le Monde vom 7. November 1997) sowie der Verfasser dieser Zeilen – aus Gründen, die in diesem Kapitel zum großen Teil erläutert werden; vgl. auch Henry Rousso: La Hantise du passé. Entretien avec Philippe Petit, Paris 1998.

5 Vgl. Vincent Duclert: Histoire, historiens et historiographie de l'Affaire Dreyfus (1894–1997), in: Michel Leymarie (Hg.): La postérité de l'Affaire Dreyfus, Lille 1998, S. 151–234; sowie Jean-Noël Jeanneney: Le Passé dans le prétoire. L'historien, le juge et le journaliste, Paris 1998.

6 Gesetz vom 26. Dezember 1964 (veröffentlicht in: Journal officiel vom 29. Dezember 1964).

7 Unter der reichen Literatur über die Erinnerung des Krieges in Frankreich sind besonders hervorzuheben: Annette Wieviorka: Déportation et Génocide. Entre la mémoire et l'oubli, Paris 1992; Pieter Lagrou: The Legacy of Nazi Occupation. Patriotic Memory and national Recovery in Western Europe, 1945–1965, Cambridge 2000.

8 Vgl. Henry Rousso: L'épuration. Die politische Säuberung in Frankreich, in Klaus-Dietmar Henke/Hans Woller (Hg.): Politische Säuberung in Europa. Die Abrechnung mit Faschismus und Kollaboration nach dem Zweiten Weltkrieg, München 1991, S. 192–240.

9 Vgl. Le Procès Xavier Vallat présenté par ses amis, Paris 1948.

10 Vgl. Eric Conan/Henry Rousso: Vichy, un passé qui ne passe pas, Paris 1996, S. 74–123.

11 Le „Fichier juif“. Rapport de la commission présidée par René Rémond au Premier ministre, Paris 1996.

12 René Rémond u.a.: Paul Touvier et l'Eglise, Paris 1992.

13 Frédéric Chauveau: Le corps, l'âme et la preuve. L'expertise médico-légale au XIXe siècle, Poitiers 1998. Über die historische Expertise, außer den bereits angeführten, vgl. Yan Thomas: „La vérité, le temps, le juge et l'historien“, in: Le Débat, Nr. 102, November/Dezember 1998: „Vérité judiciaire, vérité historique“.

14 Le Procès de Maurice Papon, Band 2, 9. Januar–2. April 1998 (wie Anm. 2), S. 112–135.

15 Vgl. Pierrette Poncela: Les experts sont formels, in: Pouvoirs, 55, 1990, S. 95–106.

Raphael Gross

Mächtiger als die Gerichte?

Geschichte und historische Gerechtigkeit[1]

Die Geschichtsschreibung ist in jüngster Zeit als „Legitimations-wissenschaft" in den Mittelpunkt des Interesses nicht nur der Fachwelt gerückt.[2] Eine der Ursachen dafür liegt wohl darin, daß das Bekenntnis zur „historischen Gerechtigkeit" in Politik und Öffentlichkeit eine zunehmende Bedeutung gewinnt.[3] Immer mehr in die Geschichte verstrickte Großunternehmen, aber auch ganze Länder, fühlen sich genötigt, dieser Forderung Rechnung zu tragen. Bei der Einsetzung von Wahrheits- oder Historiker-kommissionen geht es letztlich nicht um Geschichtsschreibung, sondern um die Suche nach einer neuen Haltung zu vergangenen Unrechtshandlungen – um ein neues Verhältnis von Geschichte und Ethik.

Ausgangspunkt der folgenden Überlegungen bildet die gegen-wärtige Auseinandersetzung um die schweizerische Geschichte während der NS-Zeit.[4] Historiker arbeiten in dieser Kontroverse an ganz verschiedenen Stellen: Man findet sie in den öffentlichen Medien, in der sogenannten Task Force (eine Art PR-Instrument des schweizerischen Bundesrates), in der „Unabhängigen Exper-tenkommission Schweiz – Zweiter Weltkrieg", im amerikanischen State Department, in diversen jüdischen Organisationen sowie in den Anwaltskanzleien von Opfern, Banken, Versicherungen und Industrieunternehmen.[5]

Es ist kein neuer Vorgang, daß Historiker mit ihrer Arbeit legi-timierende Funktionen übernehmen. Die Instrumentalisierung ihrer Forschung können sie aber nur teilweise kontrollieren. Wichtiger scheint jedenfalls, daß die Funktion der Historiogra-phie – und damit die Aufgabe der Historiker – im zeitgeschichtli-chen Kontext jeweils neu hinterfragt wird. Die Geschichtsschrei-bung muß sich zwischen Politik, Jurisprudenz und Ethik immer wieder neu positionieren. In allen drei Feldern kann Geschichts-schreibung eine legitimatorische Kraft erhalten beziehungsweise entfalten.

Mit der Institutionalisierung des spezifischen Wissens der Historiker und ihrer Methoden im Rahmen von Kommissionen ergibt sich zwar kein ganz neuer Vorgang, aber eine neue Qualität der Funktionalisierung von Geschichte. Die Schweiz ist dabei nur ein spezieller Fall unter vielen, der sich aber für unsere Betrachtung anbietet, da dort mit der Einrichtung einer „Unabhängigen Expertenkommission Schweiz – Zweiter Weltkrieg" (UEK) eine besonders weitreichende und im öffentlichen Raum sehr breit wahrgenommene Institutionalisierung von Geschichtsschreibung stattfindet. Die besondere Macht dieser Kommission liegt dabei in ihrer – mindestens theoretisch – unbeschränkten Möglichkeit zur Einsicht in sonst unzugängliche Industrie- und Bankenarchive. Eine ähnliche Privilegierung ausgesuchter Historiker bezüglich des Quellenzugriffs wird auch in Deutschland in der Unternehmensgeschichtsschreibung zunehmend üblich. Zur Realisierung ihrer Arbeit können sich die Historiker der Schweizer Kommission laut Bundesratsbeschluß den Zugang zu ihren Quellen sogar durch Androhung staatlicher Zwangsmaßnahmen sichern. Das Recht auf Akteneinsicht der Kommissionsmitglieder ist so weitgehend, daß ihr Präsident bemerkte: „Wir sind mächtiger als ein Gericht."[6]

Durch diese neuartige Verwendung der Geschichtswissenschaft verschiebt sich das Verhältnis von Recht und Geschichte. Diese Verschiebung ist nicht unproblematisch. Sie geht aber von den Ereignissen selber aus und ist daher nicht einfach abzulehnen – wie dies etwa Ernst Forsthoff im Zusammenhang mit der gutachterlichen Rolle von Historikern im Frankfurter Auschwitz–Prozeß tat.[7] Vielmehr bedarf es hinsichtlich der Verschiebung des Verhältnisses von Geschichte und Jurisprudenz einer besonderen Reflexion unter den Historikern. So besteht beispielsweise der begründete Verdacht, daß im Rahmen politischer Auseinandersetzungen, in denen es, ähnlich wie bei Justizurteilen, um eine Entscheidung und nicht um die spezifische historische Wahrheit geht, die Einrichtung einer „Unabhängigen Expertenkommission" vielleicht weniger der politischen Entscheidungsfindung als deren Verzögerung dienen könnte. Zudem muß man die verschiedenen Bedeutungen von „Unabhängigkeit" genau bedenken. Die Justiz erhält ihre „Unabhängigkeit" dadurch, daß sie ihre Autorität auf Gesetze und festgeschriebene Normen stützt, die ihrerseits zwar langfristig durch politische, gesellschaftliche und moralische Einflüsse verändert werden, kurzfristig aber ein stabiles Rechtssystem darstellen. Die Normen, die der Historiker seiner Forschung zugrunde legt, werden dagegen nicht in gesonderten Verfahren mit den Normen anderer Historiker abgeglichen oder aus einer anderen Instanz abgeleitet. Sie sind keine Gesetze. Historikertage erarbeiten nicht die Normen, nach denen geschichtliche Ereignisse beurteilt werden. Historiker kodifizieren keine Normen, um sie den Parlamenten als Vorlagen für eine Gerichtsbarkeit der Geschichte zur Verfügung zu stellen.

Die „Geschichtsbarkeit", wie man dieses neue Phänomen bezeichnen kann, ist keine vom Staat eingesetzte unabhängige Instanz, die lediglich einer anderen Logik gehorcht als die gewöhnlichen staatlichen Organe. Sie gehört vielmehr überhaupt nicht zu seinen Gewalten – zumindest nicht im liberalen Rechtsstaat. Tut sie es doch, so ist dies ein Indiz für eine fundamentale Veränderung im Verhältnis von staatlicher Gewalt und gesellschaftlichem Diskurs. In totalitären Staaten läßt sich eine solche Verschiebung feststellen. Aber selbst in Demokratien besteht diese Gefahr. Carlo Ginzburg hat das Problem des Rollenwechsels zwischen Richtern und Historikern in folgender Weise kritisiert: „Wer versucht, den Historiker auf einen Richter zu reduzieren, vereinfacht die historiographische Erkenntnis und macht sie ärmer; wer aber versucht, den Richter auf einen Historiker zu reduzieren, führt die Ausübung der Rechtsprechung in unwiederbringlicher Weise in schmutzige Gewässer."[8]

In der Tat ist ein solches Gewässer zumindest trübe, denn wenn der Richter sein Urteil gestützt auf Methoden des Historikers fällt, entscheidet er im Zweifelsfalle nicht für den Angeklagten. Ein „in dubio pro reo" gibt es in der Geschichtsschreibung nicht. Hier ist sie nicht notwendig, da das Urteil des Historikers im Normalfall keinerlei direkt handlungsrelevanten Folgen nach sich zieht. Das bedeutet aber nicht, daß es nicht doch – etwa auf dem Wege der Politik – folgenreich sein kann. Zur Vermeidung des beschriebenen „Rollenwechsels" ist es für Kommissionen unabdingbar, daß die Historiker nicht nur ihre Quellenbasis, sondern auch ihre Methoden und Wertmaßstäbe offenlegen. Denn diese sind nicht selbstverständlich, sondern variabel und selber den Wandlungen der Geschichte unterworfen. Erfolgt keine solche

Klärung, kommt es leicht zu Mißverständnissen, wie sie in breiten Kreisen der Schweizer Öffentlichkeit heute in bezug auf die Arbeit der Historikerkommission bestehen.

So wird von der UEK – im Gegensatz zur Jurisprudenz oder Politik – Sachlichkeit und Ausgewogenheit verlangt. Eine Historikerkommission soll wertfrei beschreiben, „wie es gewesen ist". Dagegen ist jedem modernen Historiker selbstverständlich, daß er nicht einfach darstellt, was geschehen ist. Jeder, ganz gleich wie er Geschichtsforschung betreibt, weiß, daß seine Analysen – ob sie auf Erzählungen oder Strukturanalysen historischer Ereignisse hinauslaufen – mit Wertungen verbunden sind. Ohne Wertentscheidungen wäre das Feld der Quellen überhaupt nicht einzugrenzen, könnte nicht eine einzige Zeile am Schreibtisch entstehen. Darauf hat schon Heinrich Rickert in „Grenzen der naturwissenschaftlichen Begriffsbildung" hingewiesen.[9] Rickert hat versucht zu zeigen, daß das Verhältnis von Geschichtsschreibung und Ethik immer dasselbe ist. Dagegen soll hier gezeigt werden, daß und in welcher Art sich dieses Verhältnis in Abhängigkeit von historischen Ereignissen, die bis in die Gegenwart hineinreichen, selbst bewegt. In bezug auf den Nationalsozialismus heißt das: Von den vergangenen Ereignissen geht die Aufforderung aus, das Verhältnis von Geschichtsschreibung und Ethik neu zu reflektieren.

Diejenigen Historiker, die sich in der UEK betätigen, haben bisher der Öffentlichkeit keinerlei methodische Überlegungen darüber unterbreitet, welche eigenen ethischen Kategorien sie entwickelt haben, um nicht im schlechtesten Sinne ihre Aufgabe als Legitimationswissenschaftler zu erfüllen. Sie haben weiter die Eigenheiten ihrer Methoden – gerade in Abgrenzung von juristischen Verfahren – nicht beschrieben. So sind für Historiker nicht nur einzelne Handlungen von Bedeutung. Handlungen werden dadurch erklärbar gemacht, daß man sie mit bestimmten Mentalitäten oder auch Ideologien in Verbindung bringt. Komplexe historische Vorgänge, die als solche selten Gegenstand juristischer Überlegungen werden, können dadurch besser verstanden und beurteilt werden. Dies gilt auch für die schweizerische Flüchtlingspolitik der NS-Zeit und deren mentalitätsgeschichtlichen Hintergrund, namentlich den damals in der Schweiz und in Europa grassierenden Antisemitismus. Die Behandlung dieser Flüchtlingspolitik wird heute auf juristischer Ebene vor allem durch Fragen nach der Verjährung solcher Handlungen sowie durch den Bezug auf das Rückwirkungsverbot („nulla poena sine lege") bestimmt. Als Beispiele hierfür lassen sich die beim Bundesgerichtshof in Lausanne anhängigen Fälle Sonnabend und Spring anführen. Letzterer ist besonders aufsehenerregend: Im Fall Spring hat die Schweiz nämlich nicht nur jüdische Flüchtlinge während des Holocausts des Landes verwiesen, sondern sie hat diese direkt an die deutschen Behörden ausgeliefert. Diese Auslieferung fand im Wissen um die drohende Gefahr für die Flüchtlinge statt und wurde noch dadurch verschärft, daß die Nazis von der Schweiz über die durch gefälschte Pässe verdeckte jüdische Identität der Flüchtlinge informiert wurden. In beiden genannten Fällen ist der Schweizerische Bundesrat nicht freiwillig auf die eher symbolischen Forderungen der Überlebenden eingegangen. Der für Herbst 1999 angekündigte Flüchtlingsbericht der Historikerkommission könnte in beiden Fällen eine wichtige Rolle spielen. Wenn er das Ausmaß der Schweizerischen „Judenpolitik" und deren moralische Implikationen aufzeigt, könnte er politisches Handeln erzwingen, selbst wenn die Justiz aufgrund der Verjährung die Fälle abweisen würde.

Diese Wirkungsmacht der Historiker als „Richter" ist ein deutliches Beispiel für die Verschiebung des Verhältnisses von Geschichte und Justiz. Das heißt jedoch nicht, daß sich die Arbeit des Historikers normalerweise auf der Handlungsebene niederschlägt. Im Gegenteil: Ein wichtiger Unterschied zwischen dem Historiker und dem Richter ist gerade, daß die Jurisprudenz die Kontinuität des Handelns zu durchbrechen vermag, indem sie Normverletzungen durch rechtliche Sanktionen ahndet, während die Geschichtsschreibung versucht, die Kontinuität des Denkens zu beeinflussen, indem sie den gesellschaftlichen Vorgang des Erinnerns, aber natürlich auch des Vergessens und Verdrängens, voranzutreiben und zu beschreiben sucht.

Aufschlußreich für die Schwierigkeiten, die sich dabei für die Aufgabe der Historiker ergeben, ist der Fall des Christoph Meili. Als Wachmann hatte Meili zufällig eine Aktenvernichtungsaktion der größten schweizerischen Bank (heute: United Bank of Switzerland) aufgedeckt. Es ging dabei wahrscheinlich um Akten, die über Arisierungsgeschäfte der Bank hätten Auskunft geben können. Meili schlug Alarm und wurde daraufhin umgehend entlassen. Ihm wurden vom damaligen Chef der UBS, Robert Studer, im schweizerischen Fernsehen niedere Motive für seine Tat attestiert, seine Familie erhielt unzählige Drohbriefe, und Herr Meili floh in die USA, wo ihm heute politisches Asyl gewährt wird. Sein Fall ist, wenn man den entsprechenden Zeitungsmeldungen glauben darf, juristisch durch den Vergleich zwischen den zwei Schweizer Großbanken UBS und Crédit Suisse erledigt worden. Für die Historiker (wie für Politiker) ist er aber insofern weiter von Interesse, als er eindrucksvoll die ungebrochene Solidarität in weiten Teilen der Schweizer Bevölkerung mit dem vergangenen Unrecht der Täter – und nicht mit den Opfern – belegt.[10]

Die Verschiebung des Verhältnisses von Jurisprudenz und Geschichtswissenschaft muß, wie bereits angedeutet, vor dem Kontext einer allgemeinen Veränderung des Verhältnisses von Geschichte und Ethik gesehen werden. An einem Vorgang aus der unmittelbaren Nachkriegsgeschichte, der gerade durch seine Abwegigkeit die Grenzen des Themas absteckt, läßt sich dies verdeutlichen: Bereits fünf Jahre nach Kriegsende – oft sogar noch früher – verwiesen NS-Täter und deren Verteidiger vielfach darauf, daß man ihnen keine Schuld zusprechen könne, weil man den Kontext der Taten inzwischen nicht mehr verstehe. Dieser Argumentation begegnet man bis heute in verschiedenen Versionen immer wieder; sie ist dennoch falsch.

In dem Beispiel wird Geschichte rhetorisch gegen Ethik ausgespielt. Aus der Annahme heraus, daß sich ethische Normen in der Geschichte verändern, wird ihre absolute Relativität abgeleitet, und es bleibt überhaupt nur noch Geschichte übrig – obwohl vorgeblich ethisch argumentiert wird. Dabei läßt sich gegen das Argument auf einer empirischen Ebene einwenden, daß selbst während der NS-Zeit genügend konkurrierende ethische Vorstellungen bekannt waren. Daraus erklärt sich erst das Bemühen des nationalsozialistischen Regimes, die Massenverbrechen relativ geheim zu halten.

Neben der Historisierung der Ethik finden sich auch viele Beispiele für eine Moralisierung der Geschichte. Geschichtsschreibung wurde, etwa in einigen marxistischen Regimes, instrumentalisiert, um ein bestimmtes ethisches Wertesystem zu rechtfertigen. Geschichte wird dann nur unter dem Aspekt vorgegebener Normen als solche akzeptiert. Man schreckt sogar nicht davor zurück, sich kontrafaktisch über das „Vetorecht der Quellen" (Reinhart Koselleck) hinwegzusetzen oder bestimmte wichtige Aspekte auszublenden.

Jenseits einer Verdrängung von Ethik durch Geschichte oder von Geschichte durch Ethik ist es natürlich so, daß Historiker sich tatsächlich stets ethischer Werturteile bedienen, auch wenn „gut" und „schlecht" keine klassischen Grundlagenbegriffe moderner Geschichtsschreibung sind. Ob wir als Historiker „dafür" sind, daß etwas geschieht oder geschehen ist, scheint auf den ersten Blick wenig relevant zu sein. Der Historiker soll feststellen, ob etwas geschehen ist und wie es geschehen ist. Wie er das Geschehene bewertet, ändert natürlich nichts an der Vergangenheit. Dennoch wertet der Historiker fortwährend und benutzt dabei ethische Kriterien. Geschichte ist nie Legitimationswissenschaft in dem Sinne, daß sie Moral und Unmoral eindeutig trennt. Wenn in modernen Gesellschaften verschiedene moralische Maßstäbe miteinander in Konflikt geraten, können Historiker keineswegs einfach Schiedsrichterfunktion übernehmen. Im Gegenteil verschärfen ihre Befunde oftmals die Konflikte. Die Historiker sind zudem oftmals selbst Partei in diesem Konflikt – und selten alle auf derselben Seite. Gerade darum sollten sie ihre Methoden und Wertmaßstäbe offenlegen. Folglich vermag das Quellenstudium keinen direkten Weg zu weisen, wie Vergangenheit ethisch zu beurteilen ist. Quellen können zwar ein Veto gegen bestimmte Interpretationen einlegen, kreieren aber keine ethischen Wertmaßstäbe.

Die Veränderung des Verhältnisses von Geschichte und Ethik wurde eingangs auf ein gesteigertes öffentliches und politisches Interesse an historischer Gerechtigkeit zurückgeführt. Zum Schluß sei auf ein Phänomen hingewiesen, das als das Erstarken einer intergenerationellen Ethik bezeichnet werden könnte: In den aktuellen Debatten kommt nämlich eine spezifische Form der moralischen Verantwortung (nicht Schuld!) zum Tragen, die sich jenseits von Fragen der Verjährung oder des Rückwirkungsverbotes auf vergangene Unrechtshandlungen bezieht. Diese Ethik konfrontiert uns mit Verbrechen, deren historische Erben wir sind, ohne ihre Urheber zu sein.[11] Die intergenerationelle Ethik scheint dabei weniger an chronologisch bestimmbare Zeit als an die Erinnerung gebunden zu sein. So wie man einem Überlebenden des Holocaust, der heute unter dem Trauma seiner Verfolgung leidet, nicht sagen würde, sein Leiden sei „verjährt", so sind die mit Zwangsarbeit, Arisierungen, Raub und Hehlerei gemachten Gewinne schwerlich im nachhinein aus den Erfolgsgeschichten der Unternehmen auszuradieren.

Zu fragen ist vielmehr, wie sich diese Form von Unrecht von „alltäglichen Verbrechen" unterscheidet, welche wir sehr wohl nach einer bestimmten Dauer als verjährt betrachten. Jedenfalls scheint es eine Form der moralischen Verantwortung zu geben, die weiter als die juristische Verantwortung geht oder diese sogar neu bestimmt. Sie geht so weit, wie die Kraft der individuellen oder kollektiven historischen Erinnerung trägt. Daß es in verschiedenen Ländern – in der Schweiz, in Deutschland, in Australien, in den USA und in mehreren Staaten Südamerikas – verschiedene Kollektive gibt, die plötzlich einen Anspruch anmelden, für das ihrem Kollektiv einst angetane Unrecht Hilfe oder zumindest Beachtung zu erhalten, scheint ein neues Phänomen zu sein, das womöglich mit dem Begriff einer intergenerationellen Ethik näher beschrieben werden könnte. Die Entwicklung und Verbreitung dieses Vorgangs zu untersuchen, könnte eine wichtigere Aufgabe für die Geschichtsschreibung sein als ihre fortschreitende – bewußte und unbewußte – Einbindung und Funktionalisierung in die Interessen und Aufgabenbereiche von Politik, Ökonomie und Jurisprudenz.

Anmerkungen

1 Dieser Aufsatz entstand im Zusammenhang einer Reihe weiterer Texte, die ich gemeinsam mit Werner Konitzer verfaßt habe; wie diese ist er Resultat unseres permanenten Dialogs über „Geschichte und Ethik".
2 Eine Übersicht gibt Peter Schöttler (Hg.): Geschichtsschreibung als Legitimationswissenschaft 1918–1945, Frankfurt/Main 1997.
3 Das Thema „historische Gerechtigkeit" hat bisher am überzeugendsten untersucht Lukas H. Meyer: Unsere Verantwortung? Pflichten Unbeteiligter aufgrund historischen Unrechts, Bremen 1999 (Manuskript). Für Deutschland vgl. die Debatte zwischen Anton Leist: Deutsche Geschichte und historische Verantwortung, in: Babylon, 7, 1990, S. 41–60, und Martin Löw-Beer: Die Verpflichtungen der unschuldigen Nachgeborenen. Zu Anton Leists Verantwortung in: Babylon, 7, 1990, S. 61–69.
4 Vgl. dazu Raphael Gross/Werner Konitzer: Geschichte und Gerichte: Überlegungen zur Institutionalisierung einer unabhängigen Geschichtsbar-

keit, in: Arbeitskreis Armenien (Hg.): Völkermord und Verdrängung. Der Genozid an den Armeniern – die Schweiz und die Shoah, Zürich 1998, S. 157–162.

5 Die gegen die Schweiz erhobenen Vorwürfe wurden in letzter Zeit in verschiedenen Büchern meist journalistisch näher ausgeführt: Tom Bower: Bloody Money – The Swiss, the Nazis, and the Looted Billions, London 1997. Peter Ferdinand Koch: Geheim-Depot Schweiz. Wie Banken am Holocaust verdienen, München/Leipzig 1997. Jean Ziegler: Die Schweiz, das Gold und die Toten, München 1997. Beat Balzli: Treuhänder des Reichs. Die Schweiz und die Vermögen der Naziopfer: Eine Spurensuche, Zürich 1997. Kenneth Angst (Hg.): Der Zweite Weltkrieg und die Schweiz, Reden und Analysen, Zürich 1997.

6 So, mit Bezug auf Art. 5 („Pflicht zur Gewährung der Akteneinsicht") und 9 („Strafbestimmungen") des für die Arbeit der Kommission grundlegenden Bundesbeschlusses, Jean-François Bergier in einem Interview mit Felix E. Müller: „Wir sind mächtiger als ein Gericht", in: Die Weltwoche, Nr. 19, Mai 1997, S. 31.

7 Vgl. dazu den Beitrag von Dirk van Laak in diesem Band.

8 Carlo Ginzburg: Der Richter und der Historiker. Überlegungen zum Fall Sofri, Berlin 1991, S. 98.

9 Heinrich Rickert: Die Grenzen der naturwissenschaftlichen Begriffsbildung. Eine logische Einleitung in die historischen Wissenschaften, 2. neu bearb. Aufl., Tübingen 1913; sowie ders.: Die Probleme der Geschichtsphilosophie. Eine Einführung, 3. umgearb. Aufl., Heidelberg 1924.

10 Eine Analyse der Reaktionen in der Presse gibt Peter Schneider: Wir und die Juden. Eine Tour de suisse durch die öffentliche Meinung, in: Mittelweg 36, Zeitschrift des Hamburger Instituts für Sozialforschung, Heft 2, 1997, S. 43–47.

11 Eine nicht in die Vergangenheit, sondern in die Zukunft gewendete Idee einer „intergenerationellen Gerechtigkeit" wird schon seit längerer Zeit etwa in bezug auf begrenzte Rohstoffe oder gefährliche Techniken und Energieformen diskutiert; vgl: Alvin M. Weinberg: ‚Immortal' Energy Systems and Intergenerational Justice, in: Energy Policy, 1, 1985, S. 51–59.

Michael Stolleis

Der Historiker als Richter – der Richter als Historiker

I.

Die Bewältigung von kriegsbedingtem Unrecht durch sakrale Handlungen und rechtliche Vereinbarungen ist einer der ältesten Gegenstände der Rechtsgeschichte.[1] Die Götter werden angerufen, man trinkt und ißt gemeinsam, arrangiert wechselseitige Heiraten zur „Besiegelung" des Friedens, unterschreibt später Friedenstraktate, erläßt Amnestien, restituiert geraubte Menschen und Güter und verspricht künftiges Wohlverhalten. Im Vertragsschluß wird der bisherige Gegner als gleichberechtigt anerkannt.

Von der Französischen Revolution bis zur Gegenwart, besonders deutlich seit dem Ersten Weltkrieg, zeigen sich jedoch Tendenzen, die jeweils unterlegenen Verantwortlichen für Kriege und Kriegsfolgen dem gewöhnlichen Strafrecht zu unterwerfen. Seit sich ein Weltvölkerrecht abzeichnet, also seit dem letzten Drittel des 19. Jahrhunderts, seit es verbindliche Land- und Seekriegsregeln sowie einen internationalen Pazifismus gibt, mehren sich die Stimmen, den Krieg selbst und seine Verursacher zu ächten, und sei es wenigstens symbolisch, um auf diese Weise das Gewissen der Menschheit zu schärfen. Die Versuche der Alliierten, die deutsche Führung nach 1918 abzuurteilen[2], markieren den Beginn. Nach dem Zweiten Weltkrieg – unter dem Eindruck von Staatsverbrechen in einer weltgeschichtlich bisher unbekannten Dimension – setzten die Nürnberger Prozesse, der Hauptprozeß von 1946 und zwölf Nachfolgeprozesse bis zum Jahresende 1949 gegen insgesamt 199 Personen, die eigentliche Zäsur. Weniger bekannt sind der 1946 in Tokio stattfindende Parallelprozeß gegen die japanische Führung sowie Tausende von Kriegsverbrecherprozessen in der ganzen Welt.[3] Dieser ersten großen Welle von Prozessen, in denen sowohl die Zuständigkeit der Richtenden und das anzuwendende Verfahrensrecht als auch das materielle Völkerstrafrecht noch auf sehr unsicheren Füßen standen, folgte im Schatten des Ost-West-Gegensatzes eine längere Periode des Stillstands. Erst ab etwa 1965, als der Vietnamkrieg, die von den

Roten Khmer von Pol Pot verübten Verbrechen, der russische Krieg in Afghanistan, die Verbrechen der argentinischen Militärs, der Golf-Krieg und der Krieg in Jugoslawien die westliche Öffentlichkeit und ihre Medien beschäftigten, kamen verschiedene „Tribunale" zustande. In England wurde der chilenische Diktator Pinochet verhaftet, eine Haft, die zur Zeit noch andauert und in der spanischsprechenden Welt wenigstens als symbolischer Akt des Ausgleichs begrüßt wurde. Rechtsgrundlagen gab es dabei entweder gar nicht, oder sie wurden jedenfalls von den Angeklagten angezweifelt. Auch der von den Vereinten Nationen mit dem Abkommen von Rom 1998 errichtete permanente Gerichtshof steht noch auf schwachen Füßen, weil die Anerkennung der mächtigen Staaten fehlt.

In Parallele zu diesen Ansätzen muß man die vielfältigen Anläufe sehen, durch „weiche Lösungen" zu erreichen, was man die „Bewältigung der Vergangenheit" nennt, also Aufklärung über das Geschehen, Kennzeichnung der Schuldigen, vielleicht sogar Versöhnung der Individuen und Gruppen. Erinnert sei an die südafrikanische „Wahrheitskommission", an die schweizerische unabhängige Expertenkommission für „Nazigold", an die Suche nach Vereinbarungen zwischen der deutschen Industrie und den letzten noch lebenden Zwangsarbeitern,[4] schließlich an die Tätigkeit von Historikerkommissionen für die deutsche Versicherungswirtschaft, für Großbanken und Großindustrie.

Allen diesen Anstrengungen gemeinsam ist die Überzeugung, das 1946 in „Nürnberg" formulierte materielle Strafrecht gegen „Staatskriminalität" sowie die völkerrechtlichen Verfahrensgrundsätze seien auszubauen,[5] Verbrechen gegen die Menschheit („staatsgestützte" Makrokriminalität)[6] seien im Vergleich zur gewöhnlichen Kriminalität „erst recht" zu bestrafen. Und einige Stimmen fügen hinzu, daß, wo das gewöhnliche Strafrecht und das Völkerstrafrecht nicht ausreichten, das allen Menschen ins Herz geschriebene „Naturrecht" in die Lücke zu treten habe, damit die Täter nicht durch die Löcher im Netz des positiven Rechts entwischen könnten.

Bei all diesen weltweiten Aktivitäten in ihren härteren oder weicheren Varianten treten Historiker auf. Sie sind die Sachverständigen für die Vergangenheit, wie sie „eigentlich gewesen", sind die *bocca della verità* im Streit der Leidenschaften; sie spielen aber auch weit darüber hinausgehende Rollen als Hüter des nationalen Gewissens und der „unvoreingenommenen Wahrnehmung", als priesterliche Deuter der nationalen Geschichte, ja als Sinngeber für die Zukunft, die gewissermaßen – das Böse bedenkend, das Gute erhoffend – aus der Vergangenheit extrapoliert wird.

Die kommentierende Nachbemerkung eines Juristen wird sich davon fernzuhalten haben. Normalerweise erwartet man vom Juristen wenig Sachkenntnis, wohl aber gewisse Fähigkeiten zur Ordnung und zur Strukturierung der Argumente. Sachkenntnis hat der Sachverständige, während der zur rechtlichen Entscheidung Befugte eher Distanz wahren sollte, und zwar nicht Distanz durch Verständnislosigkeit, sondern Distanz zur Verstrickung in Interessen. Der Jurist kennt seine Normen, oder jedenfalls wird dies fingiert: Iura novit curia – ausgenommen sehr abgelegene, partikulare oder exotische Rechte, für die sich der Richter wiederum an Sachverständige zu wenden pflegt.

Im übrigen lautet der auch heute noch gültige Satz: *Da mihi factum, dabo tibi ius.*[7] Erzähle mir, was passiert ist, und ich sage dir, wie die Rechtslage ist, oder noch deutlicher: ich (als Richter) entscheide dann den mir vorgetragenen Fall. Die Arbeit des Richters ist es also, zuzuhören (den Parteien, dem Angeklagten, dem Staatsanwalt, den Anwälten – den Gutachtern) und dann im Subtraktionsverfahren zu sortieren. Ich lasse die Unterschiede zwischen den verschiedenen Prozeßarten des Privatrechts, öffentlichen Rechts und Strafrechts einmal beiseite. Um folgende Schritte geht es:

Gewisse Partien der Geschichtserzählung sind „unstreitig". Sie werden für „Wahrheit" genommen, obwohl alle Beteiligten wissen, daß es „die Wahrheit" nicht gibt, sondern nur Berichte. Wo diese Berichte aber übereinstimmen, nennen wir diesen Teil „Wahrheit". Dann wird das Streitige sortiert. Worauf es nicht ankommt, wird ausgeschieden (erfahrungsgemäß wird auch um Nebensächliches gestritten). Der Rest des Streitigen wird dann verteilt. Der Richter fragt nach der Beweislast: Wer muß welche Behauptung beweisen?

Steht dies fest, dann werden die Beweise gemustert. Das Nicht-Bewiesene wird ausgeschieden. Damit liegt dann das Unstreitige und das im Sinne einer Partei Bewiesene vor. Das ist der Boden der sog. Fakten, den sich der Richter durch Sortieren und Bewerten geschaffen hat. Schon bei diesen Arbeitsschritten braucht der Richter permanent den Sachverstand der Mediziner, Ökonomen, Statistiker, Bauingenieure, Biologen, Genetiker etc., um überhaupt zu verstehen, wovon die Rede ist. Diese Sachverständigen berichten in einer ihrerseits wieder mit zahllosen Ungenauigkeiten behafteten Sprache von sog. Tatsachen und Naturgesetzlichkeiten, die wiederum nichts weiter sind als jederzeit falsifizierbare Hypothesen. Der Richter muß diese Berichte verstehen, interpretieren und auf den konkreten Fall anwenden. Das war, solange der Richter, der Arzt, der Ökonom und der Baumeister einen gemeinsamen Bildungshorizont hatten, also etwa bis zum Ende des 19. Jahrhunderts, nicht prinzipiell schwierig. Man sprach eine relativ einheitliche Sprache; der jeweilige Fachjargon war übersetzbar, zumal er dem gemeinsamen Fundus des Lateinischen entsprungen war.

Das hat sich mittlerweile geändert. Die Fachsprachen sind multilingual und enthalten zum Teil auch starke Beimengungen von verabredeten Zeichen, die nicht ohne weiteres auflösbar sind. Vor allem haben sich die verschiedenen Ausbildungsgänge zentrifugal voneinander entfernt. Es gibt Abgründe gegenseitiger Nichtwahrnehmung und entsprechenden Nichtverstehens. Die Spezialisierung der Kenntnisse hat sich exponentiell beschleunigt.

Zwar mag und muß es gelingen, diese Abgründe „normalsprachlich" zu überwinden, um den Prinzipien des Rechtsstaats zu genügen, aber man sollte sich eingestehen, daß der Nachvollzug naturwissenschaftlicher Beweisketten – etwa bei Rechtsfragen der Verursachung von Umweltschäden – durch den nicht naturwissenschaftlich gebildeten Richter oftmals nicht gelingen dürfte. Seit längerem spricht man bei sehr komplizierten Vorgängen von einer strukturellen Unterlegenheit des Richters, weil seine Ausbildung es ihm nicht mehr erlaubt, die Dinge „ex fundamento" zu verstehen.

Zu diesen Sachverständigen zählen auch die Historiker. Sie sind nicht entscheidungsbefugt, sie bereiten das Material auf, sie bewerten es, sie ziehen daraus Schlüsse. Der Richter hört diese Schlüsse an und muß nun seinerseits versuchen, aus diesen „Fakten", die er aus eigenem Wissen und aus eigener Forschung nicht widerlegen kann, juristische Konsequenzen zu ziehen. Er hat zu entscheiden, welche Teile dessen, was ihm vom Historiker berichtet worden ist, er als „relevant" in seine eigene Geschichtserzählung aufnimmt. Gab es mehrere historische Gutachter, wird er deren Berichte bewerten, Teile davon ausscheiden oder andere Teile zusammenfassen.

Die Arbeit des Richters ist also zunächst, auf der Seite der Erstellung des Tatbestands, die eines fachlichen Laien, der sich die für ihn plausibelste Version zurechtlegt. Dabei hat er die Gebote der Widerspruchsfreiheit und der intellektuellen Redlichkeit zu beachten. Erst wenn er den Sachverhalt (die Geschichtserzählung) beisammen hat, beginnt seine juristische Arbeit im engeren Sinn. Er „subsumiert", d.h. er überlegt, welche Norm auf diesen Sachverhalt anwendbar ist, und er wendet sie dann an, d.h. er qualifiziert die Geschichtserzählung „rechtlich". Er übersetzt sie auf eine normgesteuerte Sprachebene und endet mit dem sog. Syllogismus, also einem Schlußsatz, den er als Ergebnis aus der als anwendbar identifizierten Norm ableitet.[8] Dabei hat er große semantische Spielräume, durch die er sich vielleicht auch aus der erwähnten strukturellen Unterlegenheit wieder emporarbeitet, um auf diese Weise sein juristisches Selbstwertgefühl wiederzuerlangen. Am Ende verkündet er sein Ergebnis als „rechtens". Hinter seinem ernsten Gesicht ist meist nicht zu erkennen, ob er ein anderes Ergebnis gewünscht hätte, ob er ein schlechtes Gewissen hat, ob er sich irgendwelchen Zwängen gebeugt hat. Die ihm verliehene Macht, das damit verbundene Ritual und die Sprachform bewirken eine gewisse Objektivierung, hinter der die (zweifellos vorhandenen) Subjektivismen verschwinden. So kann die Entscheidung „akzeptiert" werden. Nicht ein fehlsamer Mensch (voller Vorurteile, Unwissen, Nichtverstehen und Irrtum) hat entschieden, sondern eben die „Dritte Gewalt", die eben wegen dieser Entscheidungslast eine besondere Unabhängigkeit genießt.

Die rechtstheoretischen Schwierigkeiten der einzelnen Schritte dieser Operation sollen hier beiseitebleiben. Wichtiger ist es wohl, einige weitere Punkte herauszuheben.

II.

1. Richter und Historiker arbeiten gemeinsam an der sprachgebundenen Rekonstruktion vergangener Ereignisse. Wir nennen sie konventionell „Tatsachen" oder „Fakten", obwohl sie ja nicht

mehr existieren (allenfalls ihre Spuren). Von „sogenannten" Tatsachen oder Fakten zu sprechen, löst häufig Irritationen aus. Doch ist es nicht überflüssig, darauf hinzuweisen, daß es Fakten im kruden Sinn (facta bruta) nicht gibt, zumal nicht bei historisch abgeschlossenen Vorgängen. Was wir handhaben, ist vielmehr nur ein als sicher geltendes sprachliches Konstrukt, ein meist chronologisch geordneter Bericht, eine Geschichtserzählung, der vieles fehlt und die vieles verschweigt. Dies gilt auch für die unzweifelhaft verübte Makrokriminalität, an deren Charakter als Tatsache kein vernünftiger Mensch zweifelt; denn auch ihre massenhaft vorliegenden Zeichen und Beweise müssen die Sprachform annehmen, um wahrnehmbar und mitteilbar zu sein.

2. Richter und Historiker haben – um überhaupt Ordnung in einen Nachrichtenstrom bringen zu können – eine leitende Hypothese, eine „Idee", wie es gewesen sein könnte. Beide bewerten das Ergebnis, das sie gemeinsam (wenn auch mit verteilten Rollen) in eine Geschichtserzählung umformuliert haben. Diese Erzählung berichtet nicht die Wahrheit, sondern bildet nur eine konsensfähige Summe dessen, was erzählt worden ist.

Hier, bei der Bewertung, liegen jedoch deutliche Unterschiede: Der Richter bewertet im Hinblick auf eine Norm, der er unterworfen ist. Zwar kann er sie durch Interpretation mehr oder weniger bewegen, aber beseitigen kann er sie nicht – Redlichkeit vorausgesetzt. Der Historiker bewertet dagegen nach den von ihm selbst gesetzten Maßstäben. Die entnimmt er seiner eigenen Brust, dem Zeitgeist, der Tradition usw. Er ist niemandem als sich und der scientific community verantwortlich.

3. Nun werden die Unterschiede immer größer: Der Richter entscheidet verbindlich, er ist verantwortlich, er verteilt Güter oder Lebenschancen, er nimmt Freiheit weg oder erlegt Geldzahlungspflichten auf. Der Richter gestaltet „im Namen des Volkes". In jedem Fall ist es eine Entscheidung mit Folgen, üblen Folgen meistens. Seine „Wahrheit" ist formell, reduktionistisch und sie ist „endlich". Auch die verfügbare Zeit und die finanzielle Belastbarkeit des Staates sind endlich. Wenn der Richter die Akte schließt, ist er von der Sache befreit. Das ist „seine Freiheit".

Der Historiker entscheidet in diesem Sinne nichts. Er sagt seine Meinung und geht von dannen, als ob nichts gewesen wäre. Er mag sich moralisch grämen, er mag leidenschaftlich oder eiskalt sein – das ist sein privates Problem. Der Historiker ist Intellektueller, der seine Meinung sagt – im Vergleich zum Richter aber folgenlos. Der eine empfindet dies als Freiheit, der andere hätte gerne Macht zu entscheiden und leidet darunter, daß er nichts tun kann als Geschichten zu erzählen. Seine Wahrheit ist „unendlich" und steter Revision unterworfen.

III.

Die in diesem Band vorgeführten Beispiele entstammen der Zeitgeschichte. Sie sind, wie wir alle wissen, in besonderer Weise emotionsbeladen, sie unterliegen besonderen politischen Pressionen; von Historikern und Juristen wird hier extrem viel erwartet, und entsprechend groß sind auch die zornig formulierten Enttäuschungen.

Die vorgeführten Beispiele unterscheiden sich jedoch nicht, was die methodischen Prinzipien angeht, vom simpelsten Rechtsfall. Stets geht es um das, was man „Vergangenheitsbewältigung" zu nennen sich angewöhnt hat. Das kann freilich Unterschiedliches bedeuten. Man kann damit die Beruhigung der eigenen und anderer Personen Psyche meinen, etwa durch Rituale, symbolische Handlungen oder Beschwörungen. Dies ist von altersher die Aufgabe von Priestern oder von deren säkularisierten Spielarten. Man kann darunter aber auch den formalen Abschluß durch staatlich geordnete Verfahren, vor allem eine am Ende stehende „Strafe" verstehen; auch in diesem Fall kann der äußerliche Abschluß eine gewisse kathartische Wirkung haben. Auch hier gibt es ein rituelles Moment, wenn der in ein besonderes Gewand gekleidete Richter unter Beobachtung besonderer Formeln „Recht spricht". Nur in dieser Variante ist der staatliche Richter gefragt. Er zieht dabei, unterstützt von den Historikern, die mit ihm die Rekonstruktion der Fakten leisten sollen, einen formalen „Schlußstrich", der allerdings, wie alle Formalien, die Sache selbst nicht notwendig berührt.

Ich plädiere mit wenigen thesenartigen Sätzen für folgendes:

1. Die Aufgaben von Justiz, Politik und Historiographie sollten möglichst scharf getrennt werden. Die Justiz hat keine Politik zu

machen, die Politik hat die Justiz nicht unter Druck zu setzen, die Geschichtswissenschaft kann und darf nicht Rechtsstreitigkeiten entscheiden, und sie soll auch kein Ersatz für Politik oder ein Unternehmen zur Sinnstiftung sein. In diesem Sinn billige ich sehr den Satz von Raphael Gross: „Die Geschichtswissenschaft darf und kann nicht die vernachlässigten Aufgaben von Politik und Jurisprudenz erfüllen." Es ist zwar eine Binsenweisheit, daß es keine saubere Bereichstrennung zwischen Geschichtswissenschaft, Politik und Jurisprudenz gibt. Doch kann man idealtypisch trennen und zur Verdeutlichung die Grenzlinien stärker akzentuieren.

2. Die Geschichtswissenschaft ist nicht geschützt vor dem Mißbrauch ihrer Ergebnisse, ebensowenig wie vor Mißverständnissen oder vor Mißachtung, also davor, daß ihre Produkte überhaupt nicht zur Kenntnis genommen werden. Dagegen helfen nur Geduld und eine klare Einsicht in die Begrenztheit der eigenen Produkte (vulgo: eine Prise Selbstironie). Wer aus älteren Texten neue Texte über Vergangenheit produziert, sollte mit allen Spielarten von „Wahrheit" vorsichtig umgehen oder solche Ausdrücke überhaupt meiden. Zur Beachtung der Produkte der Geschichtswissenschaft in der Öffentlichkeit helfen nicht die Berufung auf eine nunmehr entdeckte „historische Wahrheit", sondern nur analytische Redlichkeit gegenüber den Quellen, kluge Fragestellungen und – nicht zuletzt – die Ästhetik der Präsentation.

3. Was in den Beiträgen dieses Bandes zu den Juristen (Forsthoff, Adolf Arndt, Fritz Bauer und anderen) gesagt worden ist, soll hier nicht weiter kommentiert werden. Sie sind, nicht anders als die Historiker, selbst wieder Objekte der Geschichte und werden mit ihren Worten und Werken auf einer Metaebene rekonstruiert. Dabei wird sich herausstellen, wie sie in ihren Mentalitäten miteinander verflochten sind, im bürgerlichen und akademischen Habitus sowie in der Übung, die Welt mit Worten zu gestalten. Was das Milieu angeht, so sind sie sich in guten, vor allem aber auch in schlechten Seiten einander recht ähnlich. Vielleicht ist dies der Grund dafür, daß sie sich meist gehütet haben, übereinander herzufallen.

4. Eine letzte Bemerkung: Aus langjähriger Beschäftigung mit dem Unrechtssystem des Nationalsozialismus, nach vielem Nachdenken über „Nürnberg" und ähnliche Tribunale möchte ich sagen: Der Wunsch, Untaten irgendwie geahndet zu sehen, ist ein

zutiefst menschlicher Wunsch. Es kann nicht richtig sein, daß die Täter „einfach so" davonkommen ... So denken wohl die meisten Menschen, die wir als moralisch intakt empfinden. Gleichzeitig müssen wir einsehen, wie schwach und fehlerhaft das ist, was wir die irdische Justiz, kurz den „Rechtsstaat" nennen. Er produziert formale Abschlüsse. Seine Maschinerie erfaßt manchmal die Richtigen, aber oft eben auch nicht. In diesem menschenrechtsverletzenden, mörderischen 20. Jahrhundert, in dem man sich angewöhnt hat, die Toten, Gefolterten, Verhungerten, Expatriierten und Emigrierten nur noch nach Millionen zu rechnen, sind ex post eingerichtete Gerichtshöfe strukturell stets unterlegen: Sie kommen zu spät, sie rekonstruieren nur Bruchstücke einer gar nicht mehr faßbaren „Wahrheit", sie werden als Siegerjustiz verdächtigt, sie bekommen nur einen Bruchteil der Täter zu Gesicht. Und schließlich: Auch die Richter sind bis zu den Haarspitzen angefüllt mit dem jeweiligen „Geist der Zeit".

Ich plädiere nicht für einen Verzicht auf juridische Bewältigung des Unrechts – im Gegenteil – , wohl aber für eine Dämpfung der hochgespannten Erwartungen von „Gerechtigkeit" und zugleich für den Verzicht auf den Fetisch der „historischen Wahrheit", die in dieser einfachen Form eben nicht zu haben ist.

Anmerkungen

1 Jörg Fisch: Krieg und Frieden im Friedensvertrag. Eine universalgeschichtliche Studie über Grundlagen und Formelemente des Friedensschlusses, Stuttgart 1979.
2 Hierzu demnächst H. Wiggenhorn: Die Leipziger Kriegsverbrecherprozesse und das verdrängte und vergessene Nürnberg des Ersten Weltkriegs, jur. Diss. Frankfurt/Main.
3 Der Erschließung dieses Komplexes dient ein von David J. Cohen (Berkeley) und Dieter Simon (Frankfurt/Main) geleitetes Forschungsvorhaben, das von der Volkswagen Stiftung unterstützt wird. Hierüber wird kontinuierlich in den Forschungsbulletins des Max-Planck-Instituts für europäische Rechtsgeschichte (Frankfurt/Main) sowie auf dessen homepage berichtet.
4 Ulrich Herbert: Fremdarbeiter. Politik und Praxis des „Ausländer-Einsatzes" in der Kriegswirtschaft des Dritten Reiches, Berlin/Bonn 1985.
5 Herbert Jäger: Makrokriminalität. Studien zur Kriminologie kollektiver Gewalt, Frankfurt/Main 1989.
6 Wolfgang Naucke: Die strafjuristische Privilegierung staatsverstärkter Kriminalität, Frankfurt/Main 1996.
7 Die beiden Parömien bei Detlef Liebs: Lateinische Rechtsregeln und Rechtssprichwörter, München 1982 (J, Nr. 167; D, Nr. 1).

8 Die Konstruktion dieser „Norm" (Obersatz) setzt eine Arbeit eigener Art voraus. Häufig ist die Norm im Gesetz nur unvollkommen oder gar nicht enthalten. Dann ist der Richter darauf angewiesen, die Norm durch Blicke nach verwandten Normen, etwa durch Analogie oder Umkehrschluß, zu bilden. Gibt es auf derselben Ebene der Normhierarchie keine entsprechenden Normen, dann pflegt er sich an höherem Recht, etwa dem der Verfassung, zu orientieren, um von dort Prinzipien „abzuleiten", die er für den konkreten Fall als anwendbar erklärt. Einzelheiten bei Maximilian Herberger/Dieter Simon: Wissenschaftstheorie für Juristen. Logik – Semiotik – Erfahrungswissenschaften, Frankfurt/Main 1980.

Autorin und Autoren

Gerald Feldman, Dr. phil., Professor of History an der University of California in Berkeley. Mitglied der Historiker-Kommission zur Erforschung der Geschichte der Deutschen Bank in der NS-Zeit. Jüngste Buchveröffentlichung: Hugo Stinnes. Biographie eines Industriellen. 1870–1924, München 1998.

Norbert Frei, Dr. phil., Professor für Neuere und Neueste Geschichte an der Ruhr-Universität Bochum. Mitglied der „Unabhängigen Historischen Kommission zur Erforschung der Geschichte des Hauses Bertelsmann im Dritten Reich". Jüngste Buchveröffentlichung: Vergangenheitspolitik. Die Anfänge der Bundesrepublik und die NS-Vergangenheit, München 1996.

Dieter Gosewinkel, Dr. phil., Habilitationsstipendiat am Friedrich-Meinecke-Institut der Freien Universität Berlin. Jüngste Buchveröffentlichung: Adolf Arndt. Die Wiederbegründung des Rechtsstaats aus dem Geist der Sozialdemokratie (1945–1961), Bonn 1991.

Raphael Gross, Dr. phil., Wissenschaftlicher Assistent für Neuere und Neueste Geschichte an der Ruhr-Universität Bochum. Jüngste Buchveröffentlichung: Carl Schmitt und die Juden. Eine deutsche Rechtslehre, Frankfurt am Main 2000.

Manfred Hildermeier, Dr. phil., Professor für Osteuropäische Geschichte an der Universität Göttingen. Jüngste Buchveröffentlichung: Die Geschichte der Sowjetunion. Aufstieg und Niedergang des ersten sozialistischen Staates, München 1998.

Harold James, Ph. D., Professor of History an der Princeton University. Mitglied der „Unabhängigen Kommission Schweiz – Zweiter Weltkrieg". Mitglied der Historiker-Kommission zur Erforschung der Geschichte der Deutschen Bank in der NS-Zeit. Jüngste Buchveröffentlichung: Rambouillet, 15. November 1975. Die Globalisierung der Wirtschaft, München 1997.

Dirk van Laak, Dr. phil., Wissenschaftlicher Assistent am Historischen Institut der Friedrich-Schiller-Universität Jena. Jüngste Buchveröffentlichung: Weiße Elefanten. Anspruch und Scheitern technischer Großprojekte im 20. Jahrhundert, Stuttgart 1999.

Jörg Requate, Dr. phil., Wissenschaftlicher Assistent für Sozialgeschichte an der Universität Bielefeld. Jüngste Buchveröffentlichung: Journalismus als Beruf. Entstehung und Entwicklung des Journalistenberufs im 19. Jahrhundert. Deutschland im internationalen Vergleich, Göttingen 1995.

Henry Rousso, Dr. phil., Directeur de l'Institut d'Histoire du Temps Présent an der École Normale Supérieure de Cachan. Jüngste Buchveröffentlichung: Éric Conan/Henry Rousso: La résistance et les Français: nouvelles approches, Paris 1997.

Michael Stolleis, Dr. jur., Dr. h.c., Professor für Öffentliches Recht, Neuere Rechtsgeschichte und Kirchenrecht an der Johann-Wolfgang-Goethe-Universität Frankfurt am Main und Direktor am Max-Planck-Institut für Europäische Rechtsgeschichte. Jüngste Buchveröffentlichung: Geschichte des öffentlichen Rechts in Deutschland, Band 3: Staats- und Verwaltungsrechtswissenschaft in Republik und Diktatur 1914–1945, München 1999.

Michael Wildt, Dr. phil., Wissenschaftlicher Mitarbeiter des Hamburger Instituts für Sozialforschung. Jüngste Buchveröffentlichung: (Mithrsg.): Der Dienstkalender Heinrich Himmlers 1941/42, Hamburg 1999.

Irmtrud Wojak, Dr. phil., Stellvertretende Leiterin des Fritz Bauer Instituts, Frankfurt am Main. Jüngste Buchveröffentlichung (Hrsg. mit J. Perels): Fritz Bauer. Die Humanität der Rechtsordnung. Ausgewählte Schriften, Frankfurt am Main 1998.

Personenregister

Buchanzeigen

Zeitgeschichte in der Beck'schen Reihe

Hans Mommsen
Alternative zu Hitler
Studien zur Geschichte des deutschen Widerstandes
2000. Etwa 400 Seiten. Paperback
Beck'sche Reihe Band 1373

Norbert Frei/Johannes Schmitz
Journalismus im Dritten Reich
3., überarbeitete Auflage. 1999. 232 Seiten. Paperback
Beck'sche Reihe Band 376

Gerhard Werle/Thomas Wandres
Auschwitz vor Gericht
Völkermord und bundesdeutsche Strafjustiz. Mit einer
Dokumentation des Auschwitz-Urteils
1995. 241 Seiten mit 3 Plänen. Paperback
Beck'sche Reihe Band 1099

Jürgen Moeller (Hrsg.)
Historische Augenblicke
Das 20. Jahrhundert in Briefen
1999. 292 Seiten. Paperback
Beck'sche Reihe Band 1319

Saul Friedländer
Wenn die Erinnerung kommt
Aus dem Französischen von Helgard Oestreich
2. Auflage. 1998. 192 Seiten. Paperback
Beck'sche Reihe Band 1253

Peter Gay
Meine deutsche Frage
Jugend in Berlin 1933–1939
Aus dem Englischen von Ulrich Enderwitz, Monika Noll
und Rolf Schubert
2. Auflage. 1999. 230 Seiten mit 13 Abbildungen. Paperback
Beck'sche Reihe Band 1310

Verlag C. H. Beck München

Zeitgeschichte bei C. H. Beck

Norbert Frei
Vergangenheitspolitik
Die Anfänge der Bundesrepublik und die NS-Vergangenheit
2., durchgesehene Auflage. 1997. 464 Seiten. Leinen

Paul Nolte
Die Ordnung der deutschen Gesellschaft
Selbstentwurf und Selbstbeschreibung im 20. Jahrhundert
2000. Ca. 600 Seiten. Leinen

Manfred Görtemaker
Geschichte der Bundesrepublik Deutschland
Von der Gründung bis zur Gegenwart
1999. 915 Seiten. Leinen

Fritz Stern
Das feine Schweigen
Historische Essays
Zweiter, unveränderter Nachdruck der 1999 erschienenen
1. Auflage. 2000. 187 Seiten. Gebunden

Otto Gritschneder
„Der Führer hat Sie zum Tode verurteilt ..."
Hitlers „Röhm-Putsch"-Morde vor Gericht
1993. 149 Seiten mit 11 Abbildungen. Leinen

Michael Stolleis
Juristen
Ein biographisches Lexikon.
Von der Antike bis zum 20. Jahrhundert
1995. 703 Seiten. Leinen

Verlag C. H. Beck München